Claude Selis

Violence, guerre et paix dans les écrits bibliques,

Claude Selis

Violence, guerre et paix dans les écrits bibliques,

II Josué et Juges

Éditions Croix du Salut

Cover image: www.ingimage.com

Publisher:
Éditions Croix du Salut
is a trademark of
International Book Market Service Ltd., member of OmniScriptum Publishing Group
17 Meldrum Street, Beau Bassin 71504, Mauritius
Printed at: see last page
ISBN: 978-613-7-37584-6

L'ouvrage

Le concept du livre est d'étudier les notions de violence, de guerre et de paix dans les écrits bibliques. Un premier volume était consacré au Pentateuque. Celui-ci l'est aux livres de Josué et des Juges.

Il ne s'agira pas de faire un inventaire de toutes les occurrences des mots violence - guerre - paix (ce serait fastidieux et peu significatif), ni de sélectionner de manière opportuniste quelques versets à l'appui d'une thèse prédéterminée (pacifiste ou belliciste) mais de repérer les péricopes (textes présentant une unité de sens), parfois courtes (quelques versets), parfois assez longues (plusieurs chapitres quand il s'agit de toute une épopée), qui représentent un travail sur le sens de ces notions. Il ne s'agira donc pas non plus de textes qui ne feraient que décrire des faits de violence ou d'y faire allusion. La guerre ne sera donc pas étudiée comme fait historique mais seulement pour la réflexion qu'elle suscite sur la violence. Ceci dit, le travail d'inventaire se voudra méthodique et systématique, sans occulter les pages désagréables. Forcément, elles ont un sens. A l'exégète de le débrouiller. Au lecteur de juger de la pertinence des analyses. Est-il nécessaire de rappeler que, dans la tradition chrétienne, le texte biblique est toujours à interpréter, non pour en édulcorer le sens mais pour le rendre plus explicite et en développer les richesses. Un abord fondamentaliste ferait passer à côté de l'esprit et de la profondeur des textes.

Le commentaire exégétique ne consistera pas à exposer les travaux d'arrière-cuisine de l'exégèse (bien utiles par ailleurs) ni à entrer dans leur critique mais, en tenant compte de ces travaux, de mettre à jour ce travail du sens. Etant donné notre sujet, il s'agira surtout d'une exploitation anthropologique de ces textes, ne supposant aucun engagement de foi.

La lecture ne requerra non plus aucun pré-requis technique (ni culture théologique particulière, ni connaissance de l'hébreu…). Quelques aperçus de synthèse (historique, institutionnel, thématique,…), par livret, aideront le lecteur à cadrer le contexte. La lecture exigera cependant une certaine attention du simple fait de la densité et de la concision des propos. Un index des notions d'anthropologie de la violence permettra une lecture de ce point de vue. Quelques indications bibliographiques permettront d'approfondir l'étude mais la visée essentielle est de donner au lecteur des éléments pour reprendre, peut-être à neuf, sa réflexion personnelle.

Chapitre 1: le livre de Josué

Le livre de Josué, du nom de son héros, est le premier des livres dits "Historiques" (avec Juges, Ruth, Samuel, Rois, puis le groupe Chroniques, Esdras, Néhémie et enfin les trois "nouvelles" Tobie, Judith, Esther). Cela ne veut pas dire que ce livre relate les événements "tels qu'ils se sont passés" selon notre conception moderne de l'histoire mais qu'il utilise un matériau historique (des traditions orales, des sources d'archives, la littérature épique de son temps, ...) pour délivrer un message au public de son époque (l'époque de la rédaction du livret).

L'entrée en Terre Promise est le sujet du livre de Josué. A vrai dire, en dehors des sources bibliques, on ne sait pas grand chose de cette période. On sait seulement que cette fin du 13°s. (1220-1200) fut une période de bouleversements et de troubles (à la faveur d'un affaiblissement de l'Egypte et de l'Assyrie). Des populations nouvelles (Peuples de la Mer, Hébreux, ...) envahissent le territoire cananéen mais on ne sait pas qui a fait quoi ni, à quelques décennies près, quand. L'archéologie a permis, depuis cent ans, d'identifier de nombreux sites cités mais non de confirmer l'historicité d'une conquête militaire par les tribus israélites.

Le livret se présente lui-même comme la continuation du Deutéronome. La continuité n'est pas seulement celle d'une "Histoire Sainte" (l'entrée en Terre Promise après la sortie d'Egypte et le séjour au désert), elle est aussi stylistique et théologique. Le Deutéronome avait été l'expression d'un nouveau courant théologique né dans le contexte du règne de Josias (7°s., de 640 à 609), roi pieux et efficace. En parlant de Josué "conquérant" et "administrateur", l'auteur biblique exprime, en fait, son admiration et son soutien à Josias. Pour ce faire, il utilise bien sûr des traditions tribales ou de sanctuaires plus anciennes.

Qui dit conquête, dit violence. Elle sera très présente dans ce livret (nécessitant un commentaire presque suivi). Le lien à la "terre" y est très marqué. Il apparaîtra que le vrai combat est celui de la pureté de la foi (et non la possession de la terre). Ce lien sera d'ailleurs remis en question par la suite.

Le plan du livre de Josué

Prologue	1,1-9	Discours de Yahvé à Josué: le rappel de la Promesse	§1.1
Les préparatifs à la conquête			
	1,10-18	La mobilisation des tribus transjordaniennes	§1.2
	2,1-24	Une mission de reconnaissance à Jéricho	§1.3
1° partie: La conquête de la Terre Promise (1,10 à 13,6) "Josué conquérant"			
	3 à 9	Conquête du Centre	
	3,1-17	Le passage du Jourdain	§1.4
	4 - 5	Rites religieux liés au passage	-
	6,1-27	La prise de Jéricho	§1.5
	7, 1-26	L' échec devant Aï	§1.6
	8,1-29	La prise d'Aï	§1.7
	9,1-27	Alliance avec Gabaon	§1.8
	10,1-43	Conquête des villes du Sud	§1.9
	11,1 - 23	Conquête des villes du Nord	§1.10
	12,1-24	Récapitulatif des régions conquises	§1.11
2° partie: La répartition du pays entre les tribus (13,1 à 21,45) "Josué administrateur"			
	13,1-6	Une répartition par avance (de régions qui restent à conquérir)	§1.12
	13,7 à 19,51	La répartition entre les tribus	§1.13
	20,1 à 21,42	Villes refuges et villes lévitiques	§1.14
	21,43-45	Conclusion du partage	[§]
Les suites: l'autre pays, la Transjordanie (22,1-34)			
	22,1-8	La démobilisation des tribus transjordaniennes et leur retour dans leur pays	§1.15
	22,9-34	Une unité religieuse à préserver au-delà des frontières	§1.16
Epilogue	23, 1-16	Discours de Josué au peuple: la Promesse réalisée	§1.17
Addition	24,1-28	Le peuple s'engage: le pacte de Sichem	§1.18
Conclusion narrative	24,29-33	La mort de Josué	-

Chronologie comparée

	Repères historiques	Sources et étapes de rédaction
13°s.		
	1220-1200: entrée en Terre Promise sous la conduite de Josué	
12°s.		
	1200-1025: époque des "Juges"	traditions tribales et claniques ou de sanctuaires
11°s.		
	1030-1010: Saül	
10°s.		
	1010- 970: David	
	970-931: Salomon	premières archives royales
	vers 931: schisme entre Israël (Nord) et Juda (Sud)	éléments Elohistes (Nord) éléments Yahvistes (Sud)
9°s.		
	870-848: Josaphat (Juda) grand administrateur	
8°s.		
	725-697: règne d'Ezéchias (Juda) lutte contre l'idolâtrie, politique anti-assyrienne	
	721-705: invasions assyriennes Sargon II	récits assyriens de bataille éléments épiques
	721: chute de Samarie fin du royaume du Nord	émigration au Sud des prophètes et scribes du Nord
7°s.		
	704-681: invasions assyriennes Sennachérib	
	640-609: règne de Josias (Juda) 622: réforme religieuse et ré-expansion territoriale	rédaction deutéronomiste (Dtr1) (image de Josué "conquérant") rédaction du Chroniqueur (image de Josué "administrateur")
6°s.	605-562: règne du babylonien Nabuchodonosor	
	597: première déportation à Babylone	complément deutéronomiste (Dtr2) (insistance sur le respect de la Loi)
	586: chute de Jérusalem fin du royaume du Sud et nouvelle déportation	
	538: retour d'exil et reconstruction du Temple	rédaction sacerdotale (concentration sur l'aspect cultuel)
5°s.	450-350: relative autonomie de la Judée	rédaction finale deutéronomiste (renfermement identitaire) (Dtr3)

(pour plus de renseignements sur les "mains" rédactionnelles, voir en fin de volume)

§ 1.1

JOSUÉ 1,1-9
PROLOGUE

"Je serai avec toi"

Ce prologue, on le constatera vite à la lecture, a un ton très différent de la suite du livret. Autant le livret se présente en termes de conquêtes et d'occupation de territoire, autant ce prologue (comme l'épilogue) recadrent les choses dans une tout autre perspective. Rédigés postérieurement au reste du livret (par Dtr2 et non Dtr1), ils tiennent compte de la suite de l'histoire (où, dès après Josias, Israël est gravement menacé). Des formules que l'on pourrait prendre pour bellicistes et triomphalistes: "Je serai avec toi", "Je ne t'abandonnerai pas", "Je ne te délaisserai pas", "Sois fort et tiens bon", "Sois sans crainte et sans frayeur" sonnent plutôt comme des paroles de réconfort dans un contexte de catastrophe qui s'annonce (la destruction de Jérusalem, l'exil à Babylone). Dtr2 re-spiritualise une histoire bien trop profane et en donne une autre clé de lecture que simplement épique. Pour ce, il se reporte un peu artificiellement et non sans ambiguïté à l'époque du héros.

v.1: Josué (dont le nom signifie "Yahvé sauve") est, d'emblée, cité et présenté comme le successeur de Moïse (en continuité avec Deut.34,1-8). Il en avait été l'homme de confiance (*mesharet*). En effet, il en avait été l'auxiliaire militaire dans la victoire contre Amaleq (le premier et irréductible ennemi d'Israël, Ex.17,9). Il avait accompagné Moïse jusqu'à ce que celui-ci s'isole pour recevoir la Loi (Ex.24,13). Il avait été le gardien de la Tente de la Rencontre (Ex.33,11). Il avait été l'assistant zélé dans l'affaire Eldad et Medad, les prophètes auto-proclamés (Nbr.11,28). Par Nbr.13,8, on apprend qu'il était de la tribu d'Ephraïm. Généalogiquement, il est donc de la "maison de Joseph" puisque Joseph, fils de Jacob et de Rachel (la femme préférée de Jacob) et qui avait fait, malgré lui, carrière en Egypte, avait eu lui-même deux fils: Ephraïm et Manassé (Gn.48,1). Il avait encore eu un frère puîné, Benjamin (Gn.35,24; 46,19). Ces trois tribus (Ephraïm, Manassé et Benjamin) avaient donc des liens plus étroits entre elles qu'avec les autres. Elles avaient fait l'expérience de l'Egypte et du désert. Elles étaient entrées ensemble en Terre Promise par le même point de passage (le Jourdain à hauteur de Jéricho) et avaient occupé le centre du pays (la "montagne d'Ephraïm", appelée plus tard la Samarie et ayant formé, après le schisme de 931, le royaume du Nord (Israël au sens étroit) par rapport au royaume du Sud (Juda). On ne sera pas étonné du fait que, dans la suite du livret, les traditions du Centre (Jos.3 à 9) soient bien mieux documentées que celles du Sud (Juda, Siméon, Dan), que celles du Nord (Issakar, Zabulon, Asher, Nephtali) ou que celles de Transjordanie (Ruben et Gad). Par ailleurs, la légitimité de Josué à conduire l'entrée en Terre Promise est clairement affirmée, par Moïse et par Yahvé, non moins de six fois en Nombres et Deutéronome (Nbr.14,26-38; 27,15-23; Deut.3,21-28; 31,1-8; 31,14-18 et 23; 34,9). Yahvé s'adresse ici directement à Josué:

v.2: "Maintenant, debout ! Passe le Jourdain ...".

L'ordre de passage est donné par Yahvé lui-même. Il importe, en effet, dans la théologie du livret, que l'initiative vienne de Dieu et non d'une volonté humaine.

Le livret voudra aussi que ce soit le peuple tout entier, sous la conduite d'un même chef, et au même moment, qui entre en Terre Promise alors que, historiquement, ce ne fut certainement pas le cas: des tribus sont entrées par le Sud (Caleb avant la constitution de Juda au 10°s. seulement, et Siméon absorbé par Juda à partir du 10°s.); d'autres n'ont jamais quitté le Nord (Issakar, Zabulon, Asher, Nephtali); d'autres étaient installés en Transjordanie (Ruben, Gad) et auraient, apparemment, prêté main forte au trio Ephraïm, Benjamin et Manassé pour occuper le Centre du pays (sans que Ruben et Gad n'aient vécu l'expérience de l'Exode). Peu importe ! A l'époque de la rédaction principale du livret, sous le règne de Josias et de sa réforme de 622 (six siècles après l'entrée en Terre Promise ...), il importait de donner l'image d'un peuple uni depuis des siècles dans la même histoire et capable, en 622, de relever tous les défis à l'exemple de leurs ancêtres.

Le pays leur est "donné" selon la Promesse faite, originellement, à Abraham (Gn.12,1 et 15,18). Ce Prologue, en sa théologie deutéronomiste de la Promesse et du Don, présente les choses en ces termes alors que la suite du livret (en tout cas en sa première partie, chap.2 à 12) les présentera en termes très guerriers, de conquête et de massacres. Ces chapitres 2 à 12 s'appuient probablement sur des récits assyriens de bataille dont le souvenir était très proche (les campagnes de Sennachérib avaient touché la Judée en l'an 701; Sargon II s'était déjà emparé du royaume du Nord en 722). La réalité historique lors de l'entrée en Terre Promise (vers 1220, six siècles avant la rédaction du livret, répétons-le !) a sans doute été celle d'un infiltration progressive, d'abord dans les régions montagneuses inoccupées par les Cananéens (ce qui n'exclut pas quelques escarmouches) et ensuite, vers l'an 1000, une occupation plus systématique. Le livret de Josué reprend (malheureusement dira-t-on) ce vocabulaire guerrier parce que le roi Josias, à une époque d'affaiblissement de la puissance assyrienne, croyait pouvoir reprendre des conquêtes et le rédacteur du livret y voyait certainement un vocabulaire mobilisateur pour un autre combat (celui de la pureté ethnico-religieuse). Finalement, terre donnée ou conquise ? En quel sens est-elle donnée; en quel sens devrait-elle être conquise ? Quelle est cette "terre" qui devra être conquise ? Ce sera l'enjeu de la réflexion de ce livret. Il ne faudrait pas s'arrêter à la simple contradiction apparente dans les termes !

v.3: Ce verset veut montrer la continuité de la promesse jusqu'à Josué, en partant d'Abraham (Gn.12,1) et passant par Moïse (Deut.1,8), conférant ainsi toute la légitimité nécessaire à Josué. L'expression "tout lieu que foulera la plante de tes pieds", reprise à Deut.11,24, insiste sur la territorialité bien concrète de ce "don". Mais, est-ce sur la territorialité qu'insiste ce verset ou sur le caractère "bien concret" (... du respect de la Loi, comme vont y insister les v.7-8) ? Ce chap. 11 de Deut. contient par ailleurs tous les thèmes de notre Prologue.

v.4: Les frontières en sont celles de cette citation (Deut.11,24-25): depuis le désert (du Néguev, frontière Sud) au Liban (frontière Nord) et du Grand Fleuve (l'Euphrate, frontière Est) jusqu'à la Grande Mer (la Méditerranée, frontière Ouest). Pour l'Euphrate, il ne s'agit sans doute que de la boucle dans l'Ouest syrien actuel (anciens royaumes araméens). S'il fallait l'entendre de tout le cours du fleuve, la Terre Promise s'étendrait jusqu'au Golfe Persique ! Malgré tout, cela forme un territoire très étendu, peut-être atteint quelques années pendant le règne de Salomon au 10°s. De facto, le territoire partagé aux chap.13-19 est beaucoup plus réduit.

v.5: Yahvé s'engage envers Josué. Il promet son assistance indéfectible. Le "je serai avec toi" n'est pas une expression d'intimité mais de protection toute-puissante de Yahvé, dans la continuité de Deut.31,6-8 et 23 (autorité transférée à Josué avant la mort de Moïse). La formule sera encore répétée au v.9 et 17 du même chapitre, et ensuite encore en Jos.3,7 et 6,27. Le premier engagement en ce sens remonte à Ex.3,12 (assistance à Moïse pour la sortie d'Egypte). Il ne s'agit pas d'un blanc-seing conféré à l'homme mais d'un engagement assorti d'une condition péremptoire, celle de n'agir que dans le cadre de la volonté divine et en respectant ses préceptes.

v.6: Yahvé attend de Josué qu'il fasse preuve de courage et de vaillance: "Sois fort et tiens bon". La formule est celle de Deut.31,6-8 et 23 où elle était également liée à la promesse d'assistance divine. De la part de l'auteur du Prologue (Dtr2), il s'agit d'un encouragement en ces temps difficiles de menace d'exil.

v.7: Ce verset précise sur quoi devra porter ces qualités de force et d'endurance: non pas la vaillance au combat mais le courage moral à "agir selon toute la Loi que mon serviteur Moïse t'a prescrite". Le livret dévoile ici sa véritable inspiration deutéronomiste et sa véritable intention: celle de porter ses lecteurs à un respect scrupuleux de la Loi (le Décalogue d'Ex.20,1-21 étendu à son renouvellement à la veille de l'entrée en Terre Promise en Deut. 4 à 11 et 12 à 26). La formule "sans t'écarter ni à droite ni à gauche", exprimant ce caractère scrupuleux, revient 4 x dans le Deut. (5,32; 17,11 et 20; 28,14). Cette condition est assortie de bénédictions en cas de bonne exécution (et donc, sous-entendu, de malédictions en cas de non respect) comme dans toute alliance biblique.

v.8: Ce respect scrupuleux de la Loi suppose de l'avoir constamment à l'esprit: "Que ce livre ne se retire pas de ta bouche; tu le murmureras jour et nuit" (même type de consignes qu'en Deut.6,7-9), avec répétition de la promesse de réussite et de succès en cas de bonne observance (comme en Deut.5,33; 6,3; 29,8) ou d'échec et de misère en cas de non respect (comme en Deut.28,29).

v.9: Ce verset reprend l'exhortation du v.6. Il rassure encore "sois sans crainte ni frayeur" (une formule de Deut.1,21; 7,21 et 31,8) et répète cet engagement: "car Yahvé ton Dieu est / sera avec toi partout où tu iras" (v.5).

§1.2

JOSUÉ 1,10-18
LA MOBILISATION DES TRIBUS TRANSJORDANIENNES

"Quant à vous, vous passerez, équipés, à l'avant de vos frères"

Il est difficile de déterminer si les v.10 et 11 constituent la conclusion narrative du Prologue ou l'introduction à cette première étape des préparatifs. Peu importe. Les "fonctionnaires du peuple" (*chothér*, rac.:*ch.th.r*) cités au v.10 (1,10; 3,2; 8,33; 23,2; 24,1) ne sont pas simplement des scribes (*sôphér*). Ce sont d'authentiques fonctionnaires royaux. Ils supposent une organisation d'Etat impensable avant même d'entrer en Terre Promise ! Par contre, ils pourraient avoir existé sous l'administration de Salomon (10°s.) ou celle, mieux connue, de Josaphat (9°s.) et donc celle de Josias (7°s.). Ils ont ici pour mission de "parcourir le camp" (*makhaneh*) et de faire préparer des provisions alimentaires (un souci logistique bien concret).

En effet, "dans trois jours (expression stéréotypée d'un temps bref), vous passerez ce Jourdain pour aller prendre possession (*yârach*, rac.: *y.r.ch*) du pays que Yahvé, votre Dieu, vous donne en possession" (v.11), selon la formule massivement véhiculée par le livre du Deutéronome. Construite autour du verbe *yârach* (et avec ses variantes), elle y est présente 69 x. Elle y a une connotation violente (prendre possession par la force, déposséder l'autre, conquérir) mais, en soi, de par sa racine, le mot signifie "entrer en jouissance de son bien", "bénéficier". Plusieurs versets soulignent ce lien avec "le bon pays" (ex.Deut.4,22; 9,6; 19,2; ...). Le mot *yârach* est, par ailleurs, très lié à la notion d'héritage (*nâkhal*). Les deux mots se retrouvent d'ailleurs quelques fois comme synonymes dans la même phrase (Deut.2,31; 15,4; 19,14; 25,19; 26,1). Ce mot *nâkhal* a une signification très neutre, non violente, toute notariale (ex.: "C'est le sort qui leur assigna leur héritage" Jos.14,2). Le mot à connotation militaire serait (*kâbach*, rac.*k.b.ch,* fouler aux pieds, soumettre, conquérir). Il est très peu utilisé (14 x dans toute la Bible). Bref, il n'y a pas lieu de forcer l'aspect conquérant dans les traductions.

Josué s'adresse ensuite aux Rubénites, Gadites et à la demi-tribu de Manassé, ces deux et demi tribus installées en Transjordanie (Jordanie actuelle). L'affaire remonte au temps de Moïse (Nombres 32). Ces tribus, estimant que ce territoire transjordanien, agréable et fertile, leur convenait très bien, demandèrent à Moïse de ne pas devoir le suivre en Cisjordanie pour conquérir la Terre Promise. Offusqué de ce manque de solidarité, Moïse entra en colère. Faisant courbe rentrante, ces tribus proposèrent un compromis: les hommes en âge de porter les armes iraient combattre en Cisjordanie mais les femmes, les enfants et les troupeaux resteraient en Transjordanie. Dès que la campagne militaire serait terminée, les combattants pourraient rentrer "en leur héritage". L'accord se fit sur cette base. Rappelé en Deut.3,12-20, ce pacte l'est encore ici, en Jos.1,12-18, et trouvera sa conclusion en fin de livret, en Jos.22,1-8, formant ainsi inclusion entre le chap.1 et 22.

Remarquons, au passage, que le narrateur se trahit en parlant du "pays que Moïse vous a donné au-delà du Jourdain" (v.14), renchérissant au v.15 en précisant: "vers le soleil levant". Or nous sommes toujours censés nous trouver en Transjordanie ! Le narrateur se place en fait du côté Cisjordanien (Israël actuel) pour parler ainsi.

Les combattants (*khamouchîm*) sont donc amenés à traverser le Jourdain pour aider leurs frères des autres tribus. Ce mot *khamouchîm* est rare (Ex.13,18; Jos.1,14 et 4,12; Jug.7,11) et énigmatique. On le traduit souvent par "bien armés" ou "en formation de combat". Sa racine (*kh.m.ch*) nous ramène en fait au nombre "cinq". On a pensé qu'il pouvait s'agir d'hommes équipés des cinq armes de base (glaive, fronde, pique, arc, bouclier), d'où la traduction "bien équipés". Mais il y a un mot pour désigner cela: *khaloutsîm* (utilisé en Deut.3,18) qui, au duel (*khalâtsâîm*), désigne les hanches (zone du corps où l'on attache ses armes). On a pensé aussi qu'il pouvait s'agir d'une formation militaire en cinq corps (avant-garde, centre, arrière-garde et les deux ailes latérales) mais ce serait un concept très élaboré, totalement anachronique, pour des combattants sortant du désert, peu habitués à une quelconque discipline (et ne pourrait s'appliquer à Juges 7,11). Il pourrait s'agir aussi de groupes de cinq hommes, de pelotons en vocabulaire militaire.

Le terme de cet engagement armé serait, comme promis, "jusqu'à ce que Yahvé accorde le repos à vos frères comme à vous, et qu'ils prennent possession, eux aussi, du pays que Yahvé leur donne" (v.15). Le repos en question (*nouakh*) est donc lié à l'entrée en jouissance du bien visé. Ceci est cohérent avec l'idée de possession (*yârach*) et d'héritage (*nâkhal*) mais ne va pas beaucoup plus loin que la trêve des armes. La plupart des mentions du mot sont liées à ce contexte (Deut.3,20; 12,9-10; 25,19; Jos.1,13-15; 21,44; 22,4; 23,1). Il ne s'agit pas de la tranquillité intérieure (*châqéth*) ni de l'inactivité (*châbot*).

Les deux et demi tribus concernées protestent de leur totale obéissance à Josué, comme de celle à Moïse jadis. Pieux mensonge sans doute. Rebelles et inefficaces, Ruben et Gad ont joué bande à part. Seule l'histoire officielle a voulu, narrativement, les réintégrer et expliquer, a posteriori, l'exception transjordanienne.

§1.3

JOSUÉ 2,1-24
UNE MISSION DE RECONNAISSANCE A JERICHO

" Allez ! Voyez le pays et Jéricho"

Ce type de récit, avec envoi d'espions, est assez habituel dans les traditions de conquête. Moïse avait déjà envoyé une telle mission (Nbr.13, récit repris en Deut.1,19-25). Josué donna la même consigne pour préparer la conquête de la ville de Aï (Jos.7,2). Les hommes de "la maison de Joseph" procédèrent de la même manière pour s'emparer de Béthel (Jug.1,22-26). Les Danites aussi, pour Laïsh (Jug.18).

Leur point de départ est Shittîm, un lieu-dit ou une région dans les plaines de Moab à la hauteur de Jéricho où les tribus israélites avaient installé leur campement en attendant d'entrer en Terre Promise (Nbr.33,49; Jos.3,1). L'auteur biblique caractérise cette région comme celle de l'idolâtrie même et de la débauche (Nbr.25,1).

Arrivés à Jéricho, nos hommes se rendent chez une prostituée qui se révèlera être une alliée très précieuse puisqu'elle ne les dénoncera pas (v.4-5), va les cacher (v.6) et leurrer les poursuivants (v.7). Une prostituée-idolâtre bien utile. Elle aidera nos deux hommes à fuir par après (v.15-16). Elle le fait au nom d'une conviction qui est une véritable profession de foi (v.9-11) dans le style deutéronomiste et avec allusion à des hauts-faits des traditions yahvistes (l'Exode même et les victoires sur Sihôn et Og, deux rois transjordaniens, de territoires occupés ultérieurement par Ruben et Gad). Dans la foulée, elle demande à être épargnée, elle et sa famille, lors de la prise prévisible de Jéricho (v.12-13), ce à quoi s'engagent les "espions" (v.14 et 17-21). Ceux-ci honoreront leur serment après la prise de la ville (6,22-25). Pour l'heure, à leur retour de mission, ils font rapport à Josué, répétant la profession de foi deutéronomiste de Rakhab (v.24 // au v.9). Seule cette profession de foi intéresse le narrateur (Dtr1-édit.), non la tradition conservée par le clan de Rakhab comme telle.

Une action militaire faisait peut-être suite à cette "trahison" (comme on en trouve une trace en Jos.24,11: "mais les habitants de Jéricho vous firent la guerre". Mais une autre version, toute sacerdotale, s'est imposée (Jos.6,1-27).

Ce clan, non israélite, a sans doute survécu au milieu d'Israël, respecté par lui. La tradition chrétienne a inséré cette Rakhab dans la généalogie de Jésus (Mtt.1,5) et en a fait un exemple qui, par sa foi (Hébr.11,31) et ses oeuvres (Jacq.2,25), a surmonté sa condition de prostituée-idolâtre.

§1.4

JOSUÉ 3,1-17
LE PASSAGE DU JOURDAIN

un chef, une nation

Reprenant le schéma, tout littéraire, de la "conquête", le premier acte devait en être une invasion, en masse, en un point donné, à un moment précis, sous la direction d'un chef guerrier.

Or ce que le texte nous décrit ressemble plutôt à une procession liturgique. Il n'y a pas d'armée ni d'armes mais bien un emblème religieux (l'arche d'Alliance contenant les tables de la Loi), des prêtres lévites et un peuple qui suit en procession. L'épisode en perd tout caractère guerrier. Cela ne semble pas gêner le rédacteur qui passe allègrement du registre spirituel au vocabulaire militaire et inversement. Même l'allusion aux peuples qui seront chassés (Jos.3,10) n'est que conventionnelle (une reprise de Gn.15,20, d'Ex.3,8, de Deut.7,1, etc...) marquant la continuité dans la promesse divine et le rappel que la Toute Puissance relève de Dieu seul (et non des humains).

La scène de l'arrêt de l'écoulement de la rivière pour permettre au peuple de passer à pied sec se présente comme le décalque du passage de la Mer Rouge en Ex.14,5-31. Dans ce dernier cas, il s'agissait de quitter l'Egypte, terre emblématique de l'esclavage. En traversant le Jourdain, il s'agit d'entrer dans la Terre Promise. Deux étapes d'un cheminement spirituel, entrecoupées par un séjour de purification au désert. Comme la colonne de nuée et de feu avait servi de guide dans l'Exode, c'est ici l'Arche qui en fait office "afin de savoir quel chemin prendre car vous n'êtes jamais passés par ce chemin". Autant Moïse était à la manoeuvre en Exode, autant ici Josué hérite du rôle. La tradition ultérieure a d'ailleurs retenu la signification spirituelle de l'épisode. C'est ainsi qu'Elie transmit son esprit à Elisée (2Rois, 2,1-18), au bord du Jourdain, après être passé à pied sec. C'est dans le Jourdain que Jésus se fit baptiser par Jean et reçut l'Esprit de Dieu (Mc.1,9-11), inaugurant par là la nouvelle ère du Royaume de Dieu. Nous sommes devant une théologie du "passage", bien au-delà d'un fait épique ponctuel.

L'importance accordée au fait que "toute la nation" soit passée au même moment correspond à la volonté, datable de l'époque du roi Josias, de montrer un peuple uni (devant l'être pour des raisons religieuses), sous la direction d'un chef (Josué, successeur de Moïse, et faisant office de prototype de Josias, lui conférant ainsi une éminente notoriété pour des raisons politico-spirituelles mais non guerrières). Au-delà de cette volonté politique d'unification, il y a un message plus général: faire prendre conscience d'une identité propre passant par une histoire commune remontant à plusieurs siècles.

§1.5

JOSUÉ 6,1-27
LA PRISE DE JERICHO

en grande procession

Après le passage même du Jourdain à un endroit où il n'était ni trop large ni trop profond, la première difficulté, dans une perspective de conquête, était de faire sauter le verrou de Jéricho, ville caravanière, qui donnait accès à tout le territoire cananéen. Suivant le récit biblique, les Hébreux, sous la conduite de Josué, auraient organisé une procession autour de la ville avec l'arche contenant les tables de la Loi, portée par des prêtres et suivie par le peuple, au son des trompettes, une fois par jour pendant six jours et sept fois sur la journée au septième jour, provoquant ainsi l'écroulement des murs. D'aucuns y ont vu un habile stratagème: la procession autour de la ville et le bruit des trompettes étaient une manière de détourner l'attention des habitants par rapport à un travail de sape des murailles dont l'écroulement n'avait donc rien de magique. D'autres y ont dénoncé une pure fable. L'archéologie aurait d'ailleurs démontré qu'il n'y avait plus de murailles à Jéricho depuis plusieurs siècles à l'époque supposée de l'épisode (vers - 1200). On serait tenté d'aller dans ce sens, non pas pour dévaloriser le récit mais au contraire pour le situer dans sa pleine dimension (qui est, en effet, religieuse et non guerrière). Il s'agirait bien d'une procession religieuse pour marquer un fait religieux: l'entrée en Terre Promise, celle-ci devant s'entendre en un sens religieux (et non territorial): Dieu a réalisé sa Promesse, à nous maintenant de nous conduire loyalement envers Lui.

La ville, ainsi "conquise", devait être vouée au *herem*. On a déjà rencontré ce thème (Nbr.21,1-3). Il s'agissait de tuer toute la population de la ville, tous les troupeaux, toutes les cultures et tous les biens et même de raser la ville de fond en comble. Militairement, cette mesure devait être exceptionnelle et répondre à un besoin de vengeance totale suite à une résistance farouche. En effet, la coutume (et le but) des nombreuses guerres entre les clans, tribus ou peuples était de faire des esclaves et d'emporter du butin (économie guerrière) et certainement pas de tout détruire. Le fait de renoncer, d'avance, à tout butin pouvait aussi correspondre à un voeu religieux pour s'attirer la faveur divine en vue du succès de l'entreprise. Ce test du désintéressement pouvait devenir un moyen d'éviter des guerres à but intéressé et de se limiter aux guerres sacrales (non pas une sacralisation de la guerre mais une guerre limitée à une auto-défense religieuse). En se spiritualisant, le *herem* est devenu une pratique rituelle consistant à offrir complètement l'offrande (car, ordinairement, les viandes sacrifiées étaient en fait consommées par les prêtres et les offrants). Puisque, selon notre hypothèse, il n'y a pas eu conquête militaire ni *herem* guerrier, nous serions plutôt dans la démarche de type sacrale: ce que nous allons faire maintenant doit être une démarche entièrement religieuse. Ce thème pourrait sembler très Sacerdotal (respect d'une prescription religieuse) mais il relève sans doute plutôt du Deutéronomiste (souci de pureté ethnico-religieuse par rapport à des peuples étrangers).

§1.6

JOSUÉ 7, 1-26
L' ECHEC DEVANT AÏ

l'échec assuré si ...

A la base, le petit récit de l'échec de la première tentative de la prise d'Aï (les v.2 à 5) pourrait bien être le souvenir d'un premier échec dès après la "prise" de Jéricho. Décidément, l'entrée en Terre Promise ne s'avère pas si aisée que cela ! Mais, sous l'apparence du récit historique, il y a peut-être une simple reprise littéraire du thème de la mission préliminaire d'espionnage comme pour Jéricho (Jos.2,1-24). Il y a cependant une différence majeure: autant, dans le cas de Jéricho, la conclusion de la mission était: "Yahvé a livré tout ce pays entre nos mains ..." (Jos.2,24), autant, dans notre récit, il n'y a pas de référence à Yahvé: l'entreprise semble tout à fait profane (et c'est ce que le narrateur-théologien désapprouve) et donc vouée à l'échec (car ce qui importe est la conformité à la volonté divine).

Tout le reste du récit (le v.1 et 6-26) tourne autour du respect du *herem*. La préoccupation semble donc bien essentiellement religieuse. C'est le non-respect d'un voeu de *herem* qui provoque la colère divine (v.1) et c'est la régularisation de la situation qui l'apaise (v.26) et permettra la prise de la ville (chap.8). L'intermédiaire de cette réconciliation sera Josué, comme Moïse l'avait été après l'épisode du veau d'or, cette autre infidélité à Dieu (Ex.32,11-14). C'est Yahvé qui dénonce le fait ("Israël a péché; il a violé l'Alliance" v.11) et qui exige une enquête. Josué mène l'enquête (une scène semblable a lieu en 1Sam.14,24-46) et débusque le coupable, un certain Akan (Akar en 1Chron.2,7). On fait alors *herem* (en principe, sacrifice par la feu mais peut-être ici, lapidation de la personne incriminée) et la faute qui planait sur le peuple tout entier est éliminée.

Il y a peut-être aussi une visée étiologique (justification a posteriori) donnant une explication légendaire au nom de la vallée d'Akor et à l'existence d'un tell (élévation d'un monceau de pierres ou de terre comme sépulture) à cet endroit ainsi que l'exploitation d'un jeu de mot (le verbe *âkar* signifie "porter malheur").

§1.7

JOSUÉ 8,1-29
LA PRISE D'AÏ

la victoire assurée si ...

Au niveau historique, il semble que la ville d'Aï était déjà abandonnée depuis plusieurs siècles avant l'arrivée des "conquérants" hébreux. Les fouilles archéologiques (de 1972) ont montré que le site avait été abandonné vers 2400 (sans doute du fait des Egyptiens) et réoccupé vers 1200 par un modeste village et pour une brève période (ce qui pourrait correspondre à l'époque de Josué). Mais à l'époque de la rédaction du livret (après 622 pour la première rédaction, donc plus de 600 ans plus tard !), la ville d'Aï (10 ha dans sa plus grande extension !) n'était plus qu'un très lointain souvenir. Seule subsistait une "ruine" (c'est d'ailleurs la signification étymologique du mot "*aï*"), un "tas de pierres", un "tell", rappelant la malédiction d'Akân (Akâr en Jos.7,26). L'allusion à cet épisode mythique pourrait aussi être la trace d'une revendication territoriale de la tribu de Benjamin (Aï se trouvant sur son territoire) ou, pour le narrateur, une manière de donner une place, contestée, à cette tribu dans la confédération israélite sous l'égide du roi Josias après 622 (voir au chap.18).

Pour le reste, le récit offre toutes les caractéristiques stylistiques d'un récit épique assez bien construit (malgré quelques interpolations):

v.1-2: exorde, par Yahvé, à Josué: formule de mise en confiance ("Sois sans crainte et sans frayeur", formule deutéronomique qui concluait le Prologue, Jos.1,9), ordre de mobilisation (mais à l'initiative divine et non pour des motivations bassement terrestres), promesse de victoire (à référer à Dieu et non à des forces humaines), consigne de *herem* (excluant toute motivation matérielle sauf la concession faite ici pour les dépouilles et le bétail), consigne pour un stratagème fait d'embuscade (exactement le même schéma littéraire que dans l'épisode de Gibéa en Juges 20,29-48; un des deux n'aurait donc pas de consistance factuelle mais serait copie de l'autre).

v.3-8: explicitation, par Josué, aux troupes, de la tactique à adopter (mais avec rappel que la victoire est toujours à attribuer à Dieu et non à la force humaine ou à ses ruses de guerre et rappel de la consigne du *herem*). A noter que le chiffre de 30.000 combattants est totalement invraisemblable. Mais il s'agit de montrer tout le peuple uni dans la même entreprise. Le "millier" (*'eleph*), comme terme militaire, ne désigne pas nécessairement un nombre précis mais un "contingent".

v.9-25: récit du déroulement de la bataille.

A noter, au v.18, ce geste de Josué, réplique de celui de Moïse lors de la bataille contre Amaleq (en Ex.17,9-12): "Tends vers Aï le javelot que tu as à la main", signal de branle-bas de combat mais devenant garantie de protection divine tant que le geste est maintenu (jusqu'au v.26). S'ensuit le massacre de toute la population de la ville, massacre tout littéraire (puisqu'il n'y avait plus d'habitants dans cette ruine depuis des siècles) mais notification que la prescription du *herem* a été respectée à la lettre. Le chiffre de 12.000 victimes relève toujours de l'exagération épique ou d'une symbolique cachée.

v.26-27: épilogue sur la bonne exécution des voeux.

Cette conclusion resitue le récit épique dans l'optique exclusivement religieuse du rédacteur final. Au passage, à titre anecdotique, il donne aussi une explication étiologique à "une ruine (*aï*), un lieu désolé jusqu'à ce jour", à "un grand tas de pierre (qui existe) jusqu'à ce jour". L'allusion au sort du roi d'Aï relève sans doute d'un parallélisme voulu par le rédacteur avec la figure d'Akân/Akâr.

Le fait de dépendre un pendu avant la nuit répond à une prescription dont on a la formulation en Deut.21,22-23 (reprise encore en Jos.10,27). Appliquée à Jésus dans le NT (Jean 19,38), elle confirme le statut infâmant affecté à sa personne.

Malgré l'aspect guerrier du sujet (une prise de ville), tout ceci ne constitue en rien une réflexion sur la guerre mais bien sur le respect d'une loi religieuse.

§1.8

JOSUÉ 9,1-27
ALLIANCE AVEC GABAON

Une alliance avec un peuple non-juif est-elle envisageable ?

Historiquement, les habitants de cette ville (et de trois autres villes alentour), descendants des Hivvites, étaient une population locale, non cananéenne, occupant ces lieux bien avant l'arrivée des Hébreux et qui subsistait encore comme population non juive au même endroit à l'époque de la rédaction du livret (après l'exil). Or il y avait une prescription (Ex.23,32; 34,12; Deut.7,1-2) stipulant qu'il fallait faire *herem* de toute population non juive dans le périmètre de la Terre Promise (par souci de pureté religieuse impliquant d'écarter toute tentation idolâtrique). Comment expliquer cette exception ? Ce statut aurait été obtenu par une ruse qui aurait entraîné un serment, lequel ne pouvait être remis en question même frauduleusement obtenu. Israël dut d'ailleurs expier après que le roi Saül s'en fût pris à l'enclave gabaonite (2Sam.21,1-14). Une autre prescription (Deut.20,10) prévoyait que les populations qui se soumettaient volontairement, sans combattre, ne devaient pas être éliminées. C'est ce qu'apparemment firent les Gabaonites. Et, en effet, encore à l'époque de la rédaction du livret, cette population constituait la main d'oeuvre servile du Temple (à nouveau un argument étiologique). Clin d'oeil anecdotique, les deux fonctions citées ("fendeurs de bois" et "porteurs d'eau") correspondent à deux activités serviles pour lesquelles cette population était connue. En effet, la région étant boisée (à l'époque !), les Gabaonites pouvaient avoir une activité de bûcheron et, d'autre part, la ville même de Gabaon était pourvue d'une énorme citerne d'eau avec escalier en spirale le long de la paroi intérieure (dégagée par les fouilles de 1956 - 62) qui nécessitait un manège de porteurs d'eau. Leur activité de producteur de vin (ces mêmes fouilles ont mis à jour des pressoirs et des installations permettant de contenir 150.000 l. de vin !) n'est que très indirectement mentionnée ("vieilles outres à vin crevées et recousues" v.4).

Le récit est assez cohérent, même si Josué a l'air ici d'être un personnage rapporté. Il s'agit sans doute d'une ancienne tradition indépendante, reprise par le rédacteur sacerdotal, assez artificiellement insérée dans la grande fresque de la "conquête" de la Terre Promise. Elle nous laisse aussi sans doute une trace de ce qui s'est réellement passé: la "conquête" n'a pas été systématique et Israël a dû pactiser de manière heureuse ou moins heureuse avec les populations locales.

L'épuration ethnico-religieuse n'est que l'image (malheureuse certainement) d'une exigence d'un monothéisme strict sans éclectisme, préoccupation majeure des courants deutéronomistes et sacerdotaux de l'époque de la rédaction du livret.

v.1-2: Résumé de la situation générale. La formule "ils se coalisèrent pour combattre d'un commun accord Josué et Israël" stigmatise une relation de conflit total (réalité ? simple perception ? ou positionnement idéologique ?). La liste des peuples en est devenue conventionnelle (16 x en Gn., Ex., Deut., Jos., Jg).

v.3-15: Récit (pittoresque) de la ruse et conclusion du pacte. Le but est de faire croire aux Israélites que les Gabaonites sont un peuple lointain qui vient proposer une alliance. Le soupçon est présent mais les Gabaonites font allégeance à Yahvé (comme dans le pacte avec Rakhab dans l'épisode de Jéricho en Jos.2,8-21) et renchérissent sur les signes de leur origine lointaine. Les Israélites (Josué n'est pas cité) se laissent duper (car ils ne consultent pas Yahvé !) et acceptent de facto de conclure un pacte en partageant le repas.

v.16-21: Découverte de la supercherie: ce peuple est, en fait, un peuple local. Constitue-t-il pour autant une menace ? C'est ce que le texte laisse entendre (mais il s'agit d'une menace pour la pureté religieuse; l'aspect guerrier n'importe pas au rédacteur). Le scrupule (religieux) à respecter le serment va justifier l'exception (par rapport à une prescription religieuse ...) faite en faveur des Gabaonites. La mise en servilité est présentée comme une compensation morale à la supercherie. Les "notables" ont l'air d'être seuls à la manoeuvre dans ces versets (ce qui est un indice de rédaction sacerdotale, peu encline à privilégier le rôle de Josué).

v.22-27: Enquête de Josué et confirmation du pacte: c'est l'occasion, pour Josué (que le texte fait réapparaître ici), de réassumer l'erreur d'appréciation mais aussi le serment des "notables". Il pourrait s'agir d'un doublet purement rédactionnel (pour corriger la version sacerdotale).

La ruse est, assez habituellement, dans la littérature biblique tout autant que profane, une technique guerrière. Elle se présente ici, et c'est assez original, comme une technique de paix (pour obtenir une alliance). Cependant, la leçon du texte ne porte pas sur la ruse mais sur l'exception acceptable en la circonstance par rapport à un principe religieux.

§1.9

JOSUÉ 10,1-43
CONQUÊTE DES VILLES DU SUD

"car Yahvé, votre Dieu, les a livrées entre vos mains"

Les épisodes précédents concernaient des traditions du Centre, territoire d'Ephraïm, Benjamin et Manassé. Elles étaient assez développées (car Josué était un benjaminite ...). Mais il fallait aussi aborder les traditions du Sud et du Nord pour donner l'image du "tout Israël". Ce chapitre 10 traite, bien sommairement, de la conquête des villes du Sud (mais le point de ralliement reste le camp de Gilgal, au Centre). Il se laisse subdiviser en trois épisodes ayant leur unité d'action:

- une coalition de rois, du sud, contre les Gabaonites (v.1-15)
- le sort des cinq rois, prisonniers à Maqqéda (v.16-27)
- un sommaire de la conquête des villes du sud (v.28-43)

1. une coalition de cinq rois et la bataille de Gabaon (v.1-15):

Les v.1-2 rappellent les faits: la prise d'Aï et l'alliance avec Gabaon avaient créé une situation nouvelle étant donné la crainte suscitée par cette victoire militaire autant que par cette alliance de paix.

Adoni-Tsedeq, le roi cananéen de Jérusalem, fait appel à quatre autres roitelets amorites (tribus opposées aux Hivvites) du sud: Hébron, Yarmut, Lakish, Eglôn (villes identifiées) (v.3-4). Cette coalition passe à l'attaque contre Gabaon (v.5). Les Gabaonites appellent Josué à l'aide (v.6).

Celui-ci, fidèle à l'alliance conclue, répond à leur appel et se mobilise (v.7). Il reçoit la confirmation par Yahvé de l'aspect sacral de ce combat: "Ne les crains pas, je les ai (déjà) livrés entre tes mains" (v.8). Il quitte son camp de base de Gilgal et, grâce à une marche forcée, de nuit, il parvient à surprendre l'ennemi (v.9). La victoire est attribuée à Yahvé: "Yahvé les mit en déroute, en présence d'Israël, et leur infligea à Gabaon une rude défaite" (v.10a). L'intervention divine confirme le caractère sacral; la formule est laconique; Israël est simplement témoin; il n'y a pas de description de bataille.

Les coalisés, défaits, sont poursuivis (v.10b), de Beit-Horôn Haut vers Beit-Horôn Bas, jusqu'à Azeqa (cette géographie est cohérente avec la réalité du terrain) et même jusqu'à Maqqeda (beaucoup plus au sud, mais ce serait une addition pour faire le raccord avec l'épisode suivant). Au cours de cette poursuite, c'est encore Yahvé qui intervient indirectement par une pluie de grêlons (rappelant la 7° plaie d'Egypte,

Ex.9,18), plus efficace que les faits d'armes des Israélites (v.11). C 'est à ce moment que Josué adresse à Yahvé une invocation lyrique (v.12):

"Soleil arrête-toi sur Gabaon,
et toi, lune, sur la vallée d'Ayyalon"

(empruntée, semble-t-il, à un recueil lyrique, le livre du Juste (ou du Héros ?), cité aussi en 2Sam.1,18). On retrouve un même dédoublement lyrique dans le Cantique de Moïse (Ex.15,1-21) et le Cantique de Débora (Jg.5,1-31). Le genre littéraire n'est pas celui du traité d'astronomie ! Le rédacteur insiste pourtant sur la réalité physique du phénomène (v.13). Un tel phénomène de prolongation (pour aller jusqu'au bout de la victoire) s'était également produit en faveur d'Aaron (avantage victorieux tant qu'il avait les bras étendus) en Ex.17,12, au sujet de la victoire sur Amaleq, où Josué était d'ailleurs cité comme chef guerrier. L'intention est dans l'idée de prolongation, non dans la description d'un phénomène cosmique.

Conclusion théologico-politique (v.14): cette victoire totale ne fut possible que "parce que Yahvé combattait pour Israël" et parce que Josué était un chef écouté par Yahvé.

Conclusion narrative (v.15): "Josué, et tout Israël avec lui, revint au camp de Gilgal", donnant l'image d'un peuple unifié qui, sous la direction d'un chef unique, rentre sain et sauf, mission accomplie, en son lieu de ralliement (en inclusion avec le v.7).

Il faut se rappeler que la rédaction principale du livre de Josué date du règne du roi Josias (640 - 609) et se veut au service de ce règne (roi efficace et pieux, en effet). A travers Josué, c'est l'image de Josias qui est promue.

2. le sort des cinq rois, prisonniers à Maqqéda (v.16-27)

Cet épisode, amplification autour du sort personnel des cinq roitelets, constitue une tradition indépendante.

Les rois, en fuite, se cachent dans une grotte à Maqqéda (v.16) (le site précis n'a pas été identifié mais il y a de nombreuses grottes dans les falaises le long de la Shephelah). Josué est informé du fait (v.17), prend des mesures préservatoires (pierres et gardes) pour les empêcher d'en fuir (v.18) mais ne se laisse pas distraire de la poursuite des ennemis "car Yahvé votre Dieu les a livrés entre vos mains"(v.19) (devoir sacral d'aller jusqu'au bout de la victoire, avec rappel du v.8 et préparant l'épisode suivant des v.28-39). Une "très grande défaite" (sans aucune description) est infligée à la coalition mais il y a des survivants qui réoccupent leurs places fortes (v.20). Les troupes de Josué, saines et sauves, rentrent au camp (v.21) (pas à Gilgal, beaucoup trop éloigné, mais sans doute un bivouac proche de Maqqéda).

Josué revient alors sur le site de Maqqéda et fait sortir les cinq rois enfermés (v.22-23). Un signe public d'humiliation leur est infligé: le pied sur la nuque (v.24), une coutume assyrienne de guerre comme on le voit sur les bas-reliefs, geste assorti d'une exhortation au courage et à l'endurance à ses propres troupes (v.25):

"Soyez sans crainte et sans frayeur"
"Soyez forts et tenez bon"

(suivant les formules deutéronomiques de Jos.8,1 et du Prologue) avec garantie d'assistance divine (rappelant le caractère sacral de ces combats).

Les rois sont pendus à des arbres "jusqu'au soir" (v.26), même sort - infâmant- que pour le roi d'Aï en Jos.8,29 (par souci du respect de la prescription religieuse de Deut.21,22-23 et repris pour Jésus en Jn.19,38). Leur cachette leur servira de tombeau (v.27) ("grandes pierres devant l'entrée" cf.v.18; même dispositif pour Jésus) et argument étiologique: visible "jusqu'à ce jour même".

Rappelons que ces "rois" ne sont que des roitelets, chefs de clans ou de bourgades (de quelques hectares de terrain).

3. sommaire de la conquête des villes du sud (v.28-43)

Ce sommaire est constitué de six tableaux (v.28; 29-30; 31-33; 34-35; 36-37; 38-39) construits selon le même schéma et selon des formules stéréotypées:

- attaque de telle ville (par "Josué et tout Israël")
  mais oeuvre de Yahvé ("Yahvé livra ...")
- exécution de la population et du roi local (pas de survivant)
  par prescription religieuse (au nom du *herem*)
- référence à la ville précédente

Les six villes citées (Maqqéda / Libna / Lakish / Eglôn / Hebron / Debir) ne sont pas exactement les mêmes qu'aux v.3, 5 et 23. Celles-ci correspondent aux villes conquises par les Assyriens en 701 (il ne s'agit pas d'un appel à les libérer car, à l'époque de la rédaction du livret, après l'exil, Israël n'était absolument pas en état de le faire). Elles sont toutes sur la façade ouest du massif de Juda sauf Hébron qui est au coeur du massif; aucune n'est en plaine; Libna, Lakish et Eglôn ne sont devenues israélites que beaucoup plus tard; Hébron et Debir ont été prises par Caleb (et non Josué) selon Jos.15,13-15 et Jg.1,10-11.

Ce sommaire est suivi d'un récapitulatif (v.40-42a):

- tout le pays (en fait, la montagne de Juda et sa façade ouest, rien de la plaine) est conquis par
- tout Israël, sous la conduite d'un seul chef, Josué (en fait, initiatives désordonnées des tribus)
- toute la population est exécutée (par voeu de *herem*) (en fait, simple rappel d'un combat anti-idolâtrique)
- tout en une fois, en une seule campagne (en fait, largement étalée dans le temps: deux siècles !)

Cette représentation est une synthèse conventionnelle, idéalisée, expression de la thèse chère au livret; elle ne peut correspondre à une réalité historique.

Conclusion théologico-politique (v.42b): cette conquête fulgurante ne fut possible que "parce que Yahvé, le Dieu d'Israël combattait pour Israël", conclusion encore reprise en finale du livret (23,3 et 10). Ce n'est donc pas Israël qui combat pour Dieu mais l'inverse !

Conclusion narrative (v.43): retour au camp de base de Gilgal (fait clôture avec 7 via 15) pour "Josué et tout Israël avec lui" (image du sort commun sous l'autorité du même chef).

§1.10

JOSUÉ 11,1 - 23
CONQUÊTE DES VILLES DU NORD

"Yahvé les livra en main d'Israël"

Outre le parallélisme géographique (Sud / Nord), il y a un parallélisme narratif certain entre le chap.10 et le chap.11: une coalition de rois et de peuples (plus nombreux et hétéroclites qu'au Sud) se forme sous l'égide d'un personnage central (ici, Yabîn, roi d'Hatsor); cette coalition passe à l'attaque (aux Eaux de Mérom, à 15 km à l'ouest d'Hatsor); Josué y mène une attaque surprise, l'emporte et poursuit les coalisés. L'épisode de Maqqéda a un espèce d'équivalent (celui des Anaquim) mais placé après le sommaire de la conquête des villes du Nord. A ce sujet, seule celle d'Hatsor est nommément citée. Les formules sont stéréotypées. Les conclusions théologico-politiques sont amplifiées et servent de conclusion à cette première partie du livret.

1. une coalition de rois et la bataille aux Eaux de Mérom (v.1-9):

De même qu'Adoni-Tsedeq, le roi cananéen de Jérusalem, avait fait appel à des roitelets amorites pour contrer la menace constituée désormais par Josué, ainsi Yabîn, le roi cananéen d'Hatsor (importante ville cananéenne du Nord), cherche à faire alliance avec des roitelets cananéens de sa région après avoir appris les succès de Josué au Sud (v.1a).

Les villes sont citées: Mérom (l'hébreu a "Madôn" mais le d hébreu se confondant facilement avec le r, la LXX a corrigé -à raison- en Mérom, proche du lieu de la bataille), Shimrôn (ville cananéenne de plaine, non loin de Meggido, dans le couloir de passage vers la Syrie), Akshaph (dans ce même couloir, un peu plus haut, site de Tell-Keisan) (v.1b) et autres (v.2). En fait, tout le pays: du nord au sud, et de l'est à l'ouest.

A cela se superposent toutes les populations (v.3): Cananéens, Amorites, Hittites, Perizzites, Jébuséens, Hivvites. Toutes celles-ci se retrouvent, avec des variantes et des flous, dans la liste stéréotypée depuis la première promesse d'une Terre à Abraham en Gn.15,20. Elle n'a pas de consistance factuelle.

Cette coalition se met en marche, "aussi nombreuse que le sable sur le rivage de la mer" (v.4). Elle est équipée de chars et de chevaux (ceux-ci faisaient la supériorité militaire des Cananéens, proches des Egyptiens, mais n'étaient un avantage stratégique qu'en plaine). Elle choisit les Eaux de Mérom comme champ de bataille (v.5) (un plateau un peu au sud de Mérom, favorable au déploiement des chars (sauf qu'ils pourraient s'y embourber) et bordé de collines boisées où pourront se retirer les fantassins israélites).

Josué reçoit la confirmation par Yahvé de l'aspect sacral de ce combat (v.6): "Ne les crains pas, car demain, à la même heure, moi-même, je les livrerai tous, atteints (à mort), devant Israël", avec consigne de "couper les jarrets des chevaux et de brûler les chars"... (prosaïquement on dirait: pour les rendre inutilisables, les Israélites n'étant pas à même de les utiliser; théologiquement, il s'agit de bien établir que la victoire viendra de Dieu et non de moyens guerriers). Josué les atteignit "à l'improviste" (v.7). La victoire est attribuée à Yahvé (v.8a): "Yahvé les livra à la main des Israélites ...". Les coalisés, défaits, sont poursuivis (v.8b) jusqu'aux extrémités de cette région du Nord. Le rédacteur note la bonne exécution du *herem* (v.8c): "il les battit jusqu'à ne pas leur laisser un survivant", et l'exécution par Josué des prescriptions de Yahvé de " couper les jarrets des chevaux et de brûler les chars" (v.9 en réf. au v.6).

Ce schéma est littérairement tout proche de celui de Jos.10,1-15 (coalition contre Gabaon)

2. le sort des villes du nord (v.10 - 14)

La ville d'Hatsor, la ville de Yabîn, est la seule qui soit nommément citée (v.10). C'était une importante ville cananéenne du Nord, ayant couvert 80 ha, ayant pu compter jusqu'à 40.000 habitants, à 15 km au nord du lac de Genésareth et au sud du lac Houleh, dans la plaine du Jourdain, sur une des principales voies de communication entre l'Egypte, la Syrie et la Mésopotamie.

Les fouilles d'Hatsor ont montré que cette ville fut incendiée et complètement détruite à la fin du 13°s., ce qui pourrait correspondre au *herem* de Josué (v.11). Mais la prise d'Hatsor pourrait être antérieure à la sortie d'Egypte (à l'une ou l'autre dizaines d'années près, la chronologie précise est impossible à reconstituer). Elle pourrait aussi être le fait d'autres populations (un raid des "Peuples de la mer" ou une révolte de populations locales non cananéennes vu l'affaiblissement à cette époque de la tutelle égyptienne garante du pouvoir cananéen). Le site fut en tout cas partiellement réoccupé par des populations des villages avoisinants.

D'autres villes (v.12) subirent également le *herem,* mais en une formule vague et conventionnelle.

Les villes "construites sur leur tell" (déjà incendiées auparavant ?) subirent un sort un peu moins sévère. Elles ne furent plus incendiées mais simplement pillées et leur population exterminée (v.13-14).

3. Sommaire de la conquête du pays (v.15-20)

Ce sommaire insiste sur le fait que le mandat donné à Josué a été strictement respecté: "Ce que Yahvé avait ordonné à son serviteur Moïse, Moïse l'avait ordonné à Josué, et Josué l'exécuta sans omettre un seul mot de ce que Yahvé avait ordonné à Moïse" (v.15).

La description géographique de ce mandat couvre en fait "tout le pays" (v.16-17), du nord au sud et d'est en ouest, selon une extension qui fut celle de l'époque monarchique !

Son exécution semble avoir été longue (les "longs jours" couvrent bien deux siècles !) et difficile ("c'est en combattant qu'ils s'emparèrent de chaque ville", sauf Gabaon) (v.18 -19), ce qui trahit une autre version de la conquête, sans doute plus proche de la réalité historique.

L'explication théologique (v.20): "car Yahvé avait décidé d'endurcir le coeur de ces gens pour combattre Israël, afin qu'ils soient *herem* et qu'il n'y ait pas pour eux de rémission, mais qu'ils soient extirpés, comme Yahvé l'avait ordonné à Moïse" est le reflet de l'obsession anti-idolâtrique, assez agressive, des auteurs deutéronomiques (peut-être Dtr3).

L'épisode des Anaqim (v.21 - 22) a l'air ici d'être un épisode rapporté, trace d'une tradition ancienne, élément anecdotique qui n'apporte rien d'autre. Ces "fils d'Anaq" (lui-même fils d'Arba), habitants primitifs de Qyriat-Arba (devenue Hébron) ont reçu de la tradition les traits de héros de légende: de haute stature (Nbr.13,32-33), des géants (*nephilîm*) pareils à ceux du temps du Déluge (Gn.6,4), guerriers redoutables (Deut.9,2). Leur caractérisation en "géants" ne leur vient pas nécessairement de leur haute stature physique mais du fait qu'ils habitaient une région connue pour ses "hautes pierres", des mégalithes et des constructions mégalithiques, cyclopéennes. Ils auraient été refoulés en pays philistin: le long de la côte (Gaza et Ashdod) et une localité proche dans la Shephelah (Gat).

Le v.23a fait inclusion avec le v.15. Il confirme la bonne exécution géographique du mandat: "Josué s'empara de tout le pays, exactement comme Yahvé l'avait dit à Moïse et il le donna en héritage à Israël, selon sa répartition en tribus". Il clôt ainsi la 1°partie du livret et annonce les chapitres sur la répartition.

Le v.23b constitue la conclusion narrative, pour le moins abrupte et laconique: "Et le pays se reposa de la guerre", annotation du Chroniqueur.

VIOLENCE, GUERRE ET PAIX A L'EPOQUE DE JOSUE (1220 -1200)

L'activité de Josué, successeur de Moïse, s'étend sur une brève période (1220 - 1200). Elle est tout entière consacrée à la "conquête" de la Terre Promise. C'est une époque marquée par le recul des grandes puissances (Egypte, Mésopotamie, Anatolie) et par la pression de nouvelles populations.

Par la mer, ce sont les Peuples de la Mer (venus des côtes égéennes et de son arrière pays, la Turquie actuelle, et se répartissant sur tout le pourtour de la Méditerranée et dans ses îles) qui tentèrent de s'infiltrer. Ramsès III parvint à peine (vers 1175) à les empêcher de s'installer dans le Delta du Nil. A défaut, ils s'installèrent dans le territoire cananéen (alliée de l'Egypte mais plus faible), le long de la côte de la Grande Mer (la Méditerranée). On les y connaît sous le nom de "Philistins".

Par voie terrestre, par l'Est (Jordanie actuelle), ce sont les tribus nomades du désert, les Araméens, qui formèrent des royaumes (celui de Damas par exemple) dans des territoires autrefois sous contrôle hittite ou assyrien. Un groupe de tribus hébraïques, ayant fui l'oppression égyptienne à l'époque précédente, était remonté par la Jordanie actuelle et tentait d'accéder au Croissant Fertile en traversant le Jourdain à la hauteur de Jéricho. Il ne s'agissait en fait que de la "Maison de Joseph" (Ephraïm, Manassé et Benjamin). D'autres tribus (Siméon, Juda, Caleb), installées dans le désert du Néguev, attendaient la bonne occasion pour s'infiltrer par le Sud. D'autres, les tribus du Nord (Zabulon, Issakar, Asher, Nephtali) n'avaient pas bougé depuis l'époque patriarcale et ne souhaitaient pas trop être dérangées. Celles de Transjordanie, non plus (Gad, Ruben).

Les Cananéens résistèrent fort bien. Les Philistins s'assimilèrent aux Cananéens. Les Hébreux durent se contenter de quelques terres ingrates dans des massifs montagneux mais ne parvinrent pas à s'imposer dans les plaines.

L'époque ne connut pas de grandes batailles entre de grandes armées mais une multiplication de combats locaux, limités, ponctuels, dont les résultats ne furent jamais bien assurés.

ARMEE ET ARMEMENT
d'après les récits épiques en Josué

Josué avait fait preuve de sa combativité dans le conflit avec Amaleq (Ex.17,8-16). A la veille de l'entrée en Terre Promise, Moïse avait confié à Josué la conduite des opérations (Deut.31,23). Toute la dynamique du livre consiste à montrer tout Israël, uni, entrant en masse, en un point donné, à un moment précis, sous la conduite d'un chef unique. En réalité, ce sont des combattants parmi les trois tribus de la "maison de Joseph" qui ont traversé le Jourdain à la hauteur de Jéricho et ont, sans doute, mené quelques combats. Ils semblent avoir établi un camp (*makhaneh*) de base à Gilgal. Le vocabulaire des traductions est parfois trop précis ("en formation de combat", avant-garde, arrière-garde, ...) là où l'hébreu emploie des mots très vagues. Il n'est pas question "d'assiéger" une ville mais de "camper contre". Les tactiques de reconnaissance préalable, de ruses, d'embuscades sont vraisemblables. Le combat (*milkhâmâh*) est engagé au son des cors et au cri de guerre (*terou°ah*). Il tourne le plus souvent à la mêlée (*moul*) impétueuse mais indisciplinée. Comme armes, il est fait allusion au glaive (*khereb*), souvent dans des expressions toutes faites ("au fil de l'épée"; hébreu: "à bouche de glaive"). Il est question d'une pique ou d'un javelot (*kidôn*) dans le récit de la bataille d'Aï (8,18 et 26). A la bataille des Eaux de Mérom (11,1-9), les Cananéens sont équipés "de chevaux et de chars de fer (*rekeb berzel*)" (structure en bois plaquée de fer), armement évolué et efficace mais seulement en plaine. Les Israélites n'en sont pas armés à cette époque et se contenteront de couper les jarrets des chevaux et de brûler les chars (parce qu'ils ne savent pas les utiliser et, théologiquement parlant, pour montrer qu'ils ne comptent pas sur ces moyens humains pour vaincre mais sur le concours divin). Il est fait allusion à l'arc (*qechet*) en Jos.24,12. Le *herem* (extermination totale de tous les biens et de toute la population) a l'air, suivant les récits, d'être le sort habituel des villes qui résistent. Il n'est pas sûr que les Israélites aient eu l'occasion de le pratiquer autrement que de manière symbolique. En Israël, le *herem* est devenu un concept purement religieux (pour signifier à quel moment on est dans le cadre de la guerre sacrée). A la fin des opérations, l'ordre de démobilisation est donné ("Maintenant donc, retournez à vos tentes", 22,4).

§1.11

JOSUÉ 12,1-24
RÉCAPITULATIF DES RÉGIONS CONQUISES

à l'est et à l'ouest du Jourdain

Ce court chapitre (sans doute une transition rédactionnelle due au Chroniqueur) n'a rien d'épique ni de poétique. Il répète une nouvelle fois, à force de noms de roitelets, de localités et de tribus, les régions conquises. Remarquons qu'elles sont réparties en deux entités :

- les régions au-delà du Jourdain, à l'est (v.1-6) (Jordanie actuelle)
- les régions en-deçà du Jourdain, à l'ouest (v.7-24) (Israël actuel).

Cette liste correspond à l'extension maximale d'Israël sous David (vers 970). C'était bien le rêve à l'époque de Josias (qui régna de 640 à 609), règne plein de promesse (grâce au déclin de l'Assyrie) et qui avait toute la faveur du rédacteur deutéronomiste (Josias était considéré comme un nouveau David, à moins que l'image de David n'ait été mythiquement reconstituée à partir de celle de Josias ...). D'autres listes (Deut.1,4-5; 2,16-37; 3,1-17; Nbr. 32,1-42, ...), citant des dizaines de noms de roitelets, de localités et de tribus, plus ou moins cohérentes entre elles (et correspondant à la géographie du pays), relèvent du même courant deutéronomiste d'avant l'exil et sont encore tout aussi fièrement porteuses de l'idéologie royale de l'époque de Josias.

Mais à peine 12 ans après la mort de Josias, c'était déjà la grande désillusion causée par le premier siège de Jérusalem en 597 (et une première vague de déportation) et par sa chute en 586 (et une deuxième vague d'exil à Babylone) par Nabuchodonosor (un nouveau pouvoir fort, babylonien, ayant supplanté les Assyriens en Mésopotamie). Il est très intéressant à cet égard de remarquer que la liste d'Ezéchiel (chap. 47,13 à 48,29), déjà désillusionné (il fit partie des exilés de la première vague en 597) et ne partageant pas l'idéologie royale deutéronomiste (Dtr1), se limite à peu près à l'espace à l'ouest du Jourdain comme Terre religieusement idéale. Il ne partage pas non plus le principe de ségrégation cher au deutéronomisme (qui était motivé par la crainte de la tentation idolâtrique). Il préconise au contraire de reconnaître à part entière les "résidents qui résident au milieu de vous" (Ez.47,22-23).

En dehors de l'aspect "conquête" (mentionné, mais de manière tout à fait laconique), c'est l'aspect "administratif" qui est mis ici en avant. Il s'agit de bien inventorier les territoires en vue de leur attribution.

En cela, ce chapitre clôture une nouvelle fois la première partie du livret et en annonce une deuxième (chap.13 à 21) consacrée à la description de la part de chaque tribu.

§1.12

JOSUÉ 13,1-6
UNE RÉPARTITION PAR AVANCE

"Voici le pays qui reste à conquérir"

On croyait tout le pays conquis; voici qu'il en reste ! Mais ce ne sera pas à mettre au compte des exploits de Josué. Ces territoires correspondent à la zone cananéenne au moment de l'entrée en Terre Promise (selon la description de Nbr.34,1-12; avec addition, aux v.13 à 15, d'une mention, indépendante, pour les territoires de Transjordanie), ce que résumait en un verset Jos.1,4. Non encore conquise donc, cette région est déjà, virtuellement, attribuée. La visée de l'épisode ne porte d'ailleurs pas sur la conquête mais sur la répartition. L'épisode relève donc de la deuxième partie du livret.

La région est en pleine perturbation géo-politique en cette fin de 13°s. Les Cananéens (un peuple sémite) en étaient les occupants traditionnels. De nouvelles populations envahissent et occupent la région dont des tribus israélites mais aussi, à peu près en même temps, des Philistins (un des "Peuples de la mer", indo-européens, venant sans doute de la côte de la mer Egée et de son arrière pays, la Turquie actuelle). C'est d'eux qu'il s'agit dans ces v.1 à 7., avec définition de leurs frontières. Trois autres peuples sont également cités: les Geshurites (un reste d'une population hourrite qui donna lieu à l'empire Mittani du 14°s, peuple indo-aryen du Caucase, dont les Arméniens sont les descendants) à l'est du lac de Gennésareth, les Awwites (peuple inconnu par ailleurs) dans l'arrière-pays philistin et les Giblites (sans doute de l'antique Byblos, au Liban). Les Phéniciens sont également dénommés "Sidoniens", Sidon étant la ville la plus importante, cananéenne à l'origine. Le texte rappelle d'ailleurs (v.3 et 4) que toute la région, tant la partie devenue phénicienne que la partie devenue philistine, était cananéenne au départ.

Le caractère exclusivement religieux de cette appropriation virtuelle est très succinctement rappelé en ces termes conclusifs: "C'est moi qui les déposséderai devant les Israélites; tu n'as qu'à distribuer le pays en héritage aux Israélites comme je te l'ai ordonné" (v.6).

§1.13

JOSUÉ 13,7 à 19,51
LA RÉPARTITION DU PAYS ENTRE LES TRIBUS

"Ainsi fut terminé le partage du pays"

La deuxième partie du livret est donc constituée par un véritable inventaire cadastral de l'attribution des terres aux différentes tribus.

Il pourrait être très ancien et datable de l'époque monarchique (David-Salomon, vers l'an -1000, deux siècles quand même après Josué). Ce souci notarié suppose en effet un Etat qui commence à s'organiser et un embryon d'administration qui veut centraliser et fixer les revendications territoriales des différentes tribus, avec des scribes capables de les mettre par écrit et de les archiver utilement. Cela correspondrait aussi au fait que, sous Salomon, le territoire ait été divisé en 12 districts (selon 1 Rois 4,7). Il pourrait aussi être moins ancien et dater de l'époque de Josaphat (9°s.) ou d'Ezéchias (8°s.), tous deux réputés administrateurs.

Cet ensemble-ci (Jos.13 - 19) n'insiste pas sur le nombre 12 (il en malmène d'ailleurs le comptage), ni sur les tribus (il les traite de manière très inégale, accorde une place démesurée à Caleb qui n'est pas une tribu israélite et mentionne à peine Lévi) mais donne, fastidieusement, des dizaines de noms de régions, sites naturels, "villes" (en fait, quelques hectares avec quelques centaines d'habitants !) et villages. Il tient surtout à montrer, par son cadastre, que chacun a sa place dans cette histoire.

Il connaissait aussi très bien le terrain et a laissé aux archéologues modernes une réserve inépuisable de sites à fouiller (beaucoup avec succès mais problématiques quant à la datation). Nous sommes devant une véritable "géographie sainte" ! Quelle en serait la signification ? La prendre au premier degré, comme une sacralisation d'un territoire, reviendrait à considérer le livret comme un pur récit épique (ce qui est contredit par les multiples injonctions et conclusions de niveau théologique tout au long du texte). L'implémentation territoriale n'est-elle pas une manière, littéraire, de proclamer que la promesse divine a pour vocation de s'incarner concrètement dans les réalités terrestres, sans plus ?

On pourrait croire aussi, suite aux chapitres 2 à 12, que les différentes tribus se seraient accaparées de territoires proportionnellement à leur population et à la force de leurs combattants et que le cadastre n'aurait fait qu'entériner une situation de fait. Ce n'est pas ainsi que le présentent les chapitres 13 à 19. C'est par tirage au sort que les tribus reçurent leur héritage (14,2a). L'expression (ou son résultat) revient 24 x dans cette deuxième partie du livret. Le tirage au sort représente un moyen parfaitement neutre, excluant de prendre le mérite combattant comme critère. Il ne correspond probablement pas à la réalité mais, précisément, tout est dans le message: chez nous, le rapport de force n'est pas / ne peut pas un critère ! Un tirage au sort exclut aussi ces palabres sans fin, occasion de multiples nouveaux points de désaccord. En faisant de l'adoption même de ce principe une injonction divine ("comme Yahvé l'avait ordonné par l'intermédiaire de Moïse",14,2b), le texte en fait un sujet volontairement soustrait à la discussion et auquel tout le monde est censé se soumettre sans remises en question.

Mais qu'en a-t-il été, finalement, de l'occupation de ce territoire ? L'image qu'en donne Josué 13-19 est, en fait, très éloignée de l'image conquérante éliminant toute présence non-israélite sur son passage au nom d'une pureté ethnico-religieuse, telle que donnée par Josué 1 - 12. On y voit une tribu non-israélite, celle de Caleb, bénéficier d'un statut particulier "au milieu des fils de Juda" (14,6-15 et 15,13-19). Les Jébuséens, reconnus comme habitants primitifs de Jérusalem, qui "habitent encore aujourd'hui à Jérusalem, à côté des fils de Juda" car "les fils de Juda ne purent les déposséder" (15,63). Les habitants de Gézer (en territoire d'Ephraïm) "ne furent point dépossédés et ils demeurèrent au milieu d'Ephraïm jusqu'aujourd'hui" (16,10). Les Cananéens aussi réussirent à demeurer dans le pays (de la tribu de Manassé) "parce que les fils de Manassé ne purent prendre possession des villes" (17,12). De plus, "tous les Cananéens qui habitent la terre de la plaine ont des chars de fer" se plaignent les fils de Joseph (17,15-16), ce qui les empêchent d'occuper réellement leur territoire. Rappelons aussi le cas des Gabaonites, cas avoué en 9,19-27. Tous ces aveux reflètent probablement mieux la réalité historique (encore à l'époque de Josias !), celle d'une co-existence pacifique empreinte de réalisme et, à l'époque post-exilique, portent une remise en question: notre lien à Dieu ne se situe-il pas plutôt au niveau d'un comportement que de l'occupation d'un territoire ?

LE SYSTÈME TRIBAL: HISTORIQUE

En principe, un système généalogique aurait été le premier. Ce serait anthropologiquement vraisemblable. Les récits de Genèse 49,2-28 (et textes de la même tradition), où les 12 tribus sont présentées comme les descendants des 12 fils d'un même père, en seraient la trace. Mais ces textes ne sont peut-être que des reconstitutions de l'époque monarchique (ou même post-exilique).

La première réalité historique concrète aurait été un système tribal (dont on aurait la trace dans Nombres 1,5-16 et textes qui en dépendent). L'organisation en tribus (groupement de familles en clans, et de clans en tribus) était certainement celle qui convenait le mieux à un mode de vie nomade (époque de l'Exode). Par souci d'efficacité dans les déplacements et devant les dangers, le groupe avait besoin d'un chef unique (mais choisi par les chefs de familles ou de clans) assumant les décisions ultimes et les mettant en oeuvre de manière assez immédiate. Pour ses membres, faire partie du clan entraînait une solidarité (mais aussi une dépendance) totale et indéfectible.

Avec le sédentarisation (l'installation en Terre Promise), cette organisation tribale perdait de sa pertinence au profit d'une réalité territoriale. Sous le règne de Salomon au 10°s., le territoire aurait fait l'objet d'une répartition en 12 préfectures (selon 1Rois 4,7), mais comme simples zones de prélèvement de taxes. Elles ne correspondaient cependant pas aux territoires des douze tribus (des territoires philistins conquis y étaient inclus et Juda -sans doute exempté de ces taxes et prélèvements- n'y était pas compris !). Les scribes de sa cour auraient voulu conférer à ce nombre une vénérabilité ancestrale (12 fils d'un même père) en vue de servir son projet unificateur.

Une vraie division administrative n'a sans doute été organisée que sous Josaphat au 9°s. (2Chron.17,2, qui ne précise cependant pas de nombre). Le principe de la division administrative et le chiffre de Douze auraient été conservés et peut-être même ré-activés à l'époque de Josias au 7°s. où une restauration de l'empire salomonien était en vue. Avec le mixage progressif entre les tribus israélites elles-mêmes, la référence tribale n'avait cependant plus de pertinence.

Après le retour d'exil (au 5°s.), il n'y avait plus de quoi faire des divisions administratives puisqu'il n'y avait plus qu'un minuscule territoire autonome (5.000 km²) organisé en une province unique, la Judée, par les Perses et qu'il n'y avait plus qu'un peuple de rescapés (75.000 habitants). Mais il était intéressant de maintenir une vision idéalisée d'un Peuple uni. Si l'appartenance tribale n'avait plus aucune pertinence, l'unité bien !

§1.14

JOSUÉ 20,1-9
LES VILLES REFUGES

"pour qu'il échappe à la main du vengeur du sang"

Ce chapitre 20 constitue comme une annexe (sacerdotale) à l'ensemble précédent. Il concerne la création de villes refuges.

Le principe primitif de base était celui de la loi du Talion: "Vie pour vie, oeil pour oeil, dent pour dent, ..." (Ex.21,25 et reprises), loi cruelle mais qui instaurait déjà une limitation au droit de vengeance. En l'absence d'autorité étatique, la vengeance privée était en effet le seul moyen de dissuasion mais pouvait rapidement dégénérer en violence totale pour une atteinte même mineure. En particulier pour le sang versé, une conception un peu magique exigeait que celui-ci soit nécessairement vengé (par le plus proche parent de la victime) (Nbr.35,19) sous peine de grand malheur potentiel pour la communauté.

Voulant éviter ce sort au meurtrier involontaire (ayant causé la mort par inadvertance, par méprise, par accident), le Code de l'Alliance avait prévu pour eux la solution des villes refuges (Ex.21, 3). Trois textes majeurs traitent du sujet: Nbr.35,9-34; Deut.19,1-13 et Jos.20. Le coupable pouvait s'y rendre et, après vérification de sa situation de meurtrier involontaire, pouvait y résider en toute sécurité (mais ne pouvait en sortir). Ce n'est qu'à l'occasion de la mort du grand-prêtre en exercice, par une sorte d'amnistie, qu'il pouvait réintégrer sa ville et sa maison. Ce principe des villes refuges a sans doute été inspiré par un ancien "droit d'asile" (temporaire, en attendant un jugement) auprès de tout sanctuaire. A l'époque monarchique (soucieuse de contrôle étatique), ce droit d'asile a sans doute été légiféré et limité à, d'abord, 3 villes en territoire israélite (au nord, au centre et au sud, avec un souci d'accessibilité) et étendu ensuite (sous Salomon) à 3 villes en Transjordanie (Deut.4,41-43), parmi les villes lévitiques. Ce droit d'asile s'étendait "à tous les Israélites et à tous les étrangers résidents parmi eux" (ce qui témoigne d'un esprit de non ségrégation dans l'exercice de la justice). On ne sait si ni comment cette législation fut appliquée mais l'intention était bien d'éviter une violence injustifiée, premier pas vers une maîtrise plus complète de la violence dans la société.

Le chapitre 21 est consacré aux villes lévitiques. La tribu, vouée au service divin, n'avait pas de territoire propre (Jos.13,14 et 33) mais disposait de "villes" et de pâturages pour assurer sa subsistance au sein de chaque tribu. Toutes les villes refuges étaient des villes lévitiques.

[§]
JOSUÉ 21,43-45
CONCLUSION DU PARTAGE

Les versets 43-45 du chap.21 constituent la conclusion du grand ensemble concernant le partage du pays (dont Jos.13,1-6 constituait l'introduction). On y retrouve, en condensé, tous les thèmes et toutes les formulations deutéronomiques (comme dans le Prologue et l'Epilogue). Tout est centré sur l'accomplissement intégral de la Promesse ("don" du territoire par Yahvé, entrée en jouissance, tranquillité (*nouakh*) aux frontières, invincibilité assurée par Yahvé), situation idéale, rarement vérifiée dans les faits.

§1.15

JOSUÉ 22,1-8
LA DEMOBILISATION DES TRIBUS TRANSJORDANIENNES

"Maintenant donc, retournez à vos tentes"

En exécution de l'engagement pris avant la conquête (Jos.1,12-18), le contrat ayant été rempli du côté des tribus transjordaniennes (v.2-3), et la tranquillité (*nouakh*) aux frontières étant revenue (v.4), Josué accorde à présent à ces tribus la faculté de rentrer chez elles.

Il leur intime cependant de suivre strictement les observances religieuses israélites dans ce pays "étranger" (v.5). Les termes en sont ceux de la doctrine deutéronomique (Deut.6,5; 10,12; 11,13.22; 19,9; 28,9; 30,6). Avant de partir, ils reçoivent encore la bénédiction de Josué.

Malgré qu'elle soit inclue dans le verset d'ouverture (v.1), la demi-tribu de Manassé fait l'objet d'une bénédiction particulière (v.7-8). Il s'agit sans doute d'une addition rédactionnelle faisant allusion à la situation historique particulière de cette tribu. Celle-ci avait originellement son implantation au nord d'Ephraïm (au centre d'Israël, en Samarie) mais elle s'était ultérieurement aussi implantée du côté transjordanien (et donc des deux côtés du Jourdain). En fait, elle aurait été supplantée par Ephraïm en Cisjordanie et aurait alors en partie émigrée en Transjordanie (dans le Golân). On aurait la trace symbolique de ce conflit dans la scène (en Gn.48,1-20) où Jacob fait passer Ephraïm (puîné) avant Manassé. Cette bénédiction spécifique fait allusion aux biens emportés: "troupeaux nombreux, argent et or, cuivre et fer, vêtements", qui donnent une idée des butins de guerre dans la bonne tradition épique.

§1.16

JOSUÉ 22, 9-34
L'UNITÉ RELIGIEUSE AU-DELÀ DES FRONTIÈRES

polémique autour d'un monument

Au sujet de la Transjordanie encore, voici un épisode (de facture deutéronomiste et sacerdotale) abordant un conflit sur le point d'éclater entre tribus de Cisjordanie et de Transjordanie au sujet de la construction d'un autel "de grande apparence" au point de passage du Jourdain (v.10). Ce verset n'en dit pas plus sur sa signification (simple mémorial ou lieu de culte; ce sera l'enjeu de la suite) ni sur le lieu exact (mais du côté cisjordanien puisque "en pays de Canaan").

Les "fils d'Israël" (tribus du Centre), contestent cette initiative et décident de régler cette incartade par la guerre (v.11-12; on n'apprendra qu'au v.16 l'enjeu de la situation).

Cependant, avant d'entreprendre cette guerre, ils décident d'envoyer une délégation officielle auprès des tribus transjordaniennes (v.13-15). La composition de cette délégation (le prêtre Pinhas et 10 notables "civils", représentants des 10 tribus de Cisjordanie) montre qu'on est passé (depuis le v.10) à une rédaction "sacerdotale" (post-exilique). Il n'est d'ailleurs plus fait allusion à Josué dans le reste de ce chapitre 22. Ce geste de conciliation est à remarquer par rapport à une dynamique de conflit.

Par le discours de cette délégation (v.16-20), on apprend un premier motif de cette réprobation: "Que signifie cette infidélité que vous avez commise envers le Dieu d'Israël, vous détournant aujourd'hui de Yahvé et vous bâtissant un autel, ce qui est aujourd'hui une rébellion contre Yahvé ?". Le fond du récit est peut-être ancien. Il était en effet dans les coutumes patriarcales nomades de laisser un "mémorial" de son passage ou d'un événement marquant (ainsi fit Abraham en Gn.12,7-8, en 13,18; Jacob en 28,2 et Josué lui-même en Jos.4,5-8). En la circonstance, il s'agissait aussi peut-être d'expliquer la présence d'un monument connu au 5°s. mais en ruine. Cet ancien récit aurait été repris et transformé en condamnation de toute tentative de maintenir ou de réinstaurer des lieux de culte autre que celui de Jérusalem. Cela faisait partie, en effet, de la réforme de Josias de centraliser le culte à Jérusalem (Deut.12,2-5 et 2Rois 23,4-14) afin de lutter contre le syncrétisme religieux et contre toute idolâtrie mais aussi sans doute pour s'assurer le contrôle politique de la vie religieuse. Au retour de l'exil, la seule autonomie que le pouvoir perse avait concédé à Israël était l'autonomie religieuse sous la conduite du clergé. Celui-ci avait donc toutes les raisons de renchérir sur ces dispositions centralisatrices. Ce faisant, le rédacteur sacerdotal fait remonter au 12°s. une problématique du 5°s. !

Cette condamnation est assortie de deux exemples mémorables de punition, celui de Péor (Nbr.25,3-5 et Deut.4,1-8) et celui d'Akân (Jos.7,16-26). La crainte que la colère divine ne s'enflamme à nouveau contre toute la communauté d'Israël (v.18) constitue le second motif de la ferme réprobation. Un troisième motif est celui de l'impureté globale d'une région "étrangère" pour un juif pieux. Il amène la délégation à faire cette proposition: "Le pays où vous êtes fixés est-il impur ? Passez dans le pays où s'est fixé Yahvé, là où s'est installée sa demeure, et fixez-vous parmi nous" (v.19). Dans ce verset, l'identité religieuse est clairement liée à une territorialité (le territoire judéen, le Temple) ce qui est l'option de ce courant sacerdotal.

Dans leur réponse (v.21-29), les tribus transjordaniennes réfutent toute intention de rébellion ou d'infidélité (v.22 et 29), ainsi que, anachroniquement, toute entorse à la loi de centralisation du culte (v.23, précaution répétée aux v.26, 27, 28 et 29: c'est bien l'enjeu de l'épisode !). Elles présentent comme bonne excuse le fait de vouloir laisser un mémorial du lien religieux entre les tribus séparées par la vallée du Jourdain et du maintien de l'identité religieuse yahviste des prochaines générations au sein même des tribus transjordaniennes (v.24-25, 27-28).

La délégation accepte ces explications et répond positivement aux tribus transjordaniennes: "maintenant nous savons que Yahvé est au milieu de nous puisque vous n'avez pas commis une telle infidélité envers Yahvé et que, dès lors, vous avez préservé les Israélites du châtiment de Yahvé" (v.30-31).

Elle fait rapport aux tribus cisjordaniennes (v.32-33). Celles-ci acceptent l'explication et renoncent au projet d'expédition punitive.

Le monument reçoit un nom, confirmant sa valeur de "Témoin" (v.34). On a déjà rencontré une même explication étymologique en Gn.31,47-48 où un Galé-ed / Gala-ad ("Monceau-Témoin") matérialisait l'accord final entre Laban et Jacob (de même origine araméenne mais aux destins séparés) donnant son nom à la région et à la tribu qui l'occupait.

Nous nous trouvons ainsi devant un récit bien construit, faisant état d'une négociation bien menée, dont le message répond au souci deutéronomique et sacerdotal de pureté religieuse et d'exclusivité de lieu de culte, une problématique du 5°s.

§1.17

JOSUÉ 23, 1-16
EPILOGUE

"Vous avez vu tout ce que Yahvé a fait pour vous"

Ce chapitre devait, initialement, servir de conclusion à tout le livret avant l'addition du chapitre 24.

Le genre littéraire est celui du discours-testament, comme celui de Jacob mourant à ses douze fils (Gn.49), de Moïse mourant aux 12 tribus (Deut.33), de Samuel âgé à tout Israël (1Sam.12) et de David mourant à son fils Salomon (1Rois 2,1-9) où nous retrouvons d'ailleurs le même vocabulaire et les mêmes thèmes qu'ici (comme d'ailleurs en Deut.31,1-8). C'est également le cas avec le Prologue de Josué (Jos.1,1-9) dont on avait aussi souligné l'empreinte deutéronomique (Dtr2).

- v.1 : les circonstances du discours. "Josué était devenu vieux" et, avant de mourir, il voulait résumer son oeuvre et donner ses dernières recommandations. "Yahvé avait donné le repos à Israël" : ce "repos" est donc présenté comme le but, atteint, de tout cet effort de conquête; il est donné par Dieu (la formule n'est pas "et Israël était en repos"), au même titre que la Terre Promise elle-même; c'est un thème deutéronomiste récurrent: Deut.3,20; 12,10; 25,19 et dans le sommaire conclusif intermédiaire en Jos.21,43-45. "Au milieu de tous les ennemis qui l'entouraient" : l'environnement (cananéen) est défini comme hostile (autre chose est de savoir si c'était réellement le cas), sans doute pour maintenir un haut taux de mobilisation.

- v.2 : les destinataires du discours. "Josué convoqua tout Israël, ses Anciens, ses Chefs, ses Juges et ses Scribes et leur dit: ...". Ces "autorités" sont celles de l'époque du rédacteur final (5°s.) du livret mais non celles du temps de Josué (12°s.) ni même celles de l'époque monarchique (10°s.).

- v.3 - 16: le discours

v.3-5: exorde: rappel des bienfaits

- v.3 : "Vous avez vu tout ce que Yahvé a fait pour vous": on est à l'heure du bilan, du constat, visible par tous, mais ces succès reçoivent aussitôt leur interprétation théologique: "car c'est Yahvé, votre Dieu, qui a combattu pour vous", thème deutéronomique. C'était déjà la conclusion des conquêtes, par Moïse, des territoires transjordaniens (Deut.3,22).

- v.4 : "Voyez, j'ai fait échoir pour vous ...". La répartition des terres a été faite (§ 1.13). Les deux catégories de territoires sont mentionnées, celle encore à conquérir (§1.12) et celle conquise "depuis le Jourdain jusqu'à la Grande Mer au soleil couchant (= la Méditerranée)", cette dernière catégorie correspondant au territoire occupé à l'époque de Josias et étant considérée comme le "socle" territorial par le deutéronomisme.

- v.5 : "Comme Yahvé, votre Dieu, vous l'a dit". Le verset insiste sur l'accomplissement de la promesse et en rappelle la substance: "Yahvé, votre Dieu, les repoussera lui-même devant vous; il les dépossédera devant vous et vous prendrez possession de leur pays" (ces trois verbes sont au non-fini !).

v.6 - 11 : exhortation: l'attachement à la Loi
(thème majeur du discours)

- v.6 : "Montrez-vous donc forts pour garder et accomplir tout ce qui est écrit dans le livre de la Loi de Moïse, sans vous écarter ni à droite ni à gauche". Rappel du principe général, deutéronomiste, de la fidélité aux prescriptions de la Loi, faisant inclusion avec le refrain du Prologue (Jos.1,6.7.9.18).

- v.7 : "pour ne pas vous mêler à ces populations qui subsistent à côté de vous". Le principe général est ici précisé, et avec insistance (v.7, 12). Cette ségrégation sur base religieuse est dictée par le souci obsessionnel du deutéronomiste par rapport au danger du syncrétisme et de la tentation idolâtrique (voir, par ex. Ex.23,20-33; Deut.7,1-6; Nbr.33,51-56). Cela nous apprend surtout que la tentation était bien réelle et, même, largement vécue. La religion cananéenne était une religion d'agriculteurs sédentaires, basée sur le culte naturaliste de la terre et de sa fécondité, aisément accessible, sans doctrine. Le religion israélite était une religion d'éleveurs nomades, basée sur le lien généalogique ("le Dieu de nos Pères"), où la nature n'était présente que sous forme de forces spectaculaires (le Dieu des Cieux, du Tonnerre, de la Montagne, ...), avec une doctrine monothéiste inédite, géniale (elle dé-divinisait tout le reste) mais difficile à vivre car elle supposait un effort permanent d'abstraction. Comment continuer à faire vivre ces valeurs-là alors que la population israélite passait d'un mode de vie nomade à un mode de vie sédentaire et agraire, venait d'une religion du désert et rencontrait une religion des champs, tel était le défi (encore à l'époque du roi Josias). On apprend aussi, au passage, que la "conquête" de Josué n'avait pas du tout exterminé la population cananéenne puisqu'elle était toujours bien là (c'est plutôt les fils d'Israël qui étaient minoritaires). De même les lieux de culte, les divinités, les fêtes cananéennes, étaient restés omniprésents dans la vie quotidienne.

- v.8 : "Au contraire, vous vous attacherez à Yahvé votre Dieu ...". Comme antidote à cette tentation, le deutéronomiste préconise l'attachement, presque affectif, à un Dieu conçu comme une Personne. Cette représentation avait aussi l'avantage de se référer à une expérience concrète, intime même, partagée par tous, mais ici celle de la relation de personne à personne (et non plus de la relation de la personne à la terre cultivée) et n'avait pas l'inconvénient de charrier le matérialisme des religions agraires (le rendement, l'attachement aux choses, la défense ou l'agrandissement de la propriété, etc...). La notion de Fidélité y remplaçait celle de Propriété (plus noble, certes, mais plus difficile à vivre).

- v. 9 - 10 : "Yahvé a dépossédé devant vous des populations grandes et fortes ...". Rappel (Jos.1,5; 23,3 et 5), à titre d'argument, du caractère sacral de la conquête (c'est Yahvé et non l'humain qui a réussi l'exploit; les humains n'y ont été que l'instrument divin) et de la supériorité de Yahvé comme dieu du combat (Lév.26,8; Deut.32,30, ...), thème épique.

- v. 11: "Prenez garde, fort, à vous-mêmes pour aimer Yahvé votre Dieu" (trad. littérale; "fort" est ici adverbe et non adjectif). Conclusion de ce thème de l'attachement à la Loi, en termes d'avertissement ("Prendre garde, fort"): il s'agit d'aimer Dieu (Deut.6,5: thème deutéronomique par excellence).

- v.12-13: <u>menace</u> (en cas de non-respect)

- v.12: "Mais s'il vous arrive de vous détourner ...". Reprise de l'exigence formulée au v.7 de non-mixage des populations et, spécifiquement, du non-mariage entre ressortissants des deux peuples (point faible de cette situation), sujet déjà évoqué en Deut.7,3.

- v.13: "Alors sachez bien que Yahvé votre Dieu cessera de déposséder devant ces populations". Menace de perdre le soutien divin (inverse du v.9). Ensuite, reprise du thème de l'hostilité de la population locale (voir v.1) mais sous un mode plus pernicieux (parce que devenue omniprésente et parce que l'ennemi ne serait plus clairement identifié). Puis menace, à terme, de perdre cette "bonne terre". En fait, à l'époque de la rédaction du livret, Israël avait déjà fait l'expérience de l'exil à Babylone. En se présentant sous forme de menace prophétique (déjà présente en Deut.4,26), ce verset donnait l'explication théologique de cet échec (comme châtiment d'une faute).

- v.14-16: <u>parénèse</u>

- v.14-15: "Voici que je m'en vais aujourd'hui par le chemin (comme) toute chose de la terre". Josué, mourant, livre ses dernières recommandations (voir v.1). Reprise du thème de l'accomplissement des Promesses: "tout s'est réalisé pour vous, pas une n'a manqué son effet" (voir v.5). S'il y a eu accomplissement des Promesses, il pourrait y avoir accomplissement ... des Malédictions, en cas de non-respect des prescriptions (v.13).

- v.16: Ultime avertissement: "Si en effet vous transgressez l'alliance ... vous disparaîtrez bien vite du bon pays qu'il vous a donné" (avertissement mis dans la bouche de Josué par Dtr2).

§ 1.18

JOSUÉ 24,1-28
LE PEUPLE S'ENGAGE: LE PACTE DE SICHEM

"choisissez aujourd'hui qui vous voulez servir"

Ce chapitre 24 a sans doute été ajouté à un livret quasi terminé même si la tradition qu'il rapporte est peut-être très ancienne (un pacte entre la tribu de Josué et les tribus du Nord: Zabulon, Issakar, Asher et Nephtali). L'idée du choix à faire (impliquant l'exclusivité), de l'engagement éclairé et volontaire et la référence au "livre de la Loi" sont de facture Dtr3. Il nous éloigne du schéma "conquête" et nous recentre encore sur l'enjeu purement religieux des faits.

- v.1 le destinateur est Josué, de la tribu d'Ephaïm rappelons-le (du centre du pays); le lieu est Sichem (haut-lieu de la tribu éphraïmite où Jos.8,30-35 avait déjà placé une cérémonie religieuse avec lecture de la Loi); les destinataires sont "les tribus d'Israël, ses chefs, ses juges et ses scribes" (des représentants "civils" comme dans l'épilogue en 23,2). Dieu est pris à témoin.

- v.2-15 : discours de Josué, au nom de Yahvé: c'est un rappel des faits qui sert de "credo", comme en Deut.26,5-10. L'anamnèse historique est ici développée, comme dans certains Psaumes (Ps.78; 105; 106; 136) ou en Néh.9. Les étapes suivantes sont distinguées :

v.2: référence à Térah, père d'Abraham, donc aux racines païennes ("servant d'autres dieux"), avant l'alliance entre Abraham et Dieu.

v.3: d'Abraham à Isaac
v.4: d'Isaac à Jacob et Esaü; Jacob et ses fils en Egypte
v.5: Moïse et Aaron et la sortie d'Egypte
v.6-7a: épisode de la traversée de la Mer des Roseaux
v.7b: long séjour dans le désert (pas d'allusion au Sinaï !)
v.8: premier obstacle en Transjordanie: les Amorites
v.9-10: deuxième obstacle en Transjordanie: les Moabites

v.11: passage du Jourdain en face de Jéricho. Conflits avec tous les peuples rencontrés (il y aurait donc eu combat avec Jéricho, mais la mention est trop brève pour en juger)

v.12: rappel de l'action divine dans ces succès "que tu ne dois ni à ton épée ni à ton arc".

v.13: rappel du don de la terre et de ses bienfaits, sans effort de la part d'Israël (suivant les mêmes mots que Deut.6,10-13)

v.14: appel à servir Yahvé exclusivement et donc à écarter autant les dieux des ancêtres païens que les dieux de l'Egypte.

v.15a: cet appel est présenté comme un choix libre
(il ne s'agit donc pas d'un pacte de vassalité)

v.15b: Josué, lui, déclare son engagement personnel

- v.16-24: <u>réponse du peuple</u>, en dialogue avec Josué

v.16-18: option déclarée pour le service exclusif à Yahvé
v.19-20: mise en garde de Josué: risque de transgression
v.21: réaffirmation, par le peuple, de son engagement
v.22a: appel à témoin, par Josué,
v.22b: engagement solennel du peuple
v.23: demande d'exécution de l'engagement, par Josué
v.24: confirmation finale, par le peuple, de son engagement

- v.25-27: <u>cérémonie de conclusion de l'alliance</u>

v.25: mise au point d'un droit, tel jour, à tel endroit
v.26a: mise par écrit "dans le livre de la Loi de Dieu"
(même référence au <u>Livre</u> en Néh.8, 8 et 18)
v.26b: inauguration d'un mémorial: "une grosse pierre, sous le chêne, dans le sanctuaire" (de Sichem) (réf. à Gn.12,6)
v.27: signification de ce mémorial: servir de témoin, de rappel

- v.28-31: le <u>renvoi de l'assemblée</u>, "chacun à son héritage", et finale du Chroniqueur qui sera reprise en Juges 2,6-10.

Voilà donc un pacte en bonne et due forme, très "civil", conclu librement, en toute connaissance de cause, après avertissement des difficultés possibles et probables, engagement responsable, acté par écrit et rendu public par un monument-témoin, datant du 5°s. (donc après l'exil). Pas si "primitif" que cela !

Chapitre 2: le livre des Juges

Le livre des Juges est le second des livres dits "historiques". Mais, comme pour Josué, la Tradition juive y a vu des livres "prophétiques" et les a classé parmi les "Prophètes antérieurs" (antérieurs à Isaïe, Jérémie, Ezéchiel, ...). L'histoire y est un matériau au service d'un message.

Son nom en hébreu est "shophethîm" (de la racine sh.ph.th, juger). La fonction à vrai dire très floue. Au départ, on peut imaginer un chef de clan, une espèce de "juge de paix", auquel se réfèrent spontanément les membres du clan pour régler à l'amiable leurs différends internes. Son éventuelle transformation en héros "sauveur" par rapport à une situation d'oppression externe fait partie du re-travail des rédacteurs (Dtr2). La fonction de "suffète" est connue des institutions carthaginoises (le mot est le même qu'en hébreu), mais elle y avait un caractère bien plus élaboré (il s'agissait des deux plus hauts magistrats de la cité, exerçant la double fonction de gouverneur et de chef militaire, comme plus tard les consuls à Rome). Auprès des tribus israélites, cette "judicature" n'avait rien de très organisé, ni de systématique, ni d'effectif. Le rédacteur final du document le dit lui-même: "En ce temps-là, il n'y avait pas de roi en Israël et chacun faisait ce qui lui plaisait". Dans son optique, ce n'était qu'une période de transition entre les conquêtes de Josué et l'avènement de la monarchie.

Cette période s'étend sur environ 150 ans et correspond au 12° -11°s. Mais la rédaction du livret est bien plus récente. La rédaction principale est datable de l'extrême fin du 7°s. (après la mort du roi Josias) et début du 6° (peut-être donc en exil), et due à Dtr2 avec recours, certes, à des sources plus anciennes (Dtr2-éditeur et Chroniqueur). La rédaction finale (avec apport Sacerdotal et Dtr3) daterait du 5°s.

Autant le livre de Josué était centré sur le territoire, autant celui-ci l'est sur des fonctions (juge, sauveur, assemblées).

Du point de vue de la violence, ce ne sera plus celle de la conquête mais celle de la violence subie, celle de l'oppression (selon la lecture des tribus israélites) par rapport à laquelle les tribus essaient -péniblement- de se libérer ou, au moins, de se préserver. Mais, comme on le verra, le vrai combat est, ici aussi, religieux: il s'agit de se défendre contre la tentation idolâtrique et contre le syncrétisme religieux. La réalité "historique" des rédacteurs était celle-là.

Le plan du livre des Juges

1° introduction ("judéenne") §2.1
1,1 à 36: Une installation difficile en Canaan

2° introduction (deutéronomiste: Dtr2) §2.2
2,1-5: les échecs passés: une punition
(transition)
2,6-19: le cycle de la faute
(2° introduction)
2,20 à 3,6: les échecs futurs: une mise à l'épreuve
(transition)

Le corps du livret: les 12 juges §2.3 à 2.14
(Chroniqueur et Dtr2)
3,7 à 16,31: des sauveurs suscités par Yahvé
3,7-11: Otniel §2.3
3,12-30: Ehud §2.4
3,31: Shamgar §2.5
chap. 4 et 5: Debora - Baraq §2.6
chap.6 à 9: Gedeon - Abimelek §2.7
10,1-2: Tola §2.8
10,3-5: Yair §2.9
chap.10,6 à 12,7: Jephté §2.10
12,8-10: Ibtsan §2.11
12,11-12: Elôn §2.12
12,13-15: Abdôn §2.13
chap.13 à 16: Samson §2.14

Compléments: transition vers la monarchie (Sacerdotal)
chap.17: le sort de l'idole de Mika-Yehou §2.15
chap.18: le sort de la tribu de Dan §2.16
chap.19 et 20: le sort de la tribu de Benjamin §2.17

Finale ("judéenne"):
chap.21: la réhabilitation de Benjamin §2.18

Chronologie Comparée

	Repères historiques	Sources et étapes de rédaction
13°s.		
	1220-1200: entrée en Terre Promise sous la conduite de Josué	
12°s.		
	1200-1025: époque des "Juges"	traditions tribales et claniques ou de sanctuaires
.		
11°s		
	1030-1010: Saül	
10°s.		
	1010- 970: David	
	970-931: Salomon	premières archives royales
	vers 931: schisme entre Israël (Nord) et Juda (Sud)	éléments Elohistes (Nord) éléments Yahvistes (Sud)
9°s.		
	870-848: Josaphat (Juda) grand administrateur	
8°s.		
	725-697: règne d'Ezéchias (Juda) lutte contre l'idolâtrie, politique anti-assyrienne	
	721-705: invasions assyriennes Sargon II	récits assyriens de bataille; éléments épiques
	721: chute de Samarie fin du royaume du Nord	émigration au Sud des prophètes et scribes du Nord
7°s.		
	704-681: invasions assyriennes Sennachérib	
	640-609: règne de Josias (Juda)	
	622: réforme religieuse et ré-expansion territoriale	le deutéronomiste de l'époque de Josias (Dtr1): livre de Josué
6°s.	597: première déportation à Babylone 586: chute de Jérusalem fin du royaume du Sud et nouvelle déportation 538: retour d'exil	le deutéronomiste de l'époque de l'exil: sauvetage de traditions (Dtr2-édit. et le Chroniqueur); interrogations sur le sens de ces épreuves (Dtr2-auteur): Juges
	520-515: reconstruction du Temple	un auteur sacerdotal (concentration sur l'aspect cultuel) le deutéronomiste post-exilique (Dtr3): refuge dans le purisme religieux, renfermement identitaire
5°s.	450-350: relative autonomie de la Judée	une "main judéenne": additions et rédaction finale du livre des Juges

(pour plus de renseignements sur les "mains" rédactionnelles, voir en fin de volume)

§2.1

JUGES 1, 1-36
UNE INSTALLATION DIFFICILE EN CANAAN

"Je ne chasserai point ces peuples devant vous"

On avait des doutes sur la réalité, la facilité et la rapidité de la conquête de la Terre Promise par un seul chef suivi par tout le peuple ? En voici une toute autre version, non moins partisane (faisant droit aux traditions du Sud) mais sans doute plus proche de la réalité historique. Le rédacteur de ce chapitre connaît probablement la version du livre de Josué (représentant les traditions du Centre). Mais il ne polémique pas; il ne l'efface pas; il donne la sienne. Par politesse peut-être, il la situe "après la mort de Josué" (v.1).

v.2 - 21: le rôle de la tribu de Juda (tribu du Sud). Alors que dans le livre de Josué, la conquête des villes du Sud ne couvrait finalement qu'une quinzaine de versets (Jos.10,28-43) et n'en livrait qu'une version schématisée à l'extrême (et sous la conduite de Josué), ce chapitre va faire valoir les traditions du Sud et donc en faire une initiative de la tribu de Juda (sur l'ordre de Yahvé, bien sûr). Suivant les régions, deux autres tribus (du Sud) sont associées: Siméon (v.3-8 et 17), frère de Juda selon la reconstitution généalogique, et Caleb (v.9-16) qui n'était pas une tribu israélite mais méritante du point de vue biblique (et assimilée à Juda à partir de l'époque monarchique). Les tribus de Juda et Siméon n'ont sans doute pas vécu l'expérience de l'Egypte. Elles étaient peut-être installées du côté du désert du Néguev et seraient remontées de là vers le Nord (vers Hébron) sans passer par la Transjordanie comme l'ont fait les tribus du groupe Ephraïm-Benjamin-Manassé. Les ennemis furent les Cananéens et les Perrizites (peuple ni cananéen ni sémite, inconnu par ailleurs, faisant partie de la liste traditionnelle des ennemis d'Israël depuis Gn.15,20). Le chiffre de 10.000 victimes dans le camp ennemi est tout à fait exagéré par rapport à ce que l'on sait de la densité de la population à cette époque dans cette région. Il est symbolique d'une totalité importante. De même pour les soixante-dix "rois", même s'il s'agit de roitelets, chefs de gros bourgs. La mutilation des pouces des mains et des pouces des pieds empêchait les personnes ainsi mutilées d'encore prendre part au combat pour le reste de leur vie (car cela empêchait de tirer à l'arc et de courir). Le v.8 est une addition bien postérieure: Jérusalem ne fut prise qu'à l'époque de David; voir v.21 (et 2Sam.5,6-9). De même, le "Bas-Pays" (la *Shephelah* et la bande côtière) (v.9 et 18) ne fut conquis qu'à l'époque de David (2Sam.5,17-25). Juda (avec le soutien de Yahvé) put se rendre maître de la "Montagne" (le massif montagneux dit "de Juda") mais "il ne put déposséder les habitants de la plaine" (ce v.19 est ainsi en contradiction avec le v.18, une addition postérieure à la conquête effective de cette région par David). Les Cananéens possédaient en effet des "chars de fer" (en fait, en bois mais recouvert de plaques de fer; un armement évolué, efficace, mais seulement en plaine). Aveu d'échec donc, mais excusable.

Le Judéen se doit d'expliquer l'échec devant "Jébus" (puisque Jérusalem devint la capitale à partir de David). Il en attribue l'échec aux Benjaminites (v.21). Et en effet, cette ville se trouvait à la frontière Sud du territoire de Benjamin (voir Jos.18,28) et ce n'est que sous David qu'elle devint une ville de Juda (d'où l'autre version en Jos.15,63).

- les v.22 à 35 traite alors du <u>rôle des tribus de "la maison de Joseph"</u> (l'expression est citée au v.22 et au v.35; il y a donc inclusion, cet ensemble formant une unité littéraire). A strictement parler, la "maison de Joseph" ne comprend que les tribus de Manassé et d'Ephraïm (les deux fils de Joseph) et celle de Benjamin (le frère puîné de Joseph mais de la même mère). Seules ces tribus avaient vécu l'expérience égyptienne, avaient connu l'Exode et, entrées par Jéricho sous la conduite de Josué (un Ephraïmite), s'étaient installées dans le Centre (ultérieurement appelée la Samarie).

D'emblée (v.22-26), il est fait allusion à une remarque désobligeante (peut-être une interpolation sacerdotale agréée par le Judéen): la manière peu glorieuse dont Béthel a été prise puisqu'elle l'a été par une ruse facile. Béthel était pourtant riche de souvenirs patriarcaux (du 18°s.): Abraham campa près de là (Gn.12,8), Jacob y eut son songe (Gn.28,19 et 31,3) et y érigea un autel (Gn.35,1.3.6.8.15.16). Béthel devint lieu de pèlerinage (Jug.20,18 et 26) et sanctuaire royal (du royaume du Nord !). Mais, après le schisme de 931, ce sanctuaire fut honni par le royaume du Sud (1Rois 13) sous prétexte de syncrétisme (en fait, il représentait une concurrence par rapport au Temple de Jérusalem). Le rédacteur souligne le caractère pré-yahviste et donc païen du sanctuaire ("le nom de la ville était autrefois Luz"). Le traître qui a permis de la prendre est un Hittite (un païen donc) qui retourne en pays hittite (sans doute au nord de la Syrie puisque l'empire hittite n'existait plus au 13°s.), y refonde une ville et lui redonne ce nom païen de Luz.

Ce n'est qu'après cette remarque un peu hors de propos que le rédacteur cite Manassé et Ephraïm (v.27-28 et 29) pour dire que ces tribus ne dépossédèrent pas les populations cananéennes locales. Benjamin n'est pas cité ici puisqu'il l'a été au v.21. C'était également pour en signaler l'échec.

Mais il traite les tribus du Nord (Zabulon, Asher et Nephtali) dans la foulée (v.30 à 33) avec le même mépris ("ils ne dépossédèrent pas ..."), alors qu'elles ne relèvent pas de la maison de Joseph, n'ont pas connu la même histoire et qu'elles occupent une autre région, celle du Nord (ultérieurement appelée la Galilée), coupée des tribus de Centre par la plaine de Yizréel tenue par les Cananéens (rétablir ce lien sera d'ailleurs l'enjeu de la bataille menée par Baraq au chap.4).

On devrait donc distinguer les v.30 à 36 (tribus de Nord) des v.22-29 (tribus du Centre), ce que ne fait pas le rédacteur judéen ! A l'époque où il rédige son introduction (à l'époque post-exilique), il n'y a d'ailleurs plus que Juda qui subsiste et les traditions du Centre et du Nord ne sont plus que de lointains (et mauvais) souvenirs. L'intervention du Judéen vise clairement à déprécier les traditions du Centre et du Nord.

LA RÉPARTITION GÉOGRAPHIQUE DES TRIBUS

- Cisjordanie (Israël actuel)
  - les tribus du Centre (Samarie)
    - Ephraïm: tribu principale à l'époque Josué-Juges
    - Manassé: tribu faible, des deux côtés du Jourdain
    - Benjamin: tribu réputée turbulente, frontalière avec Juda
    - Dan (au Centre-Ouest à l'époque de Samson)
  - les tribus du Nord (Galilée)
    - Nephtali
    - Issakar
    - Zabulon
  - les tribus du Sud (Judée)
    - Juda: tribu principale à partir de la monarchie
    - (Siméon: absorbée par Juda)

- Transjordanie (Jordanie actuelle)
  - Nord: - (Dan; après l'époque de Samson)
  - Centre: - Galaad
    - (Manassé, pour une moitié)
  - Sud: - Ruben (Mer morte, côté jordanien)

- Sans territoire propre: la tribu de Lévi

§2.2

JUGES 2,1 à 3,6
LE CYCLE DE LA FAUTE

" les Israélites firent ce qui est mal aux yeux de Yahvé"

- 2,1-5 Les échecs passés: une punition (transition)

Le rédacteur deutéronomiste (Dtr2, reprenant la thématique de Jos.23) prend ici le relais pour ménager une transition entre cette introduction judéenne (placée postérieurement en tête du livret) et l'introduction initiale qui commençait en 2,6, assurant la continuité avec le livre de Josué. Il a voulu dégager la cause des échecs auxquels faisait allusion le rédacteur judéen et la faire entrer dans le schéma théologique deutéronomiste qui va suivre (une punition pour non respect d'une clause de l'Alliance).

Il présente "l'ange de Yahvé" comme partant de Gilgal (ce point d'entrée de Josué en Terre Promise) et arrivant à Bokhîm (le texte grec de la LXX a corrigé en "Béthel" parce que 1,22-26 venait d'en parler mais cette correction "logique" ne se justifie pas. Il n'y a pas à mettre un lien narratif entre ces deux textes. L'épisode de Béthel est probablement interpolé). Dans le texte hébreu, le Bokhîm de 2,1 fait inclusion avec le Bokhîm de 2,5, déterminant ainsi une petite unité littéraire. Cette dénomination est par ailleurs un jeu de mots de circonstance. Il signifie "les pleurants", alors que le v. précédent vient de faire allusion au peuple "qui se mit à crier et à pleurer" (v.4). Mais il y a peut-être une référence à Gn.35,8 qui fait allusion à un "Chêne du pleur", lieu-dit "en dessous de Béthel". Le contexte est, en tout cas, à la désolation.

Le procédé du "message de l'ange" est yahviste mais son contenu est tout à fait deutéronomiste (et très proche de Jos.23,1-16):

- rappel des hauts-faits de Yahvé en accomplissement de sa promesse: "Je vous ai fait monter d'Egypte et je vous ai amenés dans ce pays que j'avais promis à vos pères de vous donner".
- rappel des termes de l'alliance convenue: "Je ne romprai jamais mon alliance avec vous. De votre côté, vous ne conclurez point d'alliance avec les habitants de ce pays mais vous renverserez leurs autels" (les autels des divinités cananéennes que vous avez installés vous-mêmes, par syncrétisme, dans des sanctuaires de Yahvé).
- constat de non respect: "Vous n'avez pas écouté ma voix. Qu'avez-vous fait là !"
- formulation de la malédiction: "Je ne chasserai point ces peuples devant vous. Ils seront pour vous des oppresseurs et leurs dieux seront pour vous des pièges".

- début de repentir de la part du peuple: "le peuple se mit à crier et à pleurer, ..., ils offrirent là des sacrifices à Yahvé".

- dénomination symbolique et mémoriale de la lamentation: "ils donnèrent à ce lieu le nom de Bokhîm" (les "pleurants").

La lutte contre le syncrétisme religieux, encore un vrai problème à cette époque (entre le 7° et le 5°s.) était une cible majeure du deutéronomisme.

- 2,6 - 19: le cycle de la faute (2° introduction)

Pièce totalement indépendante de la première, cette "seconde" introduction abandonne le terrain polémique de la responsabilité historique des uns et des autres et introduit au rôle des Juges. De rédaction pleinement deutéronomiste (Dtr2-auteur), elle se situe au niveau de la leçon exclusivement théologique à en tirer.

Les v.6 à 10 aménagent un lien narratif avec le livre de Josué. Les v.6 à 9 reprennent les mêmes termes que Jos.24,28-31 (finale de ce chap. qui était due au Chroniqueur). Le rédacteur du v.10, qui sonne comme un oracle de malheur, est due à Dtr2: "Et quand cette génération à son tour fut réunie à ses pères, une autre génération lui succéda qui ne connaissait point Yahvé ni ce qu'il avait fait pour Israël" (trad.BJ).

Les v.11 à 19 nous donnent, en résumé, la structure profonde de la relecture théologique (Dtr2) de cette période et la clé de lecture qu'il veut donner au livret. On peut y distinguer quatre temps (en retour cyclique):

- le temps de la faute:

"Alors les Israélites firent ce qui est mal aux yeux de Yahvé et servirent les Baals ..." (v.11-13). Le "mal" se confond donc avec le syncrétisme religieux amené par la co-habitation avec les populations cananéennes et non avec une conception morale du mal qui, elle, sera présente chez les Prophètes. Chez ces derniers en effet, le mal se situe plutôt dans le non respect de la justice sociale (Is.1 ou Os.4 par exemple) et non dans le respect scrupuleux de prescriptions religieuses.

- le temps de la punition:

"Alors la colère de Yahvé s'enflamma contre Israël. Il les abandonna à des pillards qui les dépouillèrent, il les livra ..." (v.14-15). La "colère" de Yahvé est donc exprimée par ces calamités concrètes qu'ont connues les tribus. Le rédacteur deutéronomiste (Dtr2) donne ainsi une lecture "providentialiste" de l'histoire: tout ce qui arrive, comme bienfaits ou comme malheurs, est "voulu par Dieu". La tradition chrétienne a largement fait sienne cette conception (Bossuet en est un exemple emblématique). La mention de la durée de la punition (en 3,8 par ex.) serait une addition du Chroniqueur.

- le temps de la repentance:

"Alors les Israélites crièrent vers Yahvé". Ce repentir ne semble motivé que par la pression des événements. Ces derniers agissent comme moyens "pédagogiques" de pression. Ce serait bien la lecture deutéronomiste des faits. Il n'y aurait donc pas lieu d'y voir une narration de l'action de Dieu.

- le temps de la délivrance: "Alors Yahvé leur suscita des Juges qui les sauvèrent de la main de ceux qui les pillaient" (v.16). La dénomination de "juge" vise une fonction statutaire (et relève du Chroniqueur) mais l'action est celle de "sauveurs" (qui est, elle, typiquement Dtr2). L'idée du deutéronomiste est qu'il y a une issue à une situation de calamité et que ce salut viendra de Dieu, conformément à sa vision providentialiste.

(- La mention du temps de repos participe à l'idée de délivrance mais, telle qu'elle est formulée, elle relève du Chroniqueur. Elle vise en effet une simple trêve des armes).

(- Reprise du cycle: le temps de la faute)

- 2,20 à 3,6: les échecs futurs: une mise à l'épreuve

Les v. 2,20 à 3,6, en inclusion avec 2,1-5, forment une transition avec le corps du livret. Ils nous livrent une autre interprétation (ou une interprétation complémentaire, mais toujours dans la ligne de Jos.23) de cet échec à conquérir le pays et à éradiquer toute autre présence qu'Israélite: ce serait, non pas une punition, mais une mise à l'épreuve : "afin de mettre Israël à l'épreuve par ces nations, pour voir s'il suivra ou non les chemins de Yahvé comme les ont suivis ses pères" (2,22, en inclusion - ou doublet- avec 3,4).

La liste des nations que Yahvé a laissé subsister est précédée d'un autre argument encore: le fait d'entretenir une bonne aptitude au combat (3,1-2). On croirait cet argument sorti tout droit d'un manuel militaire romain ! Il s'agit, ou bien d'une interpolation, ou bien d'un rappel qu'une mobilisation constante est nécessaire envers les ennemis.

On voit apparaître dans cette liste, outre les Cananéens (anciens habitants), les Philistins (ces nouveaux venus parmi les "peuples de la mer" et originaires sans doute de la côte égéenne de l'Asie Mineure), les Sidoniens (les Phéniciens de la plaine côtière du Liban qui ont Sidon comme capitale) et les Hivvites (reste de population hittite habitant le Mont-Liban) (3,3). Le v.5 reprend la liste traditionnelle des "ennemis" d'Israël (Jos.9,1-2). C'est d'un point de vue religieux qu'ils sont ennemis (voir Deut.7,1-6) car, par la mixité d'habitat et les mariages mutuels (3,6), ils représentaient un risque majeur pour la pureté du Yahvisme.

LE CORPS DU LIVRET: LES 12 JUGES
JUGES 3,7 à 16,31

"et Yahvé suscita aux Israélites un sauveur qui les libéra"

La structuration du livret autour de ce nombre de Douze est le fait du Chroniqueur. Mais elle est assez artificielle. Ces douze Juges retenus par le livret ne correspondent pas aux douze tribus (chacune n'a pas le sien) et ils sont littérairement traités de manière très inégale (certains n'ont droit qu'à une ou quelques lignes, d'autres à plusieurs chapitres):

- 12 juges mais pas 12 tribus (seules 9 tribus sont citées):

	appartenance tribale	réf.	nbr.de v.
- OTNIEL	: (Juda)	3,7-11	11 v.
- EHUD	: Benjamin	3,12-30	19 v.
- SHAMGAR	: (non israélite)	3,31	1 v.
- BARAQ	: Nephtali	chap. 4 et 5	55 v.
- GEDEON - ABIMELEK	: clan d'Abiézer (territoire de Manassé)	chap.6 à 9	157 v.
- TOLA	: Issakar	10,1-2	2 v.
- YAIR	: Manassé (territoire de Galaad)	10,3-5	3 v.
- JEPHTÉ	: Galaad	chap.10,6 à 12,7	60 v.
- IBTSAN	: (Zabulon)	12,8-10	3 v.
- ELÔN	: Zabulon	12,11-12	2 v.
- ABDÔN	: Ephraïm	12,13-15	3 v.
- SAMSON	: Dan	chap.13 à 16	96 v.

- Du point de vue du nombre de versets,
  Manassé occupe 160 v. (Gédéon 157, Yaïr 3)
  Dan occupe 96 v. (Samson)
  Galaad occupe 60 v. (Jephté)
  Nephtali occupe 55 v. (Barak-Débora)
- Ne sont pas citées:
  - Asher (la plus au Nord)
  - Siméon (la plus au Sud)
  - Ruben (à l'Est de la Mer Morte)
  (- Lévi: pas de territoire attribué)
- En nombre de juges,

les tribus du Centre sont représentées par 6 juges et 338 v.
du Nord sont représentées par 4 juges et 62 v.
du Sud, par 1 juge et 11 v. ;
le 12° juge relève d'une tribu non israélite

§2.3

JUGES 3,7-11
OTNIEL

La mise en première place du personnage d'Otniel (nom déjà cité en 1,13, de la tribu de Caleb, assimilée à Juda) est due à "la main judéenne", bien que la notice elle-même soit de rédaction Dtr2. Elle en représente le schéma type, de la manière la plus brève et la plus neutre possible (au point que l'on peut se demander si le personnage a quelque réalité):

- "Les Israélites firent ce qui est mal aux yeux de Yahvé ..." (v.7)
- "Alors la colère de Yahvé s'enflamma contre Israël ..." (8-9)
- "Alors les Israélites crièrent vers Yahvé ..." (v.9a)
- "Alors Yahvé suscita un sauveur qui les libéra ..." (v.9b-10)
- "Alors le pays fut en repos durant ..." (v.11). (trad. BJ)

(n.b.: Le "alors" ne se trouve pas dans le texte hébreu)

L'ennemi désigné, le roi de l'Aram-Naharaïm (et non d'Edom) semble mentionné "pour faire vrai" (alors qu'elle est irréaliste du point de vue de la localisation ainsi que pour l'époque supposée des faits). Cette région désigne en effet la Haute-Mésopotamie dans la boucle de l'Euphrate au nord de la Syrie. Ce n'est pas vraiment dans le périmètre de la Terre Promise ! Seul Salomon, deux siècles et demi plus tard, a peut-être poussé une expédition jusque là (jusqu'à Thapsaque, selon 1Rois 5,4). De plus, ce serait très loin de la base opérationnelle arrière de la tribu de Caleb dans le désert du Neguev (c'est d'ailleurs pourquoi la BJ et Osty corrigent en "roi d'Edom", région voisine de Caleb, mais sans appui dans le texte). Les seuls Araméens dont Israël (royaume du Nord et non du Sud) ait eu à se délivrer furent ceux du royaume de Damas, au 9°s. sous Achab (1Rois 20 et 22).

§2.4

JUGES 3,12-30
EHUD

Il est membre de la tribu de Benjamin (tribu du Centre) et, pour les besoins du récit qui va suivre, il est gaucher (un comble pour ce "fils de la droite" !). Les ennemis sont les Moabites qui occupent, en effet, l'autre rive du Jourdain, plus ou moins à la même hauteur que les Benjaminites. Ils s'adjoignent les Ammonites (au Nord des Moabites) et les Amalécites (au Sud des Moabites) et font des incursions dans le territoire benjaminite, à la faveur sans doute d'un affaiblissement des tribus israélites transjordaniennes de Ruben et de Gad qui auraient dû servir de tampons. Ils s'emparent de la "ville des palmiers" (Jéricho). Les Benjaminites (le rédacteur généralise à tout Israël) doivent payer tribut au roitelet de Moab. Pour s'en libérer, après des années, les Benjaminites, à l'occasion d'une cérémonie de paiement de ce tribut, envoient leur délégation dont un des membres, Ehud, seul, par ruse et non sans risque, parvient à tuer ce roi. Le récit est cocasse, truculent. Il nous donne une idée des récits populaires de l'époque mais il n'est pas de haute théologie. La manière dénigrante dont Gilgal est mentionné ("les idoles qui sont à Gilgal"" v.19) est surprenante. Le site était quand même le point d'entrée de Josué en Terre Promise (Jos.4,19-20). Il y avait élevé un mémorial avec les pierres qui avaient permis le passage du Jourdain et était devenu un sanctuaire yahviste. Mais, du point de vue du deutéronomiste, c'était aussi un ancien site sacré du paganisme (un site de Mégalithes) et il l'était peut-être redevenu.

§2.5

JUGES 3,31
SHAMGAR

Cette brève notice ne semble pas en situation puisque le verset suivant l'ignore (4,1: "Après la mort d'Ehud ...") mais elle doit peut-être sa présence ici au fait que ce nom est mentionné dans le cantique de Débora (5,6) pour désigner une époque où sévissait le pillage. Son nom fait de lui quelqu'un d'origine hourrite (une population non-sémite, localisée entre les Hittites et les Assyriens, remontant au 3° et 2° millénaire). Son titre de "fils d'Anath" en ferait un habitant de Beth-Anath (Jug.1,33), localité cananéenne de Galilée, Anath étant la déesse cananéenne de l'amour et de la fécondité. Cette partie de la Galilée relevait de la tribu de Nephtali (Jos.19,38). C'est ainsi une des tribus du Nord qui est mise à l'honneur. Les ennemis désignés sont des Philistins. En principe, à cette époque, ils ne forment pas encore une force constituée (Ramsès III, en 1175, parvint encore à les refouler). Ils ne semblent installés dans la région qu'à l'époque de Samson (Jug.14 - 16) et des premiers rois, Samuel, Saül et David en fin de 11°s. Malgré le caractère très, très limité, anecdotique et irréaliste de l'exploit (il tue 600 Philistins avec un aiguillon à boeufs), Shamgar est honoré du titre de "sauveur" d'Israël (généralisé, donc, à tout Israël) mais le rédacteur ne dit pas qu'il le gouverna et ne mentionne aucune durée. L'important était peut-être de donner une place aux tribus du Nord (et d'arriver à douze tribus en fin de compte). Involontairement peut-être, le rédacteur admet que des non-Israélites aient pu contribuer à la formation d'Israël.

§2.6

JUGES chap.4 et 5
DEBORA - BARAQ

Avec Débora, on aborde la première grande figure parmi les juges. Il s'agit en l'occurrence d'une figure féminine, qualifiée de "prophétesse" mais exerçant un authentique ministère de juge (c'est-à-dire de conciliatrice dans des litiges internes à la communauté). Le rédacteur généralise à "tout Israël" mais en fait son ministère était très local "sous le palmier entre Rama et Béthel", ce qui nous situe dans la montagne d'Ephraïm (en Samarie, au centre d'Israël). Sentant son peuple opprimé par le roi cananéen Yabîn, elle prend l'initiative et a assez de renommée et d'autorité pour envoyer chercher Baraq, un chef guerrier de la tribu de Nephtali (en Haute-Galilée, au Nord d'Israël, à Qedesh de Nephtali, à près de 200 km à vol d'oiseau, à travers des massifs montagneux et la barrière de Yizréel), et lui intimer de rassembler 10.000 hommes de sa tribu (un chiffre totalement disproportionné par rapport à la capacité de cette tribu mais exprimant l'engagement entier de toutes ses forces vives) et de se positionner au mont Tabor (en Basse-Galillée, au sud du territoire de Nephtali et en bordure de la plaine de Yizréel, cette plaine qui servait de couloir de passage obligé, entre des massifs montagneux, pour toutes les armées, depuis des siècles, et qui était fermement occupée par les Cananéens (avec le soutien de l'Egypte qui se préservait ainsi son droit de passage vers la Mésopotamie). Ce couloir bien gardé par les Cananéens représentait un sérieux obstacle pour les contacts entre les tribus du Nord (Asher, Nephtali, Zabulon, Issakar) et les tribus du Centre (Ephraïm, Manassé, Benjamin et Dan). L'enjeu était de faire sauter cette barrière. Un vrai problème stratégique. Le site choisi (par Débora !) pour la bataille ("au torrent de Qishôn") se trouve au pied du mont Carmel ("Tanak, aux eaux de Megiddo" selon 5,19; et non au pied du mont Tabor), en bordure de cette fameuse plaine, non loin du camp de base de l'ennemi cananéen, Sisera (chef d'armée de Yabîn) avec ses "neuf cent chars de fer" (ce chiffre, totalement exagéré, est celui dont se vante le grand pharaon Toutmosis III pour toute l'Egypte dans ses annales gravées au temple de Karnak). Mais les Cananéens (et non les Israélites) possédaient bel et bien, comme les Egyptiens, des chars de fer qui leur donnaient un avantage majeur du point de vue de l'armement mais seulement en plaine. En effet, dans les sentiers montagneux ou pour traverser des torrents, ils devenaient des inconvénients, de même dans des régions marécageuses où les chars s'embourbaient. Le choix de ce site (où Sisera s'est laissé entraîner) était donc un piège. On peut supposer que le moment choisi pour la bataille était une saison de pluie (au printemps ou en automne), moment où ce torrent débordait sauvagement et transformait toute cette partie de plaine en marécage (c'est bien ce que laisse entendre Jug.5,21). Ces données sont très parallèles à celles de Josué 11,1-9 (aux Eaux de Merom, avec engagement de chars et un roi dénommé Yabîn) au point que l'on peut se demander si l'un n'est pas le décalque de l'autre. Même le char de Sisera, le grand chef, s'embourbe et il doit fuir à pied, comme le dernier des fantassins. Il tombe "par hasard" sur un campement quénite. Cette tribu, bien que sémite (descendante de Caïn et donc "condamnée" au nomadisme), était à ce moment alliée des Cananéens. Sisera ne s'en méfie donc pas. Une des femmes, involontairement complice de Débora, l'accueille chaleureusement et le cache. Mais c'était un piège. Elle profite de son sommeil pour lui enfoncer un piquet de tente dans la tempe. Quand Baraq, lancé à la poursuite de Sisera, arrive, tout est terminé. Ce n'est donc pas lui, avec ses 10.000 hommes de Nephtali, qui a porté le coup de grâce mais une simple femme de nomade avec un piquet de tente.

C'est ainsi que je résumerais la partie "récit" de cet épisode (4,1-24). Mais le texte en présente un doublet sous forme de "poème" (5,1-31), tout comme le Cantique de Moïse (en Ex.15,1-21) reprenait la version narrative de la traversée de la Mer Rouge (en Ex.14,15-31). Ce cantique de Débora est sans doute l'une des plus anciennes pièces poétiques de la Bible, pré-monarchique certainement. Le ton en est fougueux, violent. Le ton du Psaume 68, de même thématique mais bien plus récent, est beaucoup plus policé ! Mais ce poème n'est pas que poétique. Il règle ses comptes avec les tribus. Il met à l'honneur (v.9) celles qui se sont franchement engagées dans le conflit (v.14 et 15a): Ephraïm qui est descendu de ses montagnes pour venir "dans la vallée" (c'est-à-dire sur le champ de bataille), Benjamin qui l'y suit, Makir (pour Manassé) qui donne des chefs, Zabulon (dont on ne comprend pas bien le rôle mais qui était très concernée par le voisinage cananéen), Issakar (dans la même situation) et, bien sûr, Nephtali qui a donné le chef de la coalition. Parmi celles-ci, Zabulon et Nephtali sont les plus engagées (reprise du v.18). Ce sont les six tribus du Nord et du Centre gênées dans leurs contacts par la barrière cananéenne. Le cantique met au ban quatre autres tribus (v.15b-17): Ruben et Galaad, tribus transjordaniennes qui tergiversent mais qui, non directement concernées, ne s'engagent finalement pas; Dan et Asher, tribus côtières qui sont occupées à leurs activités maritimes avec les Phéniciens, non plus. Une malédiction est adressée à une cité de Nephtali (Méroz, v.23) qui n'avait pas voulu participer à la coalition. Il n'est pas fait allusion aux deux tribus du Sud (Juda n'est d'ailleurs pas encore formé à cette époque et Siméon déjà dispersé). Des éloges sont adressés à Yaël la Qénite pour son geste courageux (v.24-27), dans des termes qui seront repris pour louanger Judith, autre femme courageuse, salvatrice d'Israël (voir le livre de Judith, beaucoup plus récent, relatif à l'époque perse) et Marie, mère de Jésus (en Luc 1,42). Ensuite, une scène improbable dans ce contexte, charmante, lyrique, mettant en scène la mère de Sisera censée l'attendre au retour de la bataille. Scène bien brève mais digne de l'Iliade d'Homère (chant 6, Hector et Andromaque), avec liens chronologiquement possibles mais improbables. Le tout est encadré d'additions deutéronomiques (4,1.2.3 et 5,31).

VIOLENCE, GUERRE ET PAIX A L'EPOQUE DES JUGES (1200 - 1025)

La période précédente, celle de Josué, avait été marquée par le recul des grandes puissances (Egypte, Mésopotamie, Anatolie) rendant possible une "conquête" (ou du moins une infiltration) de tribus israélites en Canaan. Cependant d'autres nouvelles populations en avaient également profité (ainsi, les Peuples de la mer, dont les Philistins).

Mais les Cananéens (population locale, habituellement soutenue par l'Egypte), bien organisés et bien armés (à l'égyptienne), parvinrent à se maintenir dans les bonnes terres et réussirent à refouler les nouveaux arrivants vers des terres ingrates (collines boisées, régions désertiques, régions côtières). Les accrochages avec les Cananéens furent encore fréquents.

Outre ces accrochages, ces nouvelles populations s'affrontèrent également entre elles (Israélites contre Philistins par exemple) pour défendre un territoire conquis ou l'étendre quelque peu.

De plus, une fois installées et sédentarisées, elles furent à leur tour dérangées par d'autres nouveaux venus, les nomades du désert arabique venant faire des razzia ou tentant de s'installer.

Comme si cela ne suffisait pas, les tribus israélites, déjà peu solidaires entre elles (toutes ne répondaient pas aux appels à coalition), plutôt méfiantes même les unes par rapport aux autres (par rapport à Ephraïm, puissance montante, par exemple), se coalisant à un autre moment (autour d'Ephraïm !) pour mettre au pas une tribu affaiblie mais turbulente (Benjamin, pourtant directement apparentée à celle d'Ephraïm), ces tribus en vinrent aux mains entre elles plus souvent qu'on ne le croit.

La période fut donc particulièrement instable, violente, indécise.

Mais il n'y a sans doute pas lieu de trop l'opposer à la précédente qui fut non moins chaotique.

ARMEE ET ARMEMENT
d'après les récits épiques en Juges

Il est difficile de se prononcer sur la période pré-monarchique elle-même. On ne peut que rassembler les renseignements épars dans les récits épiques. Selon ces derniers, il n'y a pas d'armée régulière. Quand une situation d'oppression devient insupportable ou qu'une menace externe se profile, les anciens du groupe le plus concerné se concertent pour solliciter ou désigner un chef. Celui-ci cherche éventuellement à former une coalition de tribus en fonction de la gravité de la menace. En principe, tous les hommes valides sont susceptibles de rejoindre la troupe mais l'engagement reste habituellement volontaire. Ce ne sont pas des mercenaires (ils se rétribuent éventuellement avec le butin des batailles) mais ne sont pas non plus professionnels du combat. En fonction de leur degré de motivation, ils se démènent avec impétuosité et fougue mais de manière désordonnée et sans technique (le chef essaie éventuellement de leur en donner sur le terrain). Ils sont très peu armés: un glaive (*khereb*), une fronde (*qela°*), un arc (*qechet*), éventuellement une lance (*rômakh*) et un bouclier (*mâgen*). Ils sont peu vêtus pour la bataille (pour ne pas être encombrés) et très peu protégés (même pas de casque). Par contre, l'ennemi cananéen dispose de "chars de fer" (*rekeb barzel*, structure en bois recouverte de plaques de métal) et de chevaux nombreux pour les tirer. Aucun chef israélite n'est dit disposer d'un cheval. L'ennemi madianite dispose de chameaux (domestiqués depuis le 12°s.).

Malgré les chiffres astronomiques donnés dans les récits, la troupe est peu nombreuse (un des chiffres fiables fait état de 300 combattants). Un camp de base était établi à un endroit favorable. Le chef devait prévoir des provisions alimentaires. Il y avait des rites religieux de guerre (consultation de Yahvé sur l'opportunité de s'engager dans une bataille). La bataille était amorcée par un cri de guerre (*terou°âh*). Le chef mettait éventuellement en oeuvre des stratégies spécifiques (manoeuvre de contournement, attaque surprise, de nuit, dans des terrains difficiles pour l'ennemi, embuscades, ...) ou des stratagèmes astucieux (des leurres par ex.). Les villes étaient parfois pourvues d'une tour (*migdal*) fortifiée (Jug.9,51) ou d'un site fortifié en dehors de la ville (Migdal-Sichem; 9,46-49). Si l'ennemi semblait défait et fuyait, la poursuite était organisée (mais pas nécessairement menée jusqu'au bout). L'ennemi capturé était mutilé ou tué (du moins selon les récits). Les villes qui ne se rendaient pas étaient pillées et incendiées; leur population massacrée (du moins selon les images stéréotypées de ces récits épiques).

§2.7

JUGES chap.6 à 9
GEDEON - ABIMELEK

* GEDEON (Jug. 6 - 8)

Il faudra attendre le 11° verset de l'épisode pour connaître le nom de son héros. La première partie (6,1-10) est en effet constituée par une introduction due au rédacteur deutéronomiste (Dtr2-auteur). On y retrouve, strictement, son schéma:

- "Les fils d'Israël firent ce qui est mal aux yeux de Yahvé ..." (6,1)
  (le temps de la faute)
- "Yahvé les livra pendant sept ans aux mains de Madiân ..." (6,2-6a)
  (avec description circonstanciée de ce temps de punition)
- "les fils d'Israël crièrent vers Yahvé" (6,6b)
  (le temps de la repentance)
- "Yahvé envoya aux fils d'Israël un prophète ..." (6,7-10)
  (le temps de la délivrance, avec rappel du thème exodial)

C'est ici le titre de "prophète" qui est donné. La référence exodiale (et donc à Moïse) est peut-être la raison de cette dénomination. En effet, Moïse fut également honoré de ce titre, non sans doute à son époque mais dans les traditions ultérieures. Plus proches sont les figures d'Elie et Elisée. Leur lutte contre les Baals leur est commune avec notre héros (comparons les scènes de Jug.6,25-32 et 1Rois 18,20-40). La référence exodiale était dans l'ordre des choses pour une tribu (comme Manassé) qui avait vécu l'Exode. Par contre, le prophétisme comme ministère de la Parole (comme Amos, Osée, Isaïe, ...) ne sera pas vraiment le charisme de Gédéon. A défaut d'en porter le titre, notre héros aura bien un rôle de "sauveur" (le mot est d'ailleurs employé sous sa forme verbale en 8,22). Quant au rôle de "juge", l'épisode ne lui en décerne ni le titre ni la fonction, sauf que la proposition de la royauté qui lui sera faite montrera qu'on se situe à un moment crucial de passage de l'un à l'autre régime.

- Le cinquième temps du schéma deutéronomiste n'interviendra que plus tard (en 8,28), après une longue narration,: "Ainsi Madiân fut abaissé devant les Israélites; il ne releva plus la tête et le pays fut en repos pendant 40 ans" (la précision de la durée est sans doute due au chroniqueur).

Gédéon fait l'objet d'un récit de vocation (Jug.6,11-17) dont le schéma est assez proche de celui de la vocation de Moïse (Ex.3,10-12):

- par le fait qu'un "ange de Yahvé" aille chercher un humble personnage que rien ne prédestinait à une telle mission (Ex.3,1). Ce sera aussi le cas pour David, le puîné des pastoureaux d'une famille (1Sam.16,6-13).

- par le fait que la personne pressentie présente d'abord des objections: "Qui suis-je pour aller trouver Pharaon", rétorque Moïse (Ex.3,11) et plus loin: "je ne suis pas doué pour la parole" (Ex.4,10). Ce sera aussi le cas pour Saül: "ne suis-je pas un Benjaminite, la plus petite des tribus d'Israël ..." (1Sam.9,21) ou, relayant Ex.4,10, l'excuse de Jérémie: "Ah, Seigneur Yahvé, je ne sais pas parler; je ne suis qu'un enfant" (Jér.1,6).

- par la promesse divine d'un soutien: "Je serai avec toi" (Ex.3,12a), promesse renouvelée en faveur de Josué: "Je serai avec toi, comme j'ai été avec Moïse" (Jos.1,5).

- par la demande d'un signe pour surmonter le doute subsistant: le bâton qui devient serpent et la main qui devient lépreuse, pour Moïse en Ex.4,1-9; les ânesses retrouvées de Saül (1Sam.9,3 et 20); la théophanie à l'Horeb pour Elie (1Rois 19,9-18), etc...

Ce que, dans cet épisode, cherche l'ange de Yahvé c'est, clairement, un "vaillant guerrier", ce que n'était pas Moïse mais bien Josué et, plus tard, Saül (un autre benjaminite) et David.

On a déjà rencontré dans la tradition patriarcale des lieux qui, sanctifiés par une présence divine, étaient alors sacralisés par l'élévation d'un autel et qui devenaient ensuite des lieux de culte ou même de pèlerinage. Ce fut le cas de Sichem, lieu de la vocation d'Abraham (Gn.12,6), de Béthel, lieu de campement d'Abraham (Gn.12,8), du songe de Jacob (Gn.28,17) et de son dialogue avec Dieu où il fut renommé "Israël" (Gn.35,1-15), de Gilgal, lieu d'entrée en Terre Promise (Jos. 4), de Silo, lieu de séjour de l'Arche (Jos.18,1). Tout ceci avant que le temple de Jérusalem ne soit imposé, au temps de la monarchie, comme lieu de culte exclusif et que ces anciens lieux ne soient combattus et éradiqués. Mais, en plus de ces grands centres de pèlerinage communs à plusieurs tribus, chaque clan ou même région avait ses sanctuaires locaux. Il en était ainsi pour Ophra d'Abiézer en territoire de Manassé dont il est question ici (à ne pas confondre avec Ophra de Benjamin). Chacun de ces lieux avait sa légende fondatrice. C'est probablement l'origine du récit en Jug.6,18-24 que le rédacteur a raccroché au récit de la vocation de Gédéon. Un des traits (le feu qui jaillit du roc et consume les offrandes, 6,21) nous renvoie au sacrifice d'Elie au Carmel intervenant dans la lutte contre les Baals (1Rois18,38).

La lutte contre les Baals est le sujet de l'épisode suivant (Jug.6,25-32). Il est probablement tout à fait indépendant de l'épisode précédent. Il n'y a pas lieu de penser qu'il se passe à Ophra. Il illustre la thèse du deutéronomisme strict (Dtr3). Le culte des Baals doit être aboli et être remplacé par celui de Yahvé. Il n'y a pas de place pour les concessions (un monothéisme strict étant tellement difficile à tenir). L'épisode montre qu'on est à un moment de basculement. Le père de Gédéon, Yoash, peut-être prêtre de ce sanctuaire cananéen, prend parti pour son fils iconoclaste et livre un argument décisif: si Baal est bien un dieu, alors il n'a pas besoin de ses adeptes pour se défendre, qu'il se défende lui-même (v.31) ! Et pourtant, son fils Gédéon avait l'air de porter un nom lié au culte de Baal: "Yeroubaal" qui, en fait, signifie: "Que Baal défende" (Qu'il protège celui qui porte son nom). Le rédacteur se tord les méninges pour lui faire dire l'inverse: "Que Baal s'en prenne à lui, puisqu'il a détruit son autel" (v.32). On retrouvera ce nom en 8,24-27, épisode où Gédéon renoue avec un culte idolâtrique, défaillance religieuse qui sera le signal annonciateur de sa déchéance politique et annonçant la dérive encore plus totale de son fils Abimelek.

La narration proprement dite ne commence donc qu'en 6,33 pour se terminer en 8,21, encore qu'elle soit interrompue par diverses interpolations. La première, dès 6,36 (et jusqu'au v.40), consiste en un petit récit sur la toison, deuxième signe accréditant les promesses divines (le premier ayant été abordé dans le récit de vocation: 6,18-24).

Reprenons la narration en 7,1. Les ennemis nous ont déjà été présentés dans l'introduction (6,2-6a). Ce sont donc cette fois les Madianites, grand peuple nomade du désert arabique, tantôt considérés comme parents (Madiân est fils d'Abraham et de sa deuxième femme, Qetura: Gn.25,2-6) et alliés (Moïse y trouva refuge et y prit femme, Tsipora: Ex.2,15-22), tantôt comme ennemis dangereux (Nbr.31). Le "jour de Madiân" était resté comme expression de malheur (Is.9,3). Ce sont aussi eux qui avaient tiré Joseph de la citerne et qui l'avaient revendu aux Ismaélites (Gn.37,28) ou revendu eux-mêmes en Egypte (Gn.37,36). Leur technique était celle de la razzia: "Chaque fois qu'Israël avait semé, alors Madiân montait, ainsi qu'Amaleq (et autres tribus du désert), contre Israël et, campés sur sa terre, ils dévastaient les produits du sol (...). Ils ne laissaient à Israël aucun moyen de subsistance, ni une tête de petit bétail, ni un boeuf, ni un âne, car ils arrivaient, eux, leurs troupeaux et leurs tentes, aussi nombreux que les sauterelles; eux et leurs chameaux étaient innombrables et ils envahissaient le pays pour le ravager" (Jug.6,3-5, trad. BJ). Autant le "char de fer" était l'arme stratégique des Egyptiens (et des Cananéens), autant le chameau (seulement dompté depuis le 12°s.) fut l'arme stratégique de ces nomades de la péninsule arabique. Pénétrant dans le Croissant fertile par la plaine de Yizréel, ils s'en prirent sans doute autant aux Cananéens qu'aux "fils d'Israël", en l'occurrence les fils de Manassé qui occupaient cette région. C'est donc parmi ces fils que fut choisi Gédéon pour les délivrer de cette situation (6,11). Il fut suivi par les gens de son clan mais fit aussi appel aux autres clans de la tribu de Manassé, ainsi qu'aux tribus d'Asher, de Zabulon et Nephtali (toutes tribus du Nord) mais non à Ephraïm (tribu du Centre) dont on se méfiait parce qu'elle prenait déjà trop d'importance, ni aux tribus du Sud (6,34-35). La tribu d'Issakar, pourtant directement concernée, n'est pas mentionnée parce qu'elle était peut-être déjà trop faible à ce moment-là. On peut y déceler la tentative de formation d'une "ligue" qui aurait pu devenir un royaume (la royauté fut d'ailleurs offerte à Gédéon en 8,22-23).

La campagne de Gédéon se présente en deux temps: l'affrontement avec les Madianites dans la plaine de Yizréel (tout le chap. 7) et leur poursuite au-delà du Jourdain (8,4-21).

Pour la bataille contre les Madianites en Cisjordanie (7,1-25, tout le chap. + 8,1-3), Gédéon, suite à son appel, se trouva finalement à la tête d'une troupe nombreuse (32.000 hommes, chiffre invraisemblable mais exprimant la forte mobilisation obtenue). Face à des contingents non aguerris et indisciplinés, Gédéon fit le choix tactique (inspiré par Dieu, bien sûr) de sélectionner les combattants les plus agiles, futés et valeureux. Il en resta 300 (chiffre bien plus vraisemblable pour une bataille menée par une ligue de tribus). Etant cette fois en sous-effectif par rapport aux Madianites, Gédéon imagina un stratagème amusant: de faire du bruit et du spectacle avec des trompettes, des cruches vides, des torches (7,16) et des cris de guerre (7,20) en trois points autour du camp ennemi pour y créer la panique. Mais c'est à Dieu qu'en revient l'honneur: "Yahvé fit que dans tout le camp chacun tournait l'épée contre son camarade" (7,22) et ce qui restait des Madianites prit la fuite en direction du Jourdain pour le retraverser. Pour assurer la poursuite, Gédéon avait cette fois besoin de ses troupes de réserve (7,23) et dut faire appel aux Ephraïmites (non sollicités jusqu'alors) pour occuper les gués du Jourdain sur leur territoire, empêcher les Madianites de le retraverser et ainsi pouvoir les exterminer. Les Ephraïmites rendirent ce service mais reprochèrent à Gédéon de n'avoir pas fait appel à eux plus tôt (8,1-3). On y devine cette crainte de la suprématie d'Ephraïm par rapport aux autres tribus (du Nord et du Centre).

La poursuite au-delà du Jourdain (8,4-21) a l'air de relever de plusieurs traditions indépendantes.

Un premier petit récit (8,4-12, sauf peut-être les v.5-9) a l'air d'être la suite logique du chap.7: "Gédéon arriva au Jourdain et le traversa, lui et les 300 hommes qu'il avait avec lui. Ils étaient harassés par la poursuite" (v.4). Mais le nom des deux rois diffère, sans explication. Ou ce sont d'autres puisque les premiers sont censés avoir été capturés et exécutés (7,25) mais l'incohérence n'est pas non plus expliquée. Par ailleurs, les Madianites, censés avoir été largement défaits, alignent toujours une armée de 15.000 hommes (chiffre surfait comme l'était encore 8 x plus celui des 120.000 initiaux, mais le rédacteur le justifie expressément pour ne pas paraître incohérent avec 7,1-22). La tactique fut celle du contournement-surprise: "et il défit l'armée alors qu'elle se croyait en sûreté" (v.11). Pas de récit de bataille. Seulement ce demi verset. Et la conclusion: "quant à l'armée, il la mit en déroute" (v.12).

S'intercale ici une autre tradition, locale sans doute, celle d'une vengeance (8,13-17 avec antécédents en 8,5-9) contre les habitants de Sukkot et de Penuel (en Transjordanie, dans le territoire d'une tribu alliée, Gad, mais peu ou pas efficace contre les incursions des nomades du désert).

Autre tradition encore: revenant sur le sort de deux "rois" madianites, le motif de leur exécution a l'air ici d'être une vengeance pour un crime commis près du Tabor (8,18-21) contre des familiers de Gédéon (et non le problème endémique des razzia madianites). Détail sordide, il veut faire exécuter ces deux roitelets par son jeune fils (pour l'éduquer aux exécutions capitales) mais celui-ci ne le peut vu son jeune âge (v.20). Gédéon n'insiste pas, exécute les deux chefs et, comble d'une sinistre mesquinerie, s'empare des colliers qui étaient au cou de leurs chameaux ! (v.21)

Suite à ces hauts-faits (!), <u>la royauté est proposée à Gédéon</u>: "Règne sur nous, toi, ton fils, ton petit-fils, puisque tu nous as sauvés de la main de Madiân" (8,22). La proposition vient du peuple (les "fils d'Israël", en fait les quelques tribus concernées) et l'argument est très pragmatique, digne d'une anthropologie toute primitive: puisque tu es chef de guerre victorieux, on te choisit comme roi. Le rédacteur (deutéronomiste, Dtr2-auteur) fait répondre à Gédéon: "Ce n'est pas moi qui régnerai sur vous, ni mon fils non plus, car c'est Yahvé qui régnera sur vous" (8,23). Réponse pleine de noblesse théologique et qui fait allusion à une évolution interne au deutéronomisme: au départ, le mouvement appuie la monarchie qu'il voit incarnée en Josias (Dtr1); plus tard, ayant déjà vécu l'échec de Josias et peut-être l'exil, il abandonne la cause royale (Dtr2-auteur). Ce v.23 en est le témoin.

L'épisode suivant (8,24-27) n'est pas à la hauteur du v.23. Ce Gédéon cède à la tentation idolâtrique. Il y a inclusion antinomique avec 6,25-32 où il s'était montré grand pourfendeur des Baals. A présent, il se fait faire une idole en métal précieux (y compris avec les colliers de chameaux !) dans sa ville d'Ophra et entraîne toute la population à cette prostitution. Ce petit récit (qui rappelle l'épisode du Veau d'or en Ex.32) en dit long sur la réalité religieuse vraiment vécue en Israël, même à l'époque du rédacteur final (Dtr3).

La conclusion du récit est due au Chroniqueur (sauf 33-34).

Celui-ci mentionne d'abord (8,28) l'abaissement de Madiân: "Ainsi Madiân fut abaissé devant les Israélites; il ne releva plus la tête et le pays fut en repos pendant 40 ans", confirmant la délivrance et mentionnant le temps du repos. Remarquons que Madiân fut seulement "abaissé" (et non anéanti !). Un deuxième élément (8,29-31) livre une information biographique annonçant l'épisode suivant. Gédéon, à nouveau appelé Yérubaal (surnom donné en 6,32 et repris en 7,1), se fit une progéniture nombreuse (70 fils) mais un de ceux-ci, Abimelek, né d'une concubine d'une région idolâtre (Sichem), allait détruire tout son héritage. Un troisième élément (8,32) fait part du décès de "Gédéon, fils de Yoash" (inclusion avec 6,11): "il mourut après une heureuse vieillesse et on l'ensevelit dans la tombeau de Yoash, son père, à Ophra d'Abiézer" .

Les v.33-34, une interpolation, donnent une conclusion dans l'esprit pessimiste de Dtr2. C'est la relance du cycle de l'infidélité d'Israël: "les fils d'Israël recommencèrent à se prostituer aux Baals et ils prirent pour dieu Baal-Berit. Les fils d'Israël ne se souvinrent plus de Yahvé leur Dieu qui les avait délivrés de la main de tous les ennemis d'alentour". Ce Baal-Berit cananéen montre bien, une fois de plus, le syncrétisme et la confusion probable dans laquelle ont vécu les fils d'Israël. Entre le Dieu de l'Alliance (entre l'humanité et Dieu) et le dieu de l'alliance cananéen (union entre homme et femme, en gage de fécondité procréatrice), il n'y a qu'un pas, bien subtil pour des esprits un peu rustres.

Le v.35 renoue avec le Chroniqueur qui, désireux de défendre la figure de Gédéon, rappelle "tout le bien qu'avait fait la maison de Yéroubaal-Gédéon" (sans doute le fait d'avoir chassé les pillards, d'avoir montré qu'il y avait moyen de résister et d'avoir mis en garde contre un régime monarchique tyrannique et inefficace) et reproche aux Israélites de l'époque de ne pas lui avoir montré la gratitude qu'il méritait.

* ABIMELEK (Jug. 9)

Abimelek (à ne pas confondre avec l'Abimelek du temps d'Abraham et d'Isaac) ne fut ni juge, ni sauveur mais il se voulut roi. Cet épisode étendu (57 versets) constitue une réflexion importante sur la royauté elle-même, sur ses méthodes trop habituelles pour arriver au pouvoir (l'intrigue, l'excitation de l'esprit partisan, la corruption, le massacre des rivaux potentiels) et sur les méthodes pour s'y maintenir (en excluant la contestation, en matant les rébellions), tout cela pour se révéler finalement futile, stérile, et se terminer lamentablement. Il est bien compréhensible que, après l'échec de la royauté, les rédacteurs deutéronomistes post-exiliques ou sacerdotaux aient repris à leur compte cette critique de la monarchie dans la mesure où elle n'était pas fidèle à Dieu (c'est d'ailleurs la clé de lecture des deux livres des Chroniques).

L'apologue de Yotam (9,7-15 et son développement discursif 16-21), seul fils rescapé du massacre, eut certainement une existence indépendante avant d'être insérée ici, bien à-propos. Il a été dit qu'il constituait l'une des plus anciennes pièces de la poésie hébraïque. Je pense au contraire qu'il s'agit d'une pièce très récente, dans la tradition (hellénistique) de sagesse. Sous les dehors aimables de la fable moralisante, elle met en garde et appelle au discernement par rapport à ce réflexe de la soumission de tous à un seul. La perspective de pouvoir mieux se défendre contre un ennemi extérieur joue certainement en faveur de la forme monarchique du pouvoir (c'est bien l'histoire de Gédéon) mais la conséquence risque surtout d'être le déclenchement d'une violence interne ravageuse, faite de coercition de tous les jours.

La partie narrative qui suit (9,22-57) illustre les impasses et les échecs de ce type de pouvoir: les Sichémites eux-mêmes trahissent Abimelek (9,23-25), un certain Gaal prend la tête d'une rébellion (9,26-29), le gouverneur de la ville trahit ce Gaal (9,30-41), Abimelek mène des représailles contre la population de Sichem (9,42-45) et contre les notables de la ville (9,46-49). Victorieux, il étend sa répression à une ville voisine (9,50-52) mais c'est là qu'une simple femme, avec la pierre de dessus de la meule de sa cuisine, fracasse le crâne du grand chef (9,53-54) comme la quénite Yaël l'avait fait avec Sisera (Jug.4,21). Le tout se résout dans l'indifférence générale: "les fils d'Israël retournèrent chacun chez soi" (9,55).

Le rédacteur conclut sous forme de leçon morale: "Ainsi Dieu fit retomber sur Abimelek le mal qu'il avait fait à son père en tuant ses 70 enfants. Dieu fit aussi retomber sur la tête des gens de Sichem toute leur méchanceté. Ainsi s'accomplit sur eux la malédiction de Yotam, fils de Yeroubaal" (9,56-57).

§2.8

JUGES 10,1-2
TOLA

Ce nom est cité en Gn.46,13 comme fils de l'ancêtre éponyme de la tribu d'Issakar. Il n'est pas étonnant qu'il soit repris pour un de ses descendants. Bien qu'étant de la tribu d'Issakar (localisée en Basse-Galilée), Tola habitait la montagne d'Ephraïm (Samarie). Issakar était une tribu non belliqueuse, plutôt affairée au commerce, acceptant la soumission aux Cananéens (selon l'image donnée par Gn.49,14-15). Le texte donne à Tola l'éminent titre de "juge en Israël". Il "sauva" Israël (sans doute de la débâcle d'Abimelek) et gouverna pendant vingt-trois ans. Bref, une transition bienvenue. Sa sépulture à Shamir (au nord-est de Sichem), peut-être encore connue à l'époque de la rédaction du livret, a permis de s'en souvenir et, ainsi, d'en faire mention. La notice relève du Chroniqueur.

§2.9

JUGES 10,3-5
YAÏR

"Puis se leva Yaïr de Galaad qui fut juge d'Israël pendant vingt-deux ans". Ce serait la première fois que l'on trouverait un ressortissant d'une tribu trans-jordanienne assurer la fonction de gouverneur. Cette mention géographique n'est peut-être là que pour servir de mot crochet avec l'épisode suivant de Jephté "le Galaadite". Ceci dit, Yaïr est le nom d'un clan de Manassé installé en pays de Galaad (Nbr.32,41; Deut.3,14; 1Rois 4,13). Il ne fut sans doute qu'un petit chef d'une trentaine de campements nomades (les "douars" de Yaïr), ne disposant que d'une trentaine d'ânons pour ses trente fils (alors que les Madianites disposaient de chameaux "innombrables", Jug.6,5). Il se peut aussi que la mention des ânons ne soit là que pour le plaisir du jeu de mots (comme les affectionnent les auteurs bibliques). En effet, en hébreu, ânon se dit °*yr*, comme le mot ville (°*yr*) et comme le nom de notre héros *y'r* (radicales différentes mais même prononciation). Plus sérieusement, de par sa localisation, la tribu eut fort à faire pour se défendre des razzia ammonites (ou moabites ou madianites) et ne réussit pas toujours à leur empêcher l'accès à la plaine d'Yizréel (ou ne le voulut pas toujours, cf.8,5-9 et 13-17). Souvent détroussée, elle se fit aussi quelques fois détrousseuse (selon le jeu de mot de Gn.49,19). Comme pour Tola à Shamir, son lieu de sépulture à Qamôn est peut-être bien à l'origine de sa présence dans la liste des "juges". La notice relève du Chroniqueur.

§2.10

JUGES 10,6 à 12,7
JEPHTÉ

Ici aussi il faudra attendre le 19° verset (en 11,1) pour apprendre qu'il s'agit de Jephté.

Une longue introduction (Jug.10,6-16) précède sa geste. Elle reprend les mêmes thèmes et les mêmes expressions que celles qui introduisaient les sept premiers juges (Jug.2,11-19). On y retrouve les cinq temps du deutéronomiste (Dtr2-auteur):

- le temps de la faute: "Les fils d'Israël recommencèrent à faire ce qui est mal aux yeux de Yahvé. Ils servirent les Baals et les Astartés ...". Les dieux sont cités d'après les peuples, selon une liste renouvelée par rapport à celle de Jug.3,5: les dieux d'Aram, de Sidon, de Moab, d'Ammon, et des Philistins. Les temps ont changé, les ennemis aussi.

- le temps de la punition: "Alors la colère de Yahvé s'enflamma contre Israël et il les "vendit" aux mains des Philistins (nouveaux venus dans la région, comme les Israélites, et force montante) et aux mains des fils d'Ammon (amis-ennemis traditionnels)". Ceux-ci "écrasèrent et maltraitèrent pendant dix-huit ans les fils d'Israël d'au-delà du Jourdain, au pays des Amorites en Galaad". Les Amorites (Amurru en akkadien) étaient une population de nomades qui avait réussi à fonder une dynastie à Babylone (dont le fameux Hammurabi) au 2° millénaire et dont une partie était installée entre l'Arnon et le Yabboq, bien avant que Gad et Ruben n'occupent cette zone longeant la Mer Morte et le Jourdain. Ils faisaient partie de la liste traditionnelle (depuis Gn.15,18-20) des "ennemis" d'Israël mais Israël n'a jamais contesté leur antériorité (il y sera d'ailleurs fait allusion à l'occasion de l'ambassade de Jephté auprès des Ammonites (région autour de l'actuelle Amman) en Jug.11,19-26. Au moment où se déroule l'épisode, le territoire amorite n'est que le théâtre des opérations; les Amorites ne sont pas les ennemis du jour mais bien les Ammonites qui menacent aussi Juda, Benjamin et Ephraïm en Cisjordanie. "Israël était en extrême détresse".

- le temps de la repentance: "Alors les Israélites crièrent vers Yahvé en disant: Nous avons péché contre toi car nous avons abandonné notre Dieu et nous avons servi les Baals". Mais, dans un premier temps, Dieu ne se laisse plus attendrir. Israël supplie, enlève les dieux de l'étranger et sert Yahvé. Alors Dieu se laisse à nouveau émouvoir: "Et Yahvé s'impatienta (litt. "son souffle se fit court") pour la peine d'Israël".

- le temps de la délivrance est développé dans une ample narration (10,17 à 12,6), très morcelée, dont la "pointe" théologique sera 11,29: "Et l'esprit de Yahvé fut sur Jephté".

Revenons à cette narration (à partir de 10,17) en ces diverses composantes. Le texte est très décousu et il faut le prendre comme tel.

- Jephté fait l'objet, non pas d'un récit de vocation comme pour Gédéon en Jug.6,11-17, mais d'un récit d'une délibération toute humaine avant de le choisir comme chef de guerre (Jug.10,17 à 11,11). La menace est là (v.17). Le peuple et les chefs délibèrent entre eux (sans interroger Dieu): "Quel est l'homme qui entreprendra d'attaquer les fils d'Ammon ?" (v.18a). L'acceptation de la fonction est assortie d'une promesse: "Celui-là deviendra le chef de tous les habitants de Galaad" (v.18b). La principale qualité recherchée est celle d'être un vaillant guerrier (11,1a), comme Gédéon en Jug.6. Mais la personne pressentie (Jephté) était fils d'une prostituée (11,1b). Cette situation explique qu'il va d'abord être exclu de son clan et devra chercher refuge dans une région lointaine où il mènera une vie de pillard (v.2-3). Vu la menace, il est sollicité par ceux qui l'avaient exclu (v.4-6). Jephté-le-bandit fait bien remarquer le renversement de situation (v.7). Les notables de Galaad réitèrent leur promesse de le faire chef de tous les habitants de Galaad (v.8). A cette condition (un rien vaniteuse ...), Jephté accepte (v.9). L'accord est conclu à Mitspa, lieu de rassemblement guerrier (avec sanctuaire sans doute) (v.10-11) (et, après la destruction de Jérusalem en 587, chef-lieu de l'administration babylonienne de la région).

- Suit un récit d'ambassade auprès des Ammonites (11,12-28). On pourrait le supprimer, la narration n'en souffrirait pas. Il est aussi assez surréaliste de la part d'un bandit de grand chemin. Mais l'épisode se réfère à des négociations, échouées elles aussi, lors de l'approche de la Terre Promise (Nbr.20,14-21; 21,21-26). Dans cette négociation-ci, Jephté argumente à bon droit et le roi des Ammonites est de mauvaise foi. Finalement, Jephté s'en remet à Yahvé qu'il reconnaît comme seul juge en cette affaire.

- Le verset-clé est le v.29a. Il marque le tournant et fait de Jephté un "prophète" avalisé par Dieu, un prophète par les actes, comme Gédéon, Débora et, plus lointainement, Moïse. Il se résume à ceci: "L'esprit de Yahvé fut sur Jephté", sans autre commentaire. Au v.29b, il est déjà en campagne.

- Le prophète ne fut cependant pas bien inspiré de faire ce voeu inconsidéré de sacrifier en holocauste à Yahvé la première personne qui passera la porte à sa rencontre lors de son retour, s'il était victorieux (v.30-31). Il y avait toute une législation sur les voeux en Israël (cf. Nbr. 30,2-16 et textes qui en dépendent). Ils n'étaient pas encouragés mais, si on en proférait, il fallait les respecter. C'est ce qui fera le drame de Jephté. Par contre, le sacrifice d'un humain était tout à fait prohibé (cf. Lév.18,21 et 20,2-5), ce qui laisse soupçonner qu'il était une pratique assez courante (comme dans le milieu phénico-punique ou grec archaïque). Le roi Josias tenta encore de l'interdire en fin de 7°s. (2Rois 23,10). La suite tragique sera donnée aux v.34-40.

- La grande bataille contre les Ammonites, tant annoncée et préparée, se réduit finalement à deux versets: "Jephté passa chez les fils d'Ammon pour les combattre. Yahvé les livra en sa main. ... Les fils d'Ammon furent abaissés devant les fils d'Israël" (v.32-33). Le récit épique n'est pas au rendez-vous parce que ce n'est pas cela qui intéresse l'auteur biblique !

- La suite du voeu inconsidéré de Jephté (probablement une tradition indépendante et témoin d'une certaine littérature dramatique en Israël à la même époque qu'en Grèce) occupe encore les v.34-40. La première personne qui sort à sa rencontre, dans la joie de ce retour, n'est autre que sa fille, son unique enfant. Jephté ne peut se dédire. Il doit sacrifier sa fille. Sa fille ne conteste pas (comme Isaac n'avait pas contesté en Gn.22,1-19). On ne peut manquer de faire le lien avec le sacrifice d'Iphigénie par Agamemnon dans la littérature grecque (Euripide, Sophocle dans Electre) ou celui d'Antigone (Sophocle) ou le sacrifice de son fils par Idoménée (dans l'Enéide du latin Virgile mais en référence à une légende crétoise). Le lien n'est pas fait dans le texte mais il est chronologiquement et culturellement possible. Israël n'était pas très ouvert au monde extérieur non moyen-oriental mais, ne fut-ce que par l'activité marchande des fils de Zabulon et d'Asher au service des Phéniciens, il n'était pas tout à fait isolé du monde créto-mycénien ou grec. Ce thème de la littérature épique est tellement universel qu'il n'est pas nécessaire de soupçonner un emprunt direct. Le récit cherche surtout à expliquer, par un rite de deuil, une fête cananéenne.

- Le récit du conflit entre Ephraïm et Galaad (Jug.12,1-4) est une pièce rapportée, étrangère au récit de base (conflit avec les Ammonites). Sans doute, le rédacteur a-t-il voulu grouper tous les récits concernant Galaad. Ceci dit, le conflit est vraisemblable. En effet, les Ephraïmites, puissance montante du Centre cisjordanien, devaient voir d'un mauvais oeil les succès d'un Galaadite du Centre transjordanien. Ils avaient déjà réagi de la même manière suite aux succès du Benjaminite Gédéon (Jug.8,1-3). Comme Gédéon, Jephté trouve des excuses (v.2-3). Mais cette fois la confrontation semble inévitable. Il se fait que l'issue est favorable à Jephté.

- Se raccroche à ce vrai conflit une anecdote moqueuse (Jug.12,5-6) sur une nuance dialectale de prononciation d'un mot "épi" (*shibolet* ou *sibolet*). D'autres histoires nationales connaissent aussi ce genre de calembour. La mention des 42.000 morts ne concerne sans doute pas les victimes de ce test linguistique mais l'ensemble du conflit éphraïmo-galaadite (le chiffre est, de toute façon, totalement invraisemblable même s'il veut probablement dire quelque chose).

On conclut avec la notice brève du chroniqueur: "Jephté jugea Israël pendant six ans. Jephté le Galaadite mourut et fut enseveli dans sa ville / ses villes de Galaad" (12,7).

§2.11

JUGES 12,8-10
IBTSAN

Sa mention se limite à la notice brève du chroniqueur: "Après lui, Ibtsân de Bethléem fut juge en Israël. Il eut trente fils et trente filles. Il envoya dehors (pour se marier) ses trente filles et fit venir de l'extérieur trente filles pour ses fils. Il fut juge (pendant) sept ans. Ibtsân mourut et fut enseveli à Bethléem".

La localité en question n'est sans doute pas celle de Juda mais une autre, homonyme, mentionnée en Jos.19,15 comme ville de Zabulon, à 10 km au nord-ouest de Nazareth, ce qui nous situe en Galilée centrale (donc au nord d'Israël). Le nombre d'enfants donne sans doute une indication sur l'importance du clan. Il n'entreprend pas de guerres mail il utilise sa progéniture pour étendre son pouvoir par des alliances avec d'autres clans en pratiquant l'exogamie (peu coutumière). Son gouvernorat ne dure que 7 ans. Né et décédé à Bethléem, son pouvoir ne s'est probablement pas étendu au-delà de la région. Il est cependant honoré du titre de "juge d'Israël".

§2.12

JUGES 12,11-12
ELON

Encore plus brève est la notice du chroniqueur consacrée à Elôn. On en donne le lieu de naissance et de décès (en terre de Zabulon, comme Ibtsân), la fonction (de "juge d'Israël") et la durée de celle-ci (10 ans). Son nom est peut-être repris à celui de son ancêtre en Zabulon cité en Gn.36,14 et Nbr.26,26

§2.13

JUGES 12,13-15
ABDÔN

Un peu moins brève est la notice du chroniqueur consacrée à Abdôn. On en donne l'ascendance: "fils de Hillel de Pirâtôn". Il se distingue par sa progéniture (pour chevaucher ses 70 ânons, plus que Yaïr et signe d'une certaine richesse, il fallait bien 40 fils et 30 petits-fils, à défaut d'avoir 70 fils comme Gédéon). Il est honoré du titre de "juge d'Israël" et règne 8 ans. Il meurt et est enseveli dans son village d'origine (une localité au sud-ouest de Sichem, dans la montagne d'Ephraïm; la mention "au mont des Amalécites" ne doit pas trop intriguer: il se peut que des Amalécites aient habité à cet endroit).

§2.14

JUGES chap.13 à 16
SAMSON

Ici encore, il faudra attendre le v.24 (du chap.13) pour savoir qu'il s'agit de Samson. Le Dtr2-éditeur ne fait que rapporter des traditions diverses sur le personnage. Le Dtr2-auteur intervient de temps à autres. Dans son introduction, il ne livre, dans un premier temps, que les deux premières phases du schéma:

- le temps de la faute: "Les fils d'Israël recommencèrent à faire ce qui est mal aux yeux de Yahvé" (13,1a)
- le temps de la punition: "et Yahvé les livra aux mains des Philistins pendant quarante ans" (13,1b).

On apprend, d'emblée, que l'ennemi, dans cet épisode, sera le Philistin. En ce milieu de 12°s., les ennemis ne sont plus les Cananéens locaux, ni autres populations dispersées anciennement installées (Amorites, descendants de Hittites, Hivvites, Perizzites, ..., selon la liste de Jug.3,5), ni même les pillards habituels de la péninsule arabique (Ammonites, Madianites, Moabites, Amalécites) mais les Philistins, ce peuple nouveau venu (à peu près en même temps que les tribus hébraïques remontées d'Egypte), un peuple indo-européen (donc, non sémite), venu par la mer Egée, qui s'est vite assimilé aux Cananéens (et a tout repris d'eux) et politiquement assez organisé (villes organisées en fédération).

- la suite du schéma est quelque peu perturbée, en ce sens que l'on ne trouvera pas le mouvement de repentance de la part du peuple. Celui-ci est absent de cet épisode. Il tourne tout entier autour d'un personnage qui agit isolément, un héros de tous les coups fourrés, bagarreur, colérique, impulsif, indomptable, paillard, cocasse, au comportement "délié", humainement faible, peu soucieux des codes religieux et de bienséance. Le personnage n'est pas mû par un sentiment de repentir envers Dieu, ni de responsabilité morale pour son peuple. Il s'ébat tout seul. Le Dtr2-auteur (théologien) interviendra plusieurs fois pour rappeler au lecteur que Yahvé y est pour quelque chose (14,19; 15,18; 16,28).

- le temps de la délivrance est exprimé en des termes mitigés (une amorce de délivrance seulement), après un récit d'annonciation (13,2-5b): "C'est lui qui commencera à sauver Israël de la main des Philistins" (13,5c). Le rédacteur deutéronomiste (Dtr2-éditeur) interviendra encore, après le récit de la naissance inespérée de l'enfant (13,6-24), pour confirmer: "le souffle (*rouakh*) de Yahvé commença à l'agiter au camp de Dan" (13,25).

(la naissance d'un nazir)

Le récit proprement dit commence avec l'annonce de la naissance de Samson (Jug.13,2-5b). Gédéon avait fait l'objet d'un récit de vocation (Jug.6,11-17) dont le schéma était assez proche de celui de la vocation de Moïse (Ex.3,10-12). Jephté avait fait l'objet d'un récit d'une délibération toute humaine et dûment négociée avant d'être choisi comme chef de guerre (Jug.10,17 à 11,11). Samson va naître d'une femme longtemps stérile. Les héros naissent souvent d'une mère stérile qui finit par enfanter grâce à une intervention divine, signe de leur destin particulier. Ce fut le cas d'Isaac (Gn.11,30; 18,9-14; 21,1-2), d'Esaü et Jacob (Gn.25,21), de Joseph (Gn.30,22), de Benjamin (Gn.35,16-20). Ce le sera aussi de Samuel (1Sam.1,5) et, pour le Nouveau Testament, de Jean-Baptiste (Luc 1,7). Jésus fera également l'objet d'un récit d'annonciation avec intervention de "l'ange du Seigneur" (Mtt.1,20-25; Luc 1,26-38). Même si tout semble différencier une vieille femme stérile et une jeune fille encore vierge, le point commun est que l'enfant à naître ne sera pas le fruit de la biologie humaine mais celui d'une volonté divine pour une oeuvre divine. L'image de la jeune fille encore vierge vient directement du prophète Isaïe (Is.7,14) qui, après ses malédictions pour les fautes d'Israël, en appelle à un Emmanuel qui ne serait pas issu de toutes ces scories. Le lien est explicitement fait par Matthieu (Mtt.1,22-23).

On apprend au passage qu'il est de la tribu de Dan. C'était une tribu peu nombreuse et faible, coincée entre les monts de Juda et la plaine philistine. Son émigration ultérieure, au-delà du Jourdain, au nord, à la hauteur de Tyr, sera racontée dans une annexe au livre des Juges (le chap.18). Les exploits picaresques de Samson ne changèrent rien à la destinée de sa tribu mais ce fut, littérairement, le "commencement" d'une lutte qui occasionna l'émergence de la monarchie en Israël.

Il était dans l'ordre des choses que l'enfant né dans ces circonstances, pur don de Dieu (puisque né hors des routines biologiques normales), soit, par effet de retour, voué, consacré à Dieu. Il sera *nazir* "dès le sein de sa mère" (13,5b). Le petit Samuel, enfant inespéré, sera également consacré à Dieu (1Sam.1,11). Ce rapprochement est important car Samuel sera celui qui désignera le premier roi, Saül. Samson apparaît ainsi comme un annonciateur, un préparateur, de la monarchie. Le statut de *nazir* entraînait un certain nombre de prescriptions (détaillées en Nbr.6,1-21). L'une d'entre elles (le fait de ne pas se couper les cheveux) sera largement exploitée dans l'épisode avec Dalila (16,4-30). Samson lui-même, par toutes ses incartades, ne fut pas très respectueux de ce statut. Mais le statut opérait malgré l'indignité de celui qui l'incarnait. C'est ainsi qu'il "commença" à sauver Israël de la main des Philistins (13,5c) selon cette conclusion rédactionnelle intermédiaire, amorçant ainsi le temps de la délivrance. Il "commença" précise le texte (donc, il ne réalisa pas).

Le récit se poursuit avec un développement sur la préparation à la naissance de l'enfant (13,6-24) avec intervention de "l'ange du Seigneur". La scène porte surtout sur les prescriptions du naziréat (v.6-23), à peine sur la naissance (le v.24). On y voit aussi un repas se transformer en sacrifice pour Dieu, comme dans l'épisode de Gédéon (Jug.6,19-24). Il se termine par la reprise de la conclusion rédactionnelle intermédiaire: "le souffle (*rouakh*) de Yahvé "commença" à l'agiter au camp de Dan" (13,25), dans des circonstances proches de celles de Gédéon (6,34) et de Jephté (11,29).

(premier cycle samsonien)

L'épisode du mariage (manqué) de Samson avec une Philistine (Jug.14,1-20) en dit long sur le caractère impulsif, têtu, peu respectueux des conventions sociales, de notre héros. Il deviendra surtout occasion de querelle entre la tribu de Dan et les Philistins. Ce fut d'ailleurs, dirait-on, sa fonction (selon l'intervention rédactionnelle du deutéronomiste du v.4 qui généralise à tout Israël).

Il est aussi l'occasion d'une péripétie rocambolesque (celle du lion tué par Samson) qui se développera en leçon de haute sagesse après être passée par le jeu de l'énigme. Samson tue un jeune lion, à main nue bien sûr mais, probable intervention du rédacteur deutéronomiste, avec l'aide de Yahvé quand même (v.6). Repassant par le même endroit quelques temps après, il voit un essaim d'abeilles installé dans la carcasse du lion, et du miel. Il mange de ce miel. Tous les prophètes gyrovagues ont sans doute mangé du miel sauvage (comme Jean-Baptiste d'ailleurs, en Marc 1,6). Mais ici, il s'agit de miel sauvage développé dans la carcasse d'un animal mort. En manger devient une infraction au code de pureté, ce qui ne convient à aucun israélite pieux, a fortiori pas à un *nazir*. De plus, il compromet ses parents à ce geste, à leur insu (tout comme Israël a été emmené à commettre des infidélités à Dieu à cause de certains de ses propres rois). L'insistance sur le détail de la carcasse ne se justifie pas par un rappel de cette prescription religieuse; elle servira à mieux comprendre la portée de l'énigme proposé par Samson à ses compagnons de banquet avant mariage (compagnons philistins): "de celui qui mange est sorti ce qui se mange et du fort est sorti le doux" (v.14). Cette énigme intéresse notre réflexion sur la violence. Les convives ne trouvent évidemment pas la solution et contraignent sa future femme à la lui soutirer, sous peine de mort (voilà leur seule méthode, même envers les leurs). La femme harcèle son futur mari qui finit par livrer la solution: du lion (mais vaincu) est sorti du miel; du fort (le jeune lion qui dévore habituellement ses proies mais qui, ici, a été terrassé par plus fort que lui, ... présageant la victoire sur les Philistins) est sorti le doux (le miel, ici image allégorique d'Israël). L'Israël doux ne cadre pas avec le personnage de Samson mais il cadre bien avec l'utopie deutéronomiste qui est ici à la manoeuvre. L'Israël "doux" n'en est pas moins plus fort que son adversaire (philistin), non d'une force physique bestiale (comme celle des Philistins) mais d'un souffle (*rouakh*) de Dieu (comme il sera dit au v.19).

La "preuve" de cette force supérieure est donnée par l'exploit suivant de Samson (le v.19), où Samson s'acquitte de sa dette envers les Philistins mais en se servant sur leur compte... Pas très louable comme procédé, pas dans le style deutéronomiste, mais c'est du Samson. L'exploit a sans doute été remis, a posteriori, dans une cadre religieux plus respectable par le rédacteur deutéronomiste grâce à la formule "le souffle (*rouakh*) de Yahvé fondit sur lui", (v.19a), formule stéréotypée qui introduisait déjà l'épisode du lion (v.6).

Ce mariage ne fut finalement pas consommé (v.20). En fait, le mariage n'est pas du tout le sujet de cet épisode, il n'en est que le cadre anecdotique. Le vrai sujet est celui de la force: qui est, qui sera le plus fort ? Les Philistins-lions ou Israël-l'abeille ? Où réside la force de l'un et la force de l'autre ? Que reste-t-il de l'un et de l'autre ? Le Philistin plaçait sa supériorité dans la force physique; Israël (personnifié ici par Samson) la tenait du souffle de Yahvé. De l'un, il restera une carcasse, de l'autre, une nourriture suave.

Un rebondissement dans l'affaire de ce mariage sera encore l'occasion d'une farce "à la Samson". C'est l'épisode des renards (15,1-8). Samson veut rendre visite à celle qu'il prétend encore être sa femme. Le beau-père s'y oppose parce qu'il a déjà attribué la femme en question à quelqu'un d'autre mais il en propose une en échange (on a déjà vu ça avec Laban en Gn.29,15-30). Pour se venger en faisant beaucoup de dégâts tout en agissant seul, Samson imagine d'attacher des torches enflammées à la queue de 300 renards et de les envoyer dans les champs de blé des Philistins, les atteignant ainsi dans ce qui faisait leur prospérité matérielle idolâtrée. Le stratagème est très proche de celui de Gédéon (Jug.7,16-22) qui avait également équipé ses 300 hommes de trompettes, de cruches vides et de torches pour semer la panique dans le camp ennemi. La vengeance appelle la vengeance et les Philistins brûlent vifs la femme et son père. Cette fois, Samson s'en prend lui aussi aux personnes: "il les battit "jarret sur cuisse" (= à plate couture), un grand coup". Le texte ne donne aucun détail. Pour échapper au cycle de la violence, Samson se réfugie en un endroit perché sur une paroi de falaise en territoire judéen.

A l'épisode des renards succède l'épisode de la mâchoire d'âne (15,9-17) avec un lien plus étymologique que narratif. Les Philistins font pression sur les Judéens (également voisin de la tribu de Dan) en installant un campement à Lekhi (dans le territoire de Juda). Ce nom de lieu est également cité en 2Sam.23,11 à l'occasion des campagnes de David contre les Philistins, suggérant ainsi sans doute un rapprochement entre les figures de Samson et de David (ce qui serait tout à fait dans la logique du rédacteur). Le mot hébreu *lekhi* signifie aussi "mâchoire", préparant ainsi la scène cocasse d'une tuerie avec une mâchoire d'âne.

Les Judéens envoient une forte délégation (3.000 hommes, bien inutiles pour accéder à une grotte que l'on ne peut atteindre qu'à une personne à la fois !) pour convaincre Samson de se laisser capturer afin qu'il soit remis aux Philistins sans aller jusqu'à la bataille rangée. Il est donc trahi par une tribu frère qui n'apprécie pas les frasques de ce Tarzan danite. Il est donc dûment "lié" avec des cordes "fraîches" (donc solides), préparant ainsi le numéro suivant de music-hall. Le rédacteur deutéronomiste en fait, comme il se doit, une intervention divine: "Alors le souffle (*rouakh*) de Yahvé fondit sur Samson" (v.14), la même phrase qu'en 14,6 et 14,19 pour deux autres exploits. Les cordes "fraîches" se consument toute seules. Samson en est délié.

Il en profite pour saisir une *lekhi* d'âne "fraîche" (donc bien solide) et s'en servir pour abattre 1.000 hommes (!) (v.15). Du jeu de mots avec *lekhi* le récit passe au jeu de mots avec "âne". En effet, "âne" se dit *khamor* en hébreu et "tas, monticule" se dit *khomer* (devenu d'ailleurs la plus grand unité de mesure de capacité: 450 l.), d'où le calembour mal plaisant: "Avec une mâchoire d'âne, (j'ai formé) un monticule. Avec une mâchoire d'âne, j'ai frappé mille hommes" (v.16). On a compris que le monticule était formé des cadavres de mille hommes. Le jeu de mots est suivi d'une légende toponymique fantaisiste: "... c'est pourquoi on a donné à cet endroit le nom de Ramat-Lekhi" (v.17). *Ramat* est la forme construite de *rama* qui signifie "hauteur", "élévation", premier mot de plusieurs toponymes bibliques situés en hauteur.

Après tous ces exploits, prend place un intermède de la soif (15,18-19), peut-être motivé par une volonté du rédacteur de faire un autre rapprochement avec David qui, en 2Sam.23,11-17 (également liée à Lekhi), manifesta aussi sa soif après des démêlés avec les Philistins. Samson eut donc une "grande soif" (v.18a). A cette occasion (pas aux autres), il fait appel à Dieu en le flattant: "C'est toi qui a opéré cette grande victoire par la main de ton serviteur" (v.18b). On peut y soupçonner une incise deutéronomiste. La "grande victoire" est, en effet, en total décalage avec la mesquinerie de la demande de trouver de quoi se désaltérer (v.18c). Dieu s'exécute et fend la cavité de pierre d'où sortira de l'eau (v.19a). Samson y boit et y retrouve sa force (*rouakh*) (v.19b). On pourrait ici faire un rapprochement avec l'eau qui sortit du rocher à Massa et Mériba à la demande de Moïse au cours de l'Exode (Ex.17,1-7). Le prodige donne lieu à une légende toponymique: "c'est pourquoi on a donné le nom (*qara chemah*) de Eyn-ha-Qoré à cette source, qui existe encore à Lekhi" (v.19c). Encore un jeu de mot pour terminer (*qara - qoré*) pour une source qui s'appelle "Source de celui qui a appelé".

Le v.20 se présente comme une conclusion du chroniqueur: "(Samson) fut "juge en Israël" à l'époque des Philistins, pendant 20 ans". La phrase est stéréotypée. Elle ne colle pas avec le personnage. On ne voit pas Samson gouverner tranquillement tout Israël pendant 20 ans. Il ne fut qu'un trublion agissant seul, sans même de liens avec sa petite tribu de Dan.

(second cycle de samsonien)

On croyait que c'était fini. Mais ce n'est pas le cas. Une nouvel exploit, isolé (une autre bribe de légende à son sujet), prend place ici. Celui des "portes de Gaza" (Jug.16,1-3), nouvelle démonstration de force de notre Hercule hébreu. S'étant rendu à Gaza (territoire philistin), Samson "vit une prostituée et entra chez elle" (v.1). Les Gazaouis mettent en place une surveillance à la porte de la cité pour le surprendre au lever du jour (v.2). Mais Samson déjoue leur piège en quittant la femme au milieu de la nuit (v.3a). Par colère ou par vengeance, il charge les portes de la ville sur son dos et les transporte à 70 km de là (v.3b). Ainsi sans doute la légende expliquait-elle la présence d'un monument à la sortie d'Hébron, au départ de la piste vers Gaza (v.3c).

Une autre tradition encore, plus développée, s'est trouvée annexée à la notice sur Samson (initialement achevée en 15,20). Il s'agit de l'épisode de Samson et Dalila (Jug.16,4-30), un des premiers grand drame lyrique de la littérature. Au-delà de la mise en scène (savamment étudiée), le vrai sujet de l'épisode (en phase avec l'épisode du mariage manqué en 14,1-20) sera: quel est le secret de la force de Samson ?

On retrouve donc Samson dans la vallée de Soreq (en territoire philistin mais non loin de Tsoréa, son village d'origine). Le narrateur utilise le point faible de son héros pour construire son histoire: "il aima une femme au torrent de Soreq. Son nom, Dalila" ("celle de la nuit") (v.4). Il a manifestement tendance à choisir d'autres liens que ceux de la fidélité à Dieu par son naziréat ! Cette fois, ce n'est pas la femme qui appâte l'homme mais les gouverneurs philistins qui soudoient la femme pour qu'elle tende un piège à Samson afin de le capturer. La prime promise est énorme (v.5). Le procédé est différent (pas de brutale menace de mort) mais l'intrigue est très proche de la ruse des convives philistins pour résoudre l'énigme du lion (Jug.14,15-17).

Dans une première tentative (16,6-9), Dalila demande explicitement à Samson "avec quoi il faut te lier pour te maîtriser", répétant la phrase des notables (v.6). Samson feint de donner la réponse (v.7). Les Philistins fournissent le matériel évoqué (des cordes "fraîches", sans doute pour arc) et Dalila s'en sert pour lier Samson (v.8). Elle met au point un stratagème avec des complices philistins mais, exploit samsonien, celui-ci fait éclater les cordes. Le secret n'est pas dévoilé (v.9).

Dans une deuxième tentative (16,10-12), Dalila, qui ne manque pas de toupet ("tu m'as menti"), réitère sa demande ("avec quoi il faudrait te lier") (v.10). Samson se moque à nouveau en donnant une réponse fantaisiste (des cordes "fraîches", pour tentes sans doute) (v.11). Dalila répète son stratagème mais, exploit samsonien, "il rompit les cordes comme un fil" (v.12). Le secret n'est toujours pas dévoilé.

Pour une troisième tentative (16,13-14), même scénario sauf qu'il s'agit de tresser les cheveux de Samson (ce qu'elle fait pendant son sommeil). On s'approche de la résolution de l'énigme mais on n'y est pas encore.

La quatrième tentative (16,15-21) sera la bonne. Samson cède au harcèlement et au chantage amoureux de Dalila ("ton coeur n'est pas avec moi"). Il délivre le secret: "Le rasoir n'est jamais passé sur ma tête, car je suis *nazir* de Dieu depuis le sein de ma mère" (citant 13,5). Il se souvient, il avoue ou prend enfin conscience de son lien à Dieu. Dalila le fait tondre pendant son sommeil et Samson est maîtrisé, rendu aveugle (au moment de voir clair sur lui-même, comme l'Oedipe grec), emporté à Gaza, chargé de chaînes et condamné à tourner la meule dans la prison (enchaîné physiquement mais libéré mentalement).

Mais, rebondissement, sa chevelure se remit à pousser (v.22). Le récit peut repartir. Ce sera l'épisode du temple de Dagôn (16,23-30). Dagôn, ancienne divinité de la région du Moyen-Euphrate, avait été adopté par les Philistins. Il était le dieu des récoltes (*dâgân* = blé). C'est la prospérité économique d'une population adonnée à l'agriculture qui est célébrée. La capture de ce Samson qui s'amusait à brûler les récoltes (épisode des renards) pouvait bien être fêtée (v.23-24). On fait venir Samson, comme histrion, pour s'en moquer (v.25). Aveugle, il se fait emmener entre deux colonnes pour s'y appuyer (v.26). Or la fête avait rassemblé un public nombreux (3.000 personnes) (v.27). Cette fois, humblement conscient de son état de faiblesse, Samson invoque, enfin, Yahvé: "Seigneur, souviens-toi donc de moi, fortifie-moi donc, cette fois encore" (v.28a). L'imploration est digne mais l'objet de la demande l'est moins: "Je me vengerai des Philistins d'une seule vengeance pour mes deux yeux" (v.28b), comme avait été mesquine sa première imploration (en 15,18) pour avoir à boire. S'il avait demandé à être emmené entre deux colonnes, c'était pour s'arc-bouter contre elles et faire s'écrouler tout l'édifice. Un dernier tour ! Outre lui-même, les victimes sont nombreuses (potentiellement 3.000, chiffre cité au v.27) "plus qu'il n'en fit mourir pendant sa vie" souligne le texte (v.30). Il avait commencé par en abattre 30 lors de l'épisode du banquet en 14,19, puis 1.000 avec une mâchoire d'âne en 15,15.

Imperturbable dans sa sobriété de service, le chroniqueur nous fait part de l'enlèvement du corps par la famille et de son inhumation dans le tombeau familial dans sa région natale (v.31a). Il répète (au v.31b) la conclusion précédente (15,20), en décalage total avec la vie mouvementée du héros mais avec le souci de cadrer avec le livre "des Juges" et d'aboutir à son comput de 480 ans entre la sortie d'Egypte et la construction du Temple, en référence au chiffre donné en 1Rois 6,1 (mais en décalage par rapport au siècle et demi entre la mort de Josué et le premier roi d'Israël, Saül).

COMPLEMENTS: JUGES 17 à 20 §2.15 à 2.17
LA MONARCHIE CONTRE L'ANARCHIE

"En ce temps-là, il n'y avait pas de roi en Israël ..."

Les cinq chapitres suivant (chap.17 à 21) sont des annexes. Elles ont été ajoutées ici (par les rédacteurs finaux, post-exiliques, du mouvement Sacerdotal et Judéen) car elles rapportaient, pêle-mêle, des bribes de traditions antérieures à la monarchie.

La nécessité d'un passage d'un régime de Juges à un régime monarchique en est clairement un des thèmes. La phrase: "En ce temps-là, il n'y avait pas de roi en Israël; chacun faisait ce qui lui plaisait" (trad.BJ) revient comme un refrain (en une formule complète ou abrégée) tout au long de ces chapitres (17,6; 18,1; 19,1; 21,25), alors qu'elle est absente du reste du livret.

Un autre point commun en est la présence d'un lévite: un lévite servant de caution à un culte domestique (chap.17; pratique contestée par le rédacteur sacerdotal), ce même lévite "enlevé" pour devenir prêtre officiel des Danites (chap.18; il s'agit également d'une mise en cause de la légitimité du sacerdoce danite, par le rédacteur sacerdotal), le viol et le meurtre de la concubine d'un lévite comme point de départ d'un règlement de compte contre les Benjaminites (chap.19 à 21).

§2.15

JUGES chap.17
LE SORT DE L'IDOLE DE MIKA-YEHOU

Mika-Yehou était un homme de la montagne d'Ephraïm (v.1). On peut donc déjà s'attendre à ce que le rédacteur livrera son avis sur une tradition du Centre (redevenu idolâtre du point de vue Sacerdotal judéen).

Un 1° petit récit (v.2-4) fait état d'une statue d'idole confectionnée avec une partie de l'argent rendu par un voleur (qui n'était autre que le fils de la maison) sur la tête duquel une imprécation avait déjà été prononcée. Ne pouvant se rétracter (malgré qu'il s'agissait du fils de la maison), la victime (la mère) espère neutraliser sa malédiction en consacrant cet argent à la divinité. Le rédacteur feint donc d'être compréhensif envers un culte domestique auto-institué (excusable en ces temps reculés) mais il le tourne en ridicule.

Un 2° petit récit (v.5-6), relié directement au v.1, ne faisant plus intervenir la mère ni une affaire d'argent volé puis rendu, met en scène un père de famille qui investit son fils comme prêtre de son culte domestique. Le modèle est ici celui d'une transmission de père à fils, coutume ancestrale attestée et commune à bien des peuples de la région à l'époque. Le rédacteur ne se prononce pas vraiment sur cette coutume mais en souligne le caractère anarchique: "En ce temps-là, il n'y avait pas de roi en Israël; chacun faisait ce qui lui plaisait". Il annonce ainsi en même temps le thème majeur de sa contribution au livret.

Un 3° petit récit (v.7 à 13) présente encore un autre scénario. Un lévite, résidant comme étranger dans le territoire de Juda, gyrovague cherchant un poste vacant, de passage par la montagne d'Ephraïm, est accueilli par Mika-Yahou qui lui propose de devenir prêtre de son culte domestique, fonction qu'il promet de doter très convenablement. Le lévite accepte et devient un "fils de la maison". La nuance, ici, est qu'il s'agit d'un membre d'un corps sacerdotal légitime et ayant, de plus, un lien avec Juda. Mais il s'agit d'un jeune homme, gyrovague, qui vend ses services au premier venu. Un culte rendu dans de telles conditions ne saurait être très recommandable. Le rédacteur réitère sa conclusion (dans sa formule brève): "En ce temps-là, il n'y avait pas de roi en Israël" (18,1 qui sert de conclusion à ce petit récit ou d'introduction au chapitre suivant).

§2.16

JUGES chap.18
LE SORT DE LA TRIBU DE DAN

Celle-ci se cherche un héritage. En principe, comme les autres tribus, elle s'était vu attribuer un territoire (Jos.13,23; 19,51) mais, coincée entre la plaine philistine et la montagne d'Ephraïm, elle n'était jamais parvenue à s'y implanter vraiment. Elle envoie donc une mission de prospection pour en trouver un autre. De passage dans la montagne d'Ephraïm (et ainsi se fait le raccord narratif avec l'épisode précédent), la délégation est hébergée par Mika (forme brève de Mika-Yahou). La délégation reconnaît le lévite en service "à sa voix" (sans doute à son dialecte) et l'interroge sur son parcours, sa fonction dans la maison de Mika et le consulte sur les chances de succès de leur mission. Le lévite, flatteur, les rassure: leur entreprise est sous le regard de Dieu. La délégation reprend son chemin et parvient à une ville (Laïsh, aux sources du Jourdain, côté transjordanien) qu'elle évalue comme une proie facile (population tranquille et confiante, vaquant à ses affaires, prospère, sans protecteur réel). La délégation revient faire rapport dans la tribu et elle propose, tout simplement, d'aller envahir ce pays. Un contingent de 600 hommes armés part à la conquête. Repassant par la montagne d'Ephraïm, le contingent va saluer Mika. Pendant que la petite troupe cerne le domaine, les espions (les cinq hommes de la première délégation), connaissant les lieux, enlèvent la statue de la divinité de Mika. Le lévite feint de s'y opposer. La délégation lui fait la proposition de devenir le prêtre officiel de toute la tribu. Le lévite est ravi de la proposition et collabore. Ils poursuivent leur chemin. Mika et ses gens se mettent à leur poursuite et leur reproche d'emporter "le dieu que je m'étais fait" (le rédacteur ne manque pas de le souligner). Mais, devant les menaces de mort de la part des Danites, Mika rebrousse chemin. Parvenu à Laïsh, les Danites marchent contre "un peuple tranquille et confiant", le passent au fil de l'épée et livrent la ville aux flammes. Ils rebâtissent la ville et s'y établissent. Ils y dressent la statue "que Mika avait faite". Le récit est bien cohérent.

L'opinion du rédacteur, bien qu'implicite, transparaît assez clairement: cette migration des Danites s'est faite par lâcheté (envers une population tranquille et confiante, sans défense); ce culte, apparemment légitime, a des origines tout à fait douteuses (un culte domestique idolâtre), cautionné par un prêtre légitime mais vénal et opportuniste; transféré par des méthodes indignes et violentes. Bref, à l'origine -peu recommandable- d'un culte domestique est venu se rajouter l'adoption -encore moins recommandable- de ce culte par les Danites. C'est la pureté de culte qui est le souci de notre rédacteur.

§2.17

JUGES chap.19 à 20
LE SORT DE LA TRIBU DE BENJAMIN: SA QUASI-EXTERMINATION

Cette fois-ci, la formule "en ce temps-là, il n'y avait pas de roi en Israël" sert de titre à l'épisode. Elle servira encore de conclusion (21,25), comme elle formait inclusion entre 18,1 et 19,1.

Le chap.19 met en scène le comportement absolument indigne des Benjaminites envers un lévite. C'est en effet encore un lévite qui, narrativement, servira de fil conducteur. Dans le premier épisode, en son 3° récit (chap.17,7-13), il s'agissait d'un lévite de Bethléem de Juda, de passage en Ephraïm. Ici, il s'agit d'un lévite résidant en Ephraïm mais ayant une concubine de Bethléem de Juda. Pour une raison ou une autre, elle se fâcha contre lui et retourna chez son père. Notre lévite partit à sa recherche "pour parler à son coeur" (même formule qu'en Osée 2,16) c'est-à-dire pour la convaincre sentimentalement de ne pas rompre leur relation. Apparemment, elle regrettait de l'avoir quitté puisqu'elle l'introduit dans la maison de son père. Celui-ci accueillit chaleureusement notre lévite et, répétant les rites d'hospitalité à la nomade, le retint par trois fois (v.4; v.5-7; v.8). Mais, la quatrième fois, notre lévite part quand même, malgré le soir tombant (v.9-10). Cette circonstance fait que la petite troupe ne peut aller très loin avant de trouver un gîte pour la nuit. Le lévite ne veut pas s'arrêter à la première ville, Jébus, parce que "ville d'étrangers" (ville jébuséenne en effet avant sa conquête par David mais qui ne s'est jamais appelée Jébus mais bien Jérusalem). Il veut pousser jusqu'à Guibéa (à 6 km, une bonne heure de marche, de Jébus) qui se trouve en territoire d'une tribu frère, les Benjaminites. Mal leur en prit car "personne ne les recueillit dans sa maison pour passer la nuit" (v.15b). Il a fallu attendre un Ephraïmite habitant Guibéa pour trouver accueil (v.16-21). Dans un récit très parallèle à celui de Lot (Gn.19,1-11), les Benjaminites veulent sodomiser le lévite. L'hôte propose, héroïquement, sa propre fille pour assouvir leurs envies sexuelles. Le lévite, moins héroïquement, leur livre sa concubine. Les Benjaminites la violent et la laissent pour morte. Le lévite découvre son cadavre sur le pas de la porte au petit matin. Sans trop d'émotions, il charge le cadavre sur son âne et rentre chez lui. Il dépèce alors le cadavre en 12 morceaux et envoie un morceau à chaque tribu, avec ce message d'indignation et d'appel à l'union sacrée: "Est-il arrivé pareille chose depuis le jour où les fils d'Israël sont montés du pays d'Egypte ..." (v.30). Les destinataires partagent l'indignation et se mobilisent "comme un seul homme" (chap.20, v.1).

La sanction commune contre la tribu de Benjamin va occuper le chap.20. Le rédacteur insiste sur l'unanimité, sur l'union sacrée, que suscite l'offense faite (plus que le viol de la concubine, il s'agit du penchant à la sodomie !).

La mobilisation (v.1-3a) est impressionnante (mais le chiffre est totalement fantaisiste: 400.000 hommes, sans doute plus que toute la population du Proche-Orient à l'époque). Cette nouvelle étape est probablement la trace d'un vrai conflit entre la tribu d'Ephraïm et celle de Benjamin (toutes deux de la "maison de Joseph" pourtant).

Le rédacteur, déjà très civilisé puisque post-exilique, prévoit d'abord une assemblée consultative interne à cette union sacrée (v.3b-11). Il prévoit ensuite une délégation auprès des Benjaminites (v.12-13) pour qu'ils leur livrent les "vauriens" (origine du mot "Bélial") qui ont voulu commettre de telles infamies. Mais, solidarité tribale jouant, ceux-ci refusent bien sûr.

Après ces belles manières (et le conflit étant devenu inévitable), les forces se mettent en place (v.14-18): les 26.000 combattants du côté des Benjaminites, autour de leur ville de Guibéa et les 400.000 du côté des forces coalisées, autour du grand sanctuaire de Bethel (pour consulter Yahvé) et avec la tribu de Juda comme chef (la "main judéenne" est bien visible dans cette incise).

Un premier engagement (v.19-21) voit la défaite des coalisés (22.000 morts). Après une pause pour consulter Yahvé sur l'opportunité de combattre une tribu frère (v.22-23), suit un deuxième engagement (v.24-25) qui voit à nouveau une défaite des coalisés (18.000 morts). Suit une pause pour consulter Yahvé sur l'opportunité de combattre malgré tout une tribu frère (v.26-28), avec amplification de l'aspect rituel et sacerdotal (pour bien montrer que les coalisés ont agi en respectant toutes les règles). Cette fois, Yahvé promet la victoire. Le troisième engagement (v.29-35) sera la bon, grâce au stratagème de la fuite simulée permettant à des combattants en embuscade de prendre de dos les poursuivants (exactement comme dans la bataille d'Aï en Jos.8, entre les deux récits, il est difficile de savoir lequel a inspiré l'autre). Sur les 26.000 combattants benjaminites engagés (selon le v.15), 25.100 sont tués (selon le v.35) mais 25.000 (18.000+5.000+2.000, selon les v.44 et 45). Les récits du *herem* de la ville de Guibéa et de la fuite des 600 rescapés vers le désert (v.36-48) sont inextricablement mêlés et un peu confus au niveau des chiffres (il en manque 300 ou 400). On retiendra cependant le chiffre de 600 rescapés pour l'épisode suivant.

§2.18

JUGES chap.21
LA RÉHABILITATION DE LA TRIBU DE BENJAMIN

Décimée à ce point et composée de combattants mâles exclusivement (les 600 rescapés), les coalisés s'inquiètent du sort de la tribu de Benjamin. A noter que, historiquement, le premier roi d'Israël, Saül, était un benjaminite. Il fallait donc expliquer qu'il y en avait encore. Par ailleurs, il fallait sauvegarder le nombre mythique de 12 tribus. Le problème est que les coalisés s'étaient déjà engagés à ce que "aucun de nous ne donnera sa fille pour femme à un Benjaminite" (v.1), serment prononcé à Mitspa, point de départ de l'expédition punitive (20,1). La crainte d'une disparition de la tribu fait à présent l'objet d'un autre rassemblement, au sanctuaire de Béthel (tout proche de Mitspa) : "Pourquoi se fait-il qu'en Israël il manque aujourd'hui une tribu ?" (v.2-3). Heureusement que l'on se souvient, après force sacrifices, d'un autre serment selon lequel "quiconque n'est pas monté à Mitspa (en référence à 20,1) doit être mis à mort" (v.4-5). Le dilemme est bien posé: "Que ferons-nous pour procurer des femmes à ceux qui restent alors que nous avons juré de ne pas leur donner nos filles pour femmes ?" (v.6-7).

Après enquête et recensement précis, les coalisés se rendent compte que personne de la ville de Yabesh (de la tribu de Gad) ne s'était joint à l'alliance (v.8-9). La solution était toute trouvée: il fallait organiser une expédition punitive contre cette ville, en exterminer toute la population sauf les jeunes filles vierges (v.10-11). Ce qui fut fait, mais il n'y en avait que 400 (pour 600 Benjaminites mâles) (v.12). Des pourparlers sont engagés avec les rescapés qui acceptent la solution (v.12-13) mais "il n'y en eut pas assez pour tous", insiste le rédacteur.

Ce manque permet au rédacteur de relancer le récit et de faire ainsi le lien avec une autre tradition qui avait Silo (un ancien sanctuaire qui avait abrité l'Arche) pour cadre (v.15-23). Selon ce scénario, après la répétition du dilemme (v.15-18 reprenant avec lourdeur les v.6-7), c'est à l'occasion d'une fête religieuse et populaire à Silo que les coalisés suggèrent aux Benjaminites de se choisir une femme parmi les danseuses (v.19-22). Le rédacteur Sacerdotal n'avait pas beaucoup d'égards pour le site ! Ayant pris un nombre de femmes égal au leur, les Benjaminites "partirent, revinrent dans leur héritage, rebâtirent les villes et s'y établirent" (v.23).

Une conclusion marque la fin du récit de la sanction (commencé en 20,1): "Les fils d'Israël s'en allèrent de là (le Mitspa de 20,1), en ce temps-là, chacun à sa tribu et à son clan. Ils partirent de là, chacun en son héritage" (v.24), selon le modèle du livre de Josué (Jos.13 à 21).

Une seconde conclusion, formant inclusion avec le début de ces annexes (première mention en 17,6), répète: "En ces temps-là, il n'y avait pas de roi en Israël. Chacun faisait ce qui lui plaisait", conclusion un peu abrupte pour annoncer les livres de Samuel et Rois qui verront l'instauration de la monarchie.

Bien qu'il y ait des liens étroits entre les chap.19 et 21, il se justifie de distinguer ce chapitre 21 des chap.19 à 20. Il n'est pas la suite nécessaire du chap.20 et pourrait avoir été conçu par le Judéen pour former inclusion avec son introduction. Le Judéen était intéressé à cette réhabilitation puisque c'est un Benjaminite (Saül) qui transmit la royauté à un Judéen (David) et que la tribu s'assimila à celle de Juda à cette occasion. Au-delà de la monarchie (déjà abolie à son époque), le Judéen prêche un peuple unifié, autour du temple de Jérusalem, centre de Juda et seule institution qui subsiste après le retour d'exil.

LES "MAINS" RÉDACTIONNELLES À L'OEUVRE DANS LES LIVRES DE JOSUÉ ET DES JUGES

Tout au long de cette étude, j'ai cru pouvoir identifier et j'ai fait référence à 7 niveaux rédactionnels. L'identification de ceux-ci a son importance car elle évite d'être heurté par d'apparentes "contradictions" et, positivement, de se situer plus rapidement au niveau approprié d'interprétation:

1. le récit épique
2. le chroniqueur
3. le deutéronomiste de première génération (Dtr1)
4. le deutéronomiste de seconde génération (Dtr2)
5. le deutéronomiste de troisième génération (Dtr3)
6. le sacerdotal
7. le judéen

1. avant l'intervention des "mains" rédactionnelles, le récit épique

De nombreux récits de ce genre ont été élaborés par des aèdes qui, lors de rassemblements festifs de clans ou de tribus, racontaient les hauts-faits des ancêtres, finissant par créer une histoire commune à un groupe et donc une éventuelle solidarité pour l'avenir. Après avoir eu une éventuelle longue existence purement orale, ces récits ont pu être mis par écrit par des scribes (des scribes de sanctuaires et, à partir du 10°s., des scribes de Cour). A ce stade, une influence de récits épiques étrangers (surtout assyriens) est tout à fait possible et probable. Une fois mis par écrits et archivés, ces récits épiques ont pu être repris par d'autres mains (des chroniqueurs, deutéronomistes, prêtres, du Judéen) en fonction de nouveaux contextes.

Le récit épique est sans doute le premier et le plus universel des genres littéraires. A la différence d'autres genres (mythe, annale, fable, ...), le récit épique se caractérise par le fait d'avoir un enracinement spatio-temporel situé. Il part d'un fait réel (ou, au moins, vraisemblable), souvent d'un fait guerrier. La description "neutre et objective" d'un fait guerrier ne fait cependant pas un récit épique. Mais tout dans le récit épique ne relève pas de l'épique; bien des éléments relèvent du simple déroulement habituel de toute bataille. L'épique se situe dans un certain nombre d'effets (comme toujours actuellement):

LES EFFETS EPIQUES

- l'effet de personnalisation: au lieu de présenter des notions abstraites de conjonctures (trop compliquées à analyser et peu motivantes à écouter), on va incarner les rôles dans des personnes concrètes, ayant un nom propre. On en développera éventuellement le passé particulier ou la vocation à devenir héros.

- l'effet d'immédiateté: au lieu de chercher à analyser et à exposer les causes profondes d'un conflit, on va tout focaliser sur une cause immédiate, sur un élément déclencheur, à la hauteur de compréhension du public.

- l'effet d'exagération: l'obstacle que doit affronter le héros doit être extraordinaire ! Les chiffres des combattants (et des victimes) sont donc gonflés (ou minorisés); leur force est magnifiée; la supériorité de leur armement est soulignée; les difficultés dues au terrain ou aux conditions climatiques sont grossies, etc...

- l'effet de rebondissement: une action qui se déroule comme prévu n'offre pas d'intérêt narratif; il faut introduire des obstacles imprévus, des péripéties, des surprises (grossies ou fictives) pour montrer combien le héros est astucieux (et pour relancer le récit).

- l'effet magique: les situations réelles sont en général beaucoup trop complexes et lentes à se dénouer; le récit épique a recours à des pouvoirs spéciaux, à des interventions célestes, pour accélérer sa narration et lui donner une issue tranchée, simple et claire.

Ces effets ne constituent pas l'histoire; ils en sont les ornements. Ce qui est régi par le genre littéraire n'a pas le même statut que le message global dont le récit épique n'est qu'une pièce, surtout qu'ici ils sont repris dans le cadre d'une théologie (deutéronomique, sacerdotale, judéenne) bien élaborée.

Ni le livre de Josué ni celui des Juges ne se présentent comme de grandes épopées (tant ils sont morcelés), mais ils contiennent de nombreux récits épiques de tailles variables (de quelques versets à quelques dizaines, signalés tout au long du commentaire).

En Josué, ils sont concentrés entre le chap.2 et 11 inclus, formant un ensemble "Josué conquérant".

En Juges, ils sont partagés principalement entre Débora-Baraq (chap.4 et 5), Gédéon-Abimelek (chap.6 à 9), Jephté (10,6 à 12,7), Samson (chap.14 à 16), et le sort de la tribu de Benjamin (chap.19 à 21).

2. La main des Chroniqueurs

On pourrait les décrire comme des scribes, non théologiens, au style neutre et sec, ayant accès à des annales (de la Cour ou du Temple). Ils ne rapportent pas des récits épiques (comme Dtr1-éditeur ou Dtr2-éditeur). Ils travaillent sur un texte déjà composé pour l'essentiel. Ils y apportent leur contribution technique propre (l'aspect cadastral, notarial), révisent l'ensemble de l'oeuvre (chacun la sienne), les harmonisent et les complètent s'ils l'estiment nécessaire.

En Josué,

l'apport principal du Chroniqueur est l'inventaire cadastral des tribus (Jos.12-19), la moitié du livret. Malgré son air neutre et sec, il y a cependant un positionnement théologique sous-jacent, c'est le motif de l'héritage (*yârach*) avec sa formule: "tel fut l'héritage de ...". Ce motif se démarque de celui de la conquête.

Par ailleurs, c'est probablement lui qui nous donne les quelques renseignements biographiques sur Josué:

- Jos.13,1 et 23,1: vieillesse de Josué
- Jos.19,49-50: la part d'héritage de Josué dans son pays
- Jos.24,29-33: mort et enterrement de Josué

En Juges,

le Chroniqueur est soucieux des origines (telle ou telle tribu ou région), du comput (durée et succession des règnes), du décès et de l'ensevelissement (dans le respect des traditions). Il essaie éventuellement de retrouver un haut-fait pour étoffer sa notice, sans plus.

Au-delà de cette neutralité apparente, il y a cependant des thèses très fortes:

- cette tranche d'histoire (entre la sortie d'Egypte et la construction du Temple par Salomon, puisque ce serait cela ses critères pour totaliser 480 années) forme une continuité sans faille, traçable;
- ce peuple est formé de 12 tribus (d'où les 12 figures de Juges, même si elles ne correspondent pas chacune à une tribu et qu'il n'y eut jamais 12 tribus à une même période)
- ce Chroniqueur voit les Juges comme d'honnêtes juges de paix d'une tribu, d'un clan, d'un territoire limité. Ce n'est pas lui (mais Dtr2) qui les présente comme des "sauveurs", comme des personnages charismatiques ou ayant reçu "la *rouakh* Yahvé".

On pourrait lui attribuer en propre les figures de Tola, Jaïr, Ibsan, Elôn, Abdôn: 5 des "petits" juges, aucun "grand" (Barak, Gédéon, Jephté, Samson), ni les 3 premiers (Otniel, Ehud, Shamgar).

De ces 5 figures de "petits" juges se dégage un schéma commun:

LE SCHEMA DU CHRONIQUEUR en JUGES

- "Après lui / un tel ...." marquant la succession temporelle

- "Il / un tel jugea Israël pendant x années" (ou "il fut juge d'Israël / en Israël"), spécifiant son activité de juge et sa durée. Remarquons que le chroniqueur généralise à tout Israël (cela correspond à son idéal de nation unifiée qu'il partage avec le deutéronomiste mais non à la réalité de l'époque dont il parle).

- [Il eut telle action spécifique] (formulations diverses). Dans les trois cas où un "haut-fait" est mentionné (Jaïr, Ibsan, Abdôn), il s'agit de la progéniture du personnage (un souci de chroniqueur !).

- "Il mourut et fut enseveli en tel lieu...". Outre l'assurance du respect des bonnes traditions, la mention du lieu correspondait éventuellement à un lieu de sépulture encore visible, si preuve était besoin.

Par ailleurs, on pourrait lui attribuer diverses additions au texte reçu:

- "et les fils d'Israël furent asservis à ... pendant x années" (3,8 p.ex.). Il précise éventuellement le type de calamité (oppression, asservissement, ...) mais il mentionne surtout sa durée (en addition à la 2° étape du schéma deutéronomiste).

- "et le pays fut en repos pendant x années" (3,11; 3,30; 5,31; 8,28). Il mentionne le repos comme trêve dans les combats et sa durée (en addition à la 4° étape du schéma du deutéronomiste). Dans le livre des Juges, le "repos" (le mot hébreu utilisé est *ch.q.th,* "se tenir tranquille, se calmer") n'a pas de caractère spirituel comme dans les Psaumes. Il n'est qu'une période d'accalmie, de cessation des combats, une trêve dans les calamités. Il n'est d'ailleurs pas connoté favorablement puisqu'il débouche sur une insouciance, une perte de vigilance, propice au re-développement de l'infidélité religieuse. C'est d'ailleurs ainsi que le cycle recommence.

- "Samson jugea Israël à l'époque des Philistins, pendant 20 ans" (la conclusion intermédiaire dans l'épisode de Samson en Jug.15,20). Cette conclusion (la 2° étape de son schéma) est tout à fait artificielle par rapport au personnage qui n'est rien moins qu'un juge tranquille. Elle a été maladroitement ajoutée pour faire rentrer Samson dans le cadre du livre des Juges. Elle est répété en Jug.16,31 (dernière partie du verset).

- "Ses frères et toute la maison de son père descendirent et l'emportèrent. Ils remontèrent et l'ensevelirent entre Tsoréa et Eshtaol dans le tombeau de Manoah son père" (la conclusion finale après la mort de Samson en 16,31, première partie du verset; 4° étape de son schéma).

n.b.: Le slogan pro-monarchique qui ponctue les annexes 17 à 21: "En ce temps-là il n'y avait pas de roi en Israël et chacun faisait ce qui (semblait) juste à ses yeux" (17,6; 18,1; 19,1; 21,25) ne relève pas de sa main (mais de celle du Judéen). Il ne se prononce pas sur la question. Il se contente de reconstituer une période de transition.

Des traditions oubliées, inconnues ou négligées du Chroniqueur se retrouvent mentionnées dans ces chapitres annexes (la migration danite au chap.18, la mauvaise renommée de Guibéa au chap.19, le conflit entre Benjamin et les tribus au chap.20, une expédition punitive contre Yabesh et le rapt de Silo au chap.21) mais c'est la main sacerdotale (ou judéenne pour le chap.21) qui leur donne une place, non sans les utiliser suivant leur schéma propre.

La main des Deutéronomistes

Il y a lieu de distinguer l'auteur (les auteurs) du livre du Deutéronome (de l'époque même du roi Josias, années 640 à 609) et deux autres générations d'auteurs d'un mouvement politico-spirituel "deutéronomiste" (postérieur à ce règne).

3. Le deutéronomiste de l'époque du roi Josias (640-609) (Dtr1)

Selon le récit de 2Rois 23, lors de travaux au Temple, on redécouvrit (en 622) un texte primitif de la Loi de Moïse (ou, du moins, du roi Ezéchias, mort en 687 ...). Ce fut une étape importante dans un mouvement de réforme religieuse (avec une vision plus intériorisée de la religion, plus exigeante moralement, luttant activement contre le syncrétisme religieux, etc ...). Par ailleurs, profitant d'un affaiblissement de l'Assyrie, ce roi put se permettre de reconquérir du territoire, de restaurer une administration, de renforcer son pouvoir. Roi pieux et efficace, il devint un modèle suscitant de l'enthousiasme dans certains milieux religieux (il se peut aussi que ce roi soit l'émanation de ce milieu ...).

Le Deutéronomiste (une ou plusieurs mains) de l'époque de Josias, (c.620), est un auteur optimiste, enthousiaste de ce règne, appuyant sa volonté de centralisation administrative (Israël comme peuple uni, ayant un fort passé commun) et sa volonté de centralisation du culte (à Jérusalem, aux dépens des anciens sanctuaires locaux). Il y trouve un allié précieux au service de la pureté de la foi. Il lutte contre le syncrétisme religieux et toutes les tentations idolâtriques, en particulier contre les mariages mixtes (porte d'entrée du mélange religieux) (Dtr1-auteur). Originaire du Centre, Ephraïmite sans doute, il fait la part belle aux anciennes traditions tribales et claniques de sa région (Dtr1-éditeur). Installé à Jérusalem, il a accès aux archives du Temple et de la Cour. Il est l'inspirateur de l'ensemble du mouvement deutéronomiste postérieur. On pourrait le résumer sous la formule:

une Loi, un Temple, un roi, une terre, un peuple.

Il est le principal auteur du livre de Josué (1° partie).

4. Le Deutéronomiste de l'époque de l'exil (6°s.) (Dtr2)

Autant le règne de Josias semblait prometteur et baignait dans l'optimisme, autant les choses se gâtèrent dès après la mort de ce roi (après une bataille, à Meggido, contre le pharaon Nekao II, en 609). Du côté de la Mésopotamie, une nouvelle puissance se levait (l'empire néo-babylonien remplaçant les dynasties néo-assyriennes), avec le fameux Nabuchodonosor qui assiège Jérusalem dès 597 (et une nouvelle fois en 587) et qui envoie une partie du peuple en exil à Babylone.

Le Deutéronomiste de cette époque est pessimiste. Pressentant la fin de la royauté davidique et craignant le pire pour l'existence d'Israël, il veut en sauver la mémoire. Lettré de la Cour ou du Temple, il a eu accès aux archives de ces institutions. Ayant survécu, ayant peut-être lui-même connu l'exil (ce qui suppose qu'il aurait pu emporter des archives), c'est lui qui les a édité (Dtr2-éditeur). Mais, comme théologien, il a voulu tirer les leçons de cette épreuve. Les événements sont interprétés d'un point de vue strictement religieux (sans aucune analyse politique), comme un avertissement divin ou, a posteriori, comme une punition à cause du non respect des prescriptions de la Loi. Il se concentre donc sur le respect de la Loi. En même temps, il veut rassurer. Il prodigue des conseils de courage et de persévérance pour traverser ces temps d'infortune. Il ne désespère pas que Yahvé suscitera un "sauveur" débouchant sur une période de repos. Mais celle-ci entraînera un relâchement religieux. L'auteur développe une vision cyclique négative. Sa formule serait:

la Loi, même sans temple, ni roi, ni terre.

C'est donc autour de la Loi que devra se reconstituer l'identité du Peuple.

Dans le livre de Josué, il est l'auteur du Prologue et de l'Epilogue.

Dans le livre des Juges, il est l'éditeur de récits épiques (dûment encadrés ou interpolés) et auteur de la 2° introduction (Jug.2,1 à 3,6) (chronologiquement la 1°), sa pièce maîtresse. Sa théologie y est très bien résumée:

LE SCHEMA DU DEUTERONOMISTE EXILIQUE en JUGES
(Dtr2-auteur)

- le temps de la faute: "Alors les Israélites firent ce qui est mal aux yeux de Yahvé et ils servirent les Baals ..."

- le temps de la punition: "Alors la colère de Yahvé s'enflamma contre Israël. Il les abandonna ... et il les livra (à l'ennemi) ..."

- le temps de la repentance: "Alors les Israélites crièrent vers Yahvé".

- le temps de la délivrance: "Alors Yahvé leur suscita des Juges qui les sauvèrent de la main de (leurs ennemis)".

- le temps du relâchement: "Alors les Israélites firent ce qui est mal aux yeux de Yahvé ..."

Au fil du livret, pour chacun des Juges, on remarquera que, pour certains, Dtr2 n'est pas intervenu du tout (la notice est alors celle du chroniqueur). Pour d'autres, il s'est contenté d'encadrer des récits existants afin de les orienter dans le sens de sa théologie (exposée dans son introduction 2,1 à 3,6). Plus précisément,

- la notice sur Otniel présente le schéma type de Dtr2, de la manière la plus brève et la plus neutre possible.

- La notice sur Ehud reçoit un encadrement Dtr2 (3,12.14.15 et 30). Le reste est constitué d'une tradition épique (contre Moab) et d'un récit populaire (sans haute théologie !) retranscrit par Dtr2-éditeur.

- La notice sur Shamgar est attribuable au chroniqueur, même si elle n'en reprend pas schéma et bien que le verbe "sauver" soit utilisé.

- Dans la notice sur Débora - Baraq, l'introduction est de Dtr2 (faute / punition / repentance: 4,1-3), ainsi que la conclusion (salut acquis: 5,31). Le corps du récit (4,4 à 5,30) est constitué d'entités littéraires pré-existantes (récits épiques, récits populaires, poésie épique et lyrique) dont Dtr2 s'est fait "éditeur".

- Concernant Gédéon (chap.6 à 8), l'introduction est de Dtr2 (6,1-10), ainsi que la conclusion (celle de 8,28: le salut acquis).

n.b.: deux thèmes spécifiques, relevant sans doute de Dtr3, sont également introduits dans le récit (décousu): la lutte contre le syncrétisme religieux (6,25-32; 8,24-27; 8,33-34) et la question de la monarchie (8,22-23). L'épisode d'Abimelek (chap.9), franchement anti-monarchiste, est également attribuable à Dtr3.

- La notice très brève sur Tola (10,1-2) est attribuable au chroniqueur (la mention, tout à fait isolée, du verbe "sauver" ne suffit pas pour qu'elle relève de la théologie deutéronomiste).

- La notice sur Yaïr (10,3-5) relève du chroniqueur.

- Celle, étendue, sur Jephté (10,6 à 12,7) a une introduction Dtr2 (10,6-16). Le long récit (bien structuré malgré les apparences) illustre le salut apporté par le personnage (par la victoire contre les Ammonites). (Dtr2-éditeur). La conclusion est celle du chroniqueur.

- Les notices sur Ibtsan (12,8-10), sur Elôn (12,11-12) et sur Abdôn (12,13-15) relèvent du chroniqueur.

- Dans le long "roman" de Samson (chap.13 à 16), seuls deux versets du tout début relève de Dtr2: 13,1 (la faute et la punition) et 13,5b (amorce de salut). Les quatre mentions sur "l'esprit de Yahvé (qui) fondit sur lui" (13,25 et 14,6; 14,19; 15,14) sont à relier à des exploits épiques (avec éléments yahvistes) et peuvent relever de Dtr2-éditeur.

- Dans les annexes (chap.17 à 21), les appels à l'union sacrée contre les Benjaminites (20,1.8.11) collent apparemment avec l'idéal de l'unité du "tout Israël, comme un seul homme" (chère à Dtr1) mais, en l'occurrence, dirigée contre l'une des tribus, elle ne peut fonctionner dans ce cadre. Ces mentions ont surtout une fonction stylistique de structuration de l'entité 20,1-11 et relèvent sans doute du Judéen, finalement sauveur du "petit reste" (chap.21).

5. Le Deutéronomiste post-exilique (fin 6°- 5°s.) (Dtr3)

Son profil ne serait pas trop difficile à cerner. Revenu d'exil, il est contemporain du Sacerdotal mais il ne croit pas au fait que la reconstruction du Temple soit la réponse adéquate à la crise religieuse. Il a fait l'expérience en exil qu'il y avait moyen de vivre sa foi sans le Temple. Il ne croit pas non plus que la théocratie que voudraient instaurer Esdras-Néhémie soit une bonne solution. Elle risque d'accaparer bien des énergies, de distraire du devoir religieux et de s'exposer à y contrevenir. Il ne rêve plus de monarchie terrestre pour Israël. Il en spiritualise entièrement la notion (une royauté divine) et l'universalise (en phase avec l'universalisme perse). Sceptique et inquiet quant aux choses humaines, il se réfugie dans le respect privé des prescriptions de la Loi (une orthopraxie). Partisan d'une "religion portative" où le Livre suffit, il a trouvé une voie pour défier toutes les situations. Sa formule serait:

notre Temple, notre roi, notre terre, c'est la Loi.

Il aurait fait un travail important de réviseur de textes déjà reçus (traditions yahvistes, élohistes, Dtr1, Dtr2) y introduisant de multiples incises ou additions; sa main serait partout mais difficile à détecter. En Josué, il est l'auteur du chap.24 (ajouté). En Juges, il serait intervenu par l'épisode de Gédéon contre Baal (Jug.6,25-32 et son parallèle antithétique 8,24-27), par la réplique de Gédéon à propos de la royauté (8,22-23) et par l'épisode d'Abimelek (chap.9).

6. La main sacerdotale

Le Sacerdotal est un auteur(s) de l'époque de la reconstruction du Temple et de l'Etat théocratique de Judée (c.520-320). Il est fier d'avoir restauré un Etat (bien que sous tutelle perse) et sûr de lui mais il est obligé de se centrer sur les aspects internes au judaïsme: sur la légitimité du sacerdoce et sur l'aspect liturgique du culte. Il est, comme Dtr1 et 2, auteur (ses apports propres) et éditeur (traditions anciennes retravaillées).

Dans le livre de Josué, l'aspect liturgique prend beaucoup de place:

- le passage du Jourdain comme procession (§1.4) (Jos.chap.3-4)
- la circoncision à Gilgal (Jos.chap.5) (non traité)
- la prise de Jéricho (§1.5) (Jos.6,1-27)
- sacrifice et lecture de la Loi sur le mont Ebal (Jos.8,30-35)
- les villes refuges et lévitiques (§1.14) (Jos.20 et 21)
- l'affaire de l'autel aux abords du Jourdain (§1.17) (Jos.22,9-34).

Le rôle de Josué est plutôt occulté au profit des pouvoirs civils et religieux (comme en Jos.9,3-16 ou 22,9-34).

Dans le livre des Juges, le Sacerdotal est très présent dans les annexes (chap.17 à 20 en tout cas). Il y s'agit, tout au long, d'un lévite (17,7; ... 18,3; ...; 18,15; ... 18,27 et 19,1; ...; 19,15; ...; 20,4), personnage absent de tout le reste du livret en dehors des annexes.

Dans le chapitre 17, le personnage du lévite vient à l'avant-plan (17,7.9.10.11.12.13). Mais ce n'est pas le caractère narratif lié à ce lévite qui est important. Le Sacerdotal s'y attaque à des questions internes au culte et au sacerdoce. Il se prononce indirectement contre le culte domestique (17,2-4), contre la transmission domestique du sacerdoce (17,5-6) et contre la vénalité de la fonction (17,7-13).

Dans le chap.18, le lévite reste très présent (18,3-6 et 18,15-20) mais le thème est celui de la migration des Danites, tradition ancienne, inconnue ou négligée du Chroniqueur et à laquelle le Sacerdotal donne sa place. Le Sacerdotal en profite surtout pour dénigrer le culte danite en montrant comment il serait le fruit d'un culte légitime au départ (puisqu' assumé par un lévite) mais d'un lévite vénal et déloyal et, de plus, objet d'un rapt de la part de gens sans scrupules et violents (et non instauré par une autorité sacerdotale compétente).

Au chap.19, le lévite n'est plus que l'occasion (artificielle) d'un épisode sur le conflit entre Benjamin et les autres tribus d'Israël. Comme tel, il n'est plus cité qu'une fois en ouverture de l'épisode (19,1). Par après, il n'est plus cité que sous la forme plus neutre de "l'homme" (19,6.7.9.10.22.24.25.28: 8 x). Autrement dit, le Sacerdotal a voulu ménager une transition narrative mais la tradition reçue est étrangère au personnage du lévite. Il s'agit d'une autre tradition ancienne, inconnue ou négligée du Chroniqueur et à laquelle le Sacerdotal donne une place. Des conflits (et non point un seul) entre la tribu de Benjamin et ses tribus voisines (Ephraïm, Gad et des clans du futur Juda; mais non "tout Israël") sont tout à fait vraisemblables mais que la cause puisse en être la mésaventure de ce lévite est tout à fait invraisemblable. Cette mise en scène est également due à l'intervention du Sacerdotal pour qui la sodomie (v.24b "mais envers cet homme, ne commettez pas cette insanité") est une infraction abominable (Lv.18,22; 20,13 et le cri d'indignation en Jug.19,30 ainsi que sa reprise en 20,4-7).

Le chap.20 est le développement logique de cette tradition du conflit entre Benjamin et ses voisins. Le lévite n'y a plus qu'une place de référence au fait précité (20,4) mais la narration du conflit domine. Le Sacerdotal y est cependant fortement intervenu. En faisant état, systématiquement, de toutes les consultations auprès de Yahvé de la part des coalisés avant chaque combat (20,18.23.26.27.28), le Sacerdotal entend faire comprendre que c'est le respect scrupuleux des prescriptions religieuses qui a apporté la victoire sur Benjamin. Le Sacerdotal tient aussi à citer le sanctuaire de Béthel (20,18.(23). 26), devenu impie certes après le Schisme entre les royaumes du Nord et du Sud mais auparavant sanctuaire principal et auquel était attaché de vénérables traditions patriarcales (Gn.12,8; 28,17; 35,1-15). Le Sacerdotal n'y fait peut-être référence que pour placer son incise très "sacerdotale": " l'arche de l'Alliance de Dieu se trouvait alors en cet endroit et Pinhas, fils d'Eléazar, fils d'Aaron, en ce temps-là, la desservait" (v.27b-28a), vieux souvenir devenu imprécis car l'arche se trouvait à Silo (cf.Jos.18,1 ou 1Sam.4,3-11) et anachronique car il nous ferait remonter à l'époque de Moïse (cf. Nbr.25,7-13) mais souvenir d'un prêtre très zélé. De plus, le Sacerdotal n'a pas vraiment tenu compte de la manière -méprisante- dont le Judéen parlait de Béthel dans son introduction (Jug.1,22-26). Le Sacerdotal a plus de respect pour ce haut-lieu sacré que le Judéen qui n'y voit qu'une tradition du Nord et un lieu de culte longtemps resté concurrent de Jérusalem.

Le chap.21 concerne le remord des tribus d'avoir presque anéanti la tribu de Benjamin. Il n'est pas la suite nécessaire du chap.20. Cette finale est sans doute l'oeuvre du Judéen (formant ainsi inclusion avec son introduction). De nombreuses interventions sacerdotales y sont cependant présentes. En particulier,

- le grand remord a pour cadre le sanctuaire de Béthel (haut-lieu sacré cité en 20,18.(23). 26) et est l'occasion de cérémonies religieuses (v.2-5), alors qu'un texte sans doute initial comportait déjà une cérémonie profane (v.6-7) introduisant la tradition de Yabesh (v.8-14).

- le respect scrupuleux des serments (21,1.5.(7).18) est un thème cher au Sacerdotal. Un pareil voeu avait été prononcé par Jephté (Jug.11,30-31 et 34-40) donnant lieu à une issue dramatique non désirée. Ici, le rappel du serment vient opportunément donner place à deux petites traditions indépendantes dont l'une (celle, profane, de Yabesh: 21,8-14) serait plutôt judéenne et l'autre (celle religieuse, de Silo: 21,15-23) serait sacerdotale.

- Silo avait été un haut-lieu sacré d'Israël. L'Arche y avait séjourné (1Sam.4) avant qu'elle ne puisse être amenée à Jérusalem. Le site avait été lié à de nombreux événements communautaires (Jos.18,1; 22,12). Son sanctuaire avait été celui d'Eli et de Samuel (1Sam.2) et fut lieu de pèlerinage. Mais il était tombé en disgrâce (Jér.7,12). Le Sacerdotal ne dit mot de ce glorieux passé et traite les événements qui s'y passent de "fêtes populaires", occasions de dévergondage et donc propice à un rapt de jeunes filles. Le rédacteur justifie le doublet par un trop peu de jeunes filles raflées lors de la première opération (v.14b: "Mais il n'y en eut pas assez pour tous").

7. Une main judéenne

Le Judéen est un auteur de l'époque de l'Etat théocratique (c.350) et du Temple reconstruit, proche du Sacerdotal, fier d'être Judéen et sûr du rôle que pourra jouer son groupe socio-religieux (ceux qui sont revenus de l'exil de Babylone, la *Gola*) et sa région (dernière portion de territoire relativement autonome). A ce titre, il se sent héritier et protecteur de la foi juive (et, de fait, fondateur du judaïsme proprement dit). Il ne pouvait pas savoir que l'aspect territorial allait être éphémère.
Sa formule serait:

Nous avons, à nouveau, un Temple et une Terre.

Il n'est pas intervenu dans le livre de Josué (Jos.14,6 à 15,63 et 19,1-9, consacrés à Caleb, Juda et Siméon, seraient du chroniqueur).

Dans le livre des Juges, on peut lui attribuer:

- la première introduction (Jug.1,1-35), celle mise en mise en tête du livret postérieurement, revalorisant le rôle de la tribu de Juda, tribu du Sud (Jug.1,1-21) et dépréciant le rôle de toutes les autres tribus (Jug.1,22 à 35 ou 36).

- La main du Judéen est également visible dans la mise en première place du personnage d'Otniel, de la tribu de Caleb assimilée à Juda (Jug.3,7-11) bien que la notice elle-même soit de rédaction Dtr2 (le rédacteur judéen peut très bien avoir recopié pour la circonstance la teneur de 2,11 à 19).

- Le Judéen n'est pas l'auteur du corps du livret (qui relève du Chroniqueur ou de Dtr2-éditeur pour les traditions rapportées et de Dtr2-

auteur pour les encadrements à celles-ci) mais il n'est peut-être pas étranger à la manière de tourner en ridicule les juges mentionnés (l'exploit cocasse et truculent d'Ehud qui ne réussit que par ruse, l'exploit ridicule de Shamgar, un Baraq qui arrive quand tout est fini, le stratagème amusant des cruches et des torches de la part de Gédéon, les trente ânons de Yaïr, Jephté fils d'une prostituée et assez vaniteux, les 70 ânons d'Abdôn, les exploits rocambolesques de Samson, ...). S'il n'est pas intervenu dans ces notations peu relevées, elles convenaient parfaitement à ses vues dépréciatives sur les traditions du Centre et du Nord.

- Sa main est encore bien présente dans les annexes,

- avec le slogan pro-monarchique (la monarchie fut judéenne): "En ce temps-là il n'y avait pas de roi en Israël et chacun faisait ce qui (semblait) juste à ses yeux" qui encadre et ponctue ces annexes (17,6; 18,1; 19,1; 21,25) et absent du reste du livret,

- avec l'incise de 20,18: "Qui de nous, dirent les fils d'Israël, montera le premier au combat contre les fils de Benjamin ? Yahvé dit: "C'est Juda qui montera en premier". Cette incise (narrativement hors de propos) n'est pas la relation ni la reconstitution d'un fait puisque, à l'époque présumée de ceux-ci, la tribu de Juda n'existait pas (pas avant l'époque monarchique) et qu'une coalition des "fils d'Israël" contre Benjamin n'existait pas non plus (mais peut-être bien de ses tribus voisines). Le Judéen tient à marquer la (future) place de Juda dans la mise sous tutelle des Benjaminites qui, historiquement, finiront par s'assimiler à Juda à l'époque monarchique.

- avec le chapitre 21 qui concerne le remord des tribus d'avoir presque anéanti la tribu de Benjamin. Il n'est pas la suite nécessaire du chap.20. Cette finale est sans doute l'oeuvre du Judéen (formant ainsi inclusion avec son introduction) qui voulait aménager une transition vers l'émergence de la monarchie. Saül, le premier roi, était en effet un benjaminite (il fallait donc expliquer qu'il y en avait encore) et, surtout, c'est lui qui transférera le pouvoir à un judéen, David. D'autre part, à l'époque monarchique, Benjamin avait fusionné avec Juda (et méritait donc de subsister). Ce chapitre mentionne deux petites traditions indépendantes pour expliciter comment on a pensé repeupler la tribu de Benjamin. Elles apparaissent comme des doublets malhabilement raccordés par la petite incise "mais il n'y en eut pas assez" (v.14b). La première (celle, profane, de Yabesh en 21,8-14) serait plutôt judéenne et l'autre (celle religieuse, de Silo en 21,15-23) serait sacerdotale.

Le rédacteur biblique n'est pas toujours sérieux. Il s'adonne parfois à des jeux de mots, souvent liés à des toponymes, que ses auditeurs et lecteurs hébreux devaient apprécier. Ceux-ci n'apparaissent jamais dans les traductions. Il est utile de les repérer car il ne faudrait pas échafauder des théories théologiques sur ce qui n'est peut-être que boutade. Parfois le jeu de mots permet aussi de trancher entre une leçon manuscrite ou une autre ou de la compléter.

- en Josué

Ayant enfreint les prescriptions du *herem*, un certain Akan/Akar avait causé l'échec de la première tentative de la prise d'Aï, portant ainsi malheur à tout le peuple (Jos. 7,1-26; §1.6). La sanction avait été la lapidation du coupable. Le nom est certainement Akar (et non Akan) et il est inventé de toute pièce sur base du verbe *âkar* qui signifie "porter malheur". Il correspond aussi à une explication légendaire du nom de la vallée d'Akor et à l'existence d'un tell (élévation d'un monceau de pierres ou de terre comme sépulture) à cet endroit.

Au moment de sa prise (Jos.8,1-29; §1.7), la ville d'Aï n'était plus qu'un très lointain souvenir. Seule subsistait une "ruine" (*aï* en hébreu) (v.28), un "tas de pierres", un "tell" (rappelant la malédiction d'Akâr en Jos.7,26). Le nom propre de la ville n'est autre que le nom commun pour "ruine".

Dans le cadre de la polémique autour d'un monument controversé (Jos.22,9-34; §1.17), celui-ci reçoit probablement le nom de Galaad (mais le mot est manquant en hébreu). L'explication qui suit le suggère: "car il sera un témoin (°*ed*) entre nous" (v.34). La restitution complète du nom est rendue possible grâce à Gn.31,47-48 où un Monceau (*gal*) - Témoin (°*ed*) matérialisait l'accord final entre Laban et Jacob (de même origine araméenne mais aux destins séparés comme dans le cas des tribus Cis- et Trans-jordaniennes) donnant son nom (*Gal-°ed* > Gala-°ad) à la région et à la tribu qui l'occupait.

- en Juges

Un sévère avertissement est émis par "l'ange de Yahvé" en Juges 2,1 (§2.2 Le cycle de la faute) à Béthel (selon le texte grec de la LXX, souvent repris par les traductions) mais à Bokhîm (selon toute la tradition manuscrite hébraïque). La LXX fait une correction "logique" car il n'y a pas de sanctuaire à Bokhîm mais bien à Béthel (géographiquement proche selon Gn.35,8) et que l'on vient de faire allusion à Béthel dans l'épisode précédent (en 1,22-26). C'est ne pas voir le jeu de mots. En effet, Bokhîm signifie "les pleurants" et est re-cité comme toponyme au v.5. (où la LXX ne "corrige" pas). Or le verset précédent venait de faire allusion au peuple "qui se mit à crier et à pleurer" (v.4). Le v.1 fait inclusion avec le v.5, déterminant ainsi une petite unité littéraire, totalement indépendante de 1,22-26 et dont la tonalité est bien celle de la lamentation.

Le père de Gédéon, Yoash, peut-être prêtre d'un sanctuaire cananéen dédié aux Baals (Juges 6,25-32, §2.7), interpellé par ses fidèles, prend la défense de son fils qui venait d'abattre les autels de ces divinités. Il livre un argument décisif: "si Baal est bien un dieu, alors il n'a pas besoin de ses adeptes pour se défendre, qu'il se défende lui-même" (v.31) ! Il avait pourtant donné à son fils Gédéon un nom lié au dieu Baal et à la notion de défense: "Yeroubaal" signifie en effet: "Que Baal défende" (Qu'il protège celui qui porte son nom). Le rédacteur se tord les méninges pour lui faire dire l'inverse: "Que Baal s'en prenne à lui, puisqu'il a détruit son autel" (v.32).

Le juge Yaïr (Juges 10,3-5, §2.9) est dit posséder trente "villes" et disposer de trente ânons (pour ses trente fils). En fait, il n'était sans doute qu'un petit chef d'une trentaine de campement nomades: les "douars" de Yaïr. Le requalification en "villes" et la mention des ânons ne se justifient que pour le plaisir du jeu de mots. En effet, en hébreu, ânon se dit *°yr*, comme le mot ville (*°yr*) et comme le nom de notre héros *y'r* (radicales différentes mais même prononciation).

Parmi les exploits de Samson, il y a celui de la mâchoire d'âne (Juges 15,9-19, §2.14). Le jeu de mot se fait entre mâchoire (*lekhi*) et un toponyme (L*ekhi*) et, plus précisément, Ramat-Lekhi (Hauteur de Lekhi) (v.14-17), amenant le jeu d'association sémantique qui suit avec "monticule" où il se fait entre âne (*khamor*) et monticule (*khômer*) (v.16) (un monticule de cadavres de Philistins tués avec une mâchoire d'âne).

Après cet exploit, Samson a grande soif et il s'adresse à Dieu pour qu'il lui donne à boire. Dieu fait aussitôt sortir de l'eau d'une source. "C'est pourquoi on a donné le nom (*qara chemah*) de *Ein-ha-Qoré* à cette source" (c'est-à-dire: la source de celui qui a appelé" (*qoré*) (celui qui a appelé Dieu pour trouver de quoi se désaltérer) (v.18-19).

Système de transcription de l'hébreu et du grec en caractères latins

Il y a une parenté (phénicienne) entre l'hébreu et le grec.
L'hébreu n'inclut pas les voyelles dans l'alphabet.

hébreu			grec	
'	aleph		**a**	alpha
b	beth		**b**	bèta
g	gimel		**g**	gamma
d	daleth		**d**	delta
			e	e-psilon
h	hé			
w	waw		(w)	digamma (disparu)
z	zaîn		**z**	zêta
kh	khet			
			è	êta
th	theth		**th**	thêta
y	yod	(y comme radicale,	(y)	(yod: devenu i souscrit)
		i comme mater lexionis)	**i**	iôta
		(j germanique)		
k	kaf		**k**	kappa
l	lamed		**l**	lambda
m	mem		**m**	mu
n	nun		**n**	nu
			x	ksi
			o	omicron
s	samek			
°	a°yîn	(° pour éviter la confusion avec yod)		
p	pé ou phé		**p**	pi
ts	tsadé			
q	qof		(q français)	
r	resh		**r**	rhô
			s	sigma (cf *samek* hébreu)
sh	shin			
ch	chin			
t	taw		**t**	tau
			u	u-psilon (i-grec en français)
			ph	phi (cf p hébreu aspiré)
			kh	khi (cf kh hébreu)
			ps	psi
			ô	ômega
22 lettres (sh et ch = 1)			24 lettres	

BIBLIOGRAPHIE SOMMAIRE

Problématique générale

- NOËL, Damien, Les origines d'Israël, Cahiers Evangile 99, Cerf, Paris, 1997
- RÖMER, Thomas, La première histoire d'Israël: l'école deutéronomiste à l'oeuvre, Le monde de la Bible 56, Labor et Fides, Genève, 2007

Josué

- ABADIE, Philippe, Le livre de Josué: critique historique, Cahiers Evangile 134, Cerf, Paris, 2006
- AUZOU, Georges, Le don d'une conquête: Etude du livre de Josué, coll. Commentaire de la Bible 4, éd. de l'Orante, Paris, 1964
- BOLING & WRIGHT, Joshua, coll. Anchor Bible 6, Doubleday, New-York, 1982
- SOGGIN, Alberto J., Le livre de Josué, Commentaire de l'AT 5a, Labor et Fides, Neuchâtel, 1970

Juges

- ABADIE, Philippe, Le livre des Juges, Cahiers Evangile 125, Cerf, Paris, 2004
- AUZOU, Georges, La force de l'esprit: Etude du livre des Juges, coll. Commentaire de la Bible 5, éd. de l'Orante, Paris, 1966
- BOLING, Robert .G, Judges, coll. Anchor Bible 6a, Doubleday, New-York, 1975
- LAGRANGE, M-J, Le livre des Juges, coll. Etudes bibliques, Lecoffre, Paris, 1903
- SOGGIN, Alberto J., Le livre des Juges, Commentaire de l'AT 5b, Labor et Fides, Genève, 1987

INDEX
des notions d'anthropologie de la violence
(on ne retient pas ici les notions de théologie)

JOSUÉ

Alliance
- entre peuples §1.8 avec les Gabaonites
- avec Dieu §1.18 le pacte de Sichem

Asile §1.14 Les villes refuge

Conciliation (tentative de)
§1.8 ambassade des Gabaonites auprès de Josué
§1.16 résolution d'un conflit entre tribus (Cis- et Transjordanie)

Confrontations (batailles)
§1.7 la prise de la ville d'Aï
§1.9 la bataille de Gabaon (conquête des villes du Sud)
§1.10 la bataille aux Eaux de Mérom (conquête des villes du Nord)

Guerre
- de conquête de la Terre Promise (à caractère sacral)
  - §1.4 Le passage du Jourdain
  - §1.5 La prise de Jéricho
  - §1.7 La prise d'Aï
  - §1.9 Conquête des villes du Sud
  - §1.10 Conquête des villes du Nord
  - §1.11 Récapitulatif des régions conquises
  - §1.12 Le pays qui reste à conquérir
  - §1.17 Epilogue: le bilan
- effort de guerre
  - §1.2 La mobilisation des tribus transjordaniennes
  - §1.15 La démobilisation des tribus transjordaniennes

Herem (destruction totale après conquête)
§1.5 suite à la prise de Jéricho
§1.6 échec devant Aï (à cause du non-respect du voeu)
§1.7 prise d'Aï (avec respect du voeu)
§1.9 suite à la conquête des six villes du Sud
§1.10 suite à la prise de la ville d'Hatsor (et autres) du Nord

Pouvoir (formes de)
- Josué, chef de guerre, successeur de Moïse, avalisé par Yahvé
    - §1.1 et multi
- fonctionnaires (du campement) §1.2 et 4 (Jos.1,10 et 3,2)
- notables §1.8 négociations avec les Gabaonites (sans Josué)
- Eléazar (prêtre), Josué et les chefs de familles
    - §1.13 Répartition entre les tribus (Jos.14,1; et 19,51)
    - §1.14 Attribution des villes lévitiques (Jos.21,1)
- Pinhas (prêtre) et chefs de familles, toute la communauté
    - §1.16 Polémique autour d'un autel (Jos.22,13-14; 22,30-32)
- Josué aux Anciens, chefs, juges et scribes (pouvoirs civils)
    - §1.17 Dernier discours de Josué (Jos.23,2)
    - §1.18 Pacte de Sichem (Jos.24,1)

Ségrégation (sur base du purisme religieux)
- §1.8 Dépassement de ce critère obtenu par ruse par Gabaon
- §1.16 La Transjordanie, un pays "impur" ?
- §1.17 Epilogue: recommandation de non-mixité religieuse

Soutien (soutien divin à son peuple)
- promis "que j'ai juré de donner à ..."
    - §1.1 Prologue: je serai avec toi
    - §1.9 Conquête des villes du Sud
    - §1.10 Conquête des villes du Nord
- acquis "que j'ai donné conformément au serment fait à ..."
    - §1.5 La prise de Jéricho
    - §1.7 La prise d'Aï
    - §1.9 Conquête des villes du Sud
    - §1.10 Conquête des villes du Nord
- conditionné
    - §1.6 Echec devant Aï (non respect du *herem*)
    - §1.17 Epilogue: menaces en cas de non respect

Terre (don, possession, accaparement, ...)
- donnée §1.1 Prologue
- conquise §1.9 Conquête des villes du Sud
    - §1.10 Conquête des villes du Nord
- "héritée" §1.2 La mobilisation "pour aller prendre possession"
    - §1.10 Conquête des villes du Nord (conclusion)
    - §1.12 Le pays qui reste à conquérir (mais déjà échu en héritage") (conclusion)
    - §1.17 Epilogue: bilan

- à attribuer
§1.11 Récapitulatif des régions conquises
§1.12 Le pays qui reste à conquérir
(à attribuer par avance)
§1.13 La répartition du pays entre les tribus
- critère de répartition
§1.13 Répartition (par le sort) entre les tribus israélites
- mixité d'occupation
§1.13 La répartition du pays entre les tribus

Tranquillité / Repos
§1.2 et 15 Repos promis aux tribus transjordaniennes
§1.10 Conquête des villes du Nord (conclusion)
§1.17 Epilogue: bilan

JUGES

Conciliation (tentative de)
§2.10 Ambassade de Jephté auprès des Ammonites (échec)
§2.17 entre Ephraïm et Benjamin (échec)

Confrontations (batailles)
§2.6 Bataille au Torrent de Qishôn (Baraq / Sisera)
§2.7 Bataille contre les Madianites (Gédéon)
§2.10 Bataille contre les Ammonites (Jephté)
§2.10 Conflit entre Ephraïm et Galaad (Jephté)
§2.14 Samson contre les Philistins (exploits divers)
§2.16 Expédition des Danites contre la ville de Laïsh
§2.17 Coalition des tribus contre celle de Benjamin
§2.17 Expédition des tribus contre la ville de Yabesh

Herem
§2.17 contre Guibéa de Benjamin

Ligues (de tribus)
§2.6 sous le commandement de Baraq
§2.7 autour de Gédéon
§2.17 Coalition des tribus contre celle de Benjamin

Pouvoir (les formes de)

- le juge
  - §2.3 Otniel (simple titre)
  - §2.6 Débora (fonction)
  - §2.8 Tola (simple titre)
  - §2.9 Yaïr (simple titre)
  - §2.10 Jephté (titre, en addition à son rôle de sauveur: 12,7)
  - §2.11 Ibtsân (simple titre)
  - §2.12 Elôn (simple titre)
  - §2.13 Abdôn (simple titre)
  - §2.14 Samson (simple titre, en addition: 15,20 et 16,31)
- le sauveur
  - §2.3 Otniel (simple titre)
  - §2.4 Ehud (simple titre)
  - §2.5 Shamgar (simple titre)
  - §2.6 Baraq (récit circonstancié)
  - §2.7 Gédéon (récit circonstancié)
  - §2.8 Tola (simple titre)
  - §2.14 Samson ("il commença à sauver" Jos.13,5c)
- le chef de guerre (avec charisme prophétique)
  - §2.6 Baraq (le charisme prophétique est dévolu à Débora)
  - §2.7 Gédéon
  - §2.10 Jephté
- le roi
  - §2.7 Gédéon (royauté proposée et refusée: 8,22-23)
  - §2.7 Abimelek (royauté usurpée: chap.9)
- les pouvoirs civils (anciens, chefs, assemblées du peuple)
  - §2.10 Les anciens de Galaad choisissant Jephté (11,4-11)
  - §2.17 Mobilisation contre Benjamin (20,2)
- le naziréat (en tant que secret de la force)
  - §2.14 Samson
- le clergé
  - §2.15 Un lévite servant de caution à un culte domestique
  - §2.16 Un lévite servant de caution au culte danite
  - §2.17 Un lévite déshonoré par les Benjaminites
- l'anarchie §2.15 à 17 l'anarchie avant la monarchie
  (chap.17 à 21: 17,6; 18,1; 19,1; 21,25)

Réhabilitation

- §2.17 (chap.21) Réhabilitation de la tribu de Benjamin

Ségrégation (sur base du purisme religieux)
§2.2 Le cycle de la faute
§2.7 La lutte contre les Baals (au crédit de Gédéon)
Le retour aux cultes idolâtres (au discrédit de Gédéon)
§2.10 Le temps de la faute (époque de Jephté)

Soutien (divin à son peuple)
- indirect §2.3 Otniel (simple mention)
§2.4 Ehud (simple mention)
§2.5 Shamgar (simple mention)
- direct et indirect
§2.6 Baraq (récit circonstancié)
§2.7 Gédéon (récit circonstancié)
§2.14 Samson (récit circonstancié)
- conditionné
§2.2 Explication des échecs passés et futurs
(par le non respect des prescriptions religieuses)
§2.7 Condition religieuse non remplie (Gédéon)

Terre
- conquise et non conquise
§2.1 Une installation difficile en Canaan
- "héritée"
§2.17 (chap.21) Conclusion: chacun en son héritage

Tranquillité / Repos
§2.2 Le temps du repos (dans le cycle de la faute) (exposé)
§2.3,4,6,7 Le temps du repos (dans le cycle de la faute) (reprises)

Vengeance
§2.7 Vengeances de Gédéon
§2.14 Vengeances de Samson (exploits divers)

TABLE DES MATIERES

CHAPITRE 1: le livre de Josué

Eléments introductifs:
- Chronologie comparée (événementielle et rédactionnelle)
- Plan du livre de Josué

Textes étudiés

§1.1	Jos.1,1-9	Prologue: le rappel de la Promesse (Yahvé)
§1.2	Jos.1,10-18	La mobilisation des tribus transjordaniennes
§1.3	Jos.2,1-24	Une mission de reconnaissance à Jéricho
§1.4	Jos.3,1-17	Le passage du Jourdain
§1.5	Jos.6,1-27	La prise de Jéricho
§1.6	Jos.7, 1-26	L' échec devant Aï
§1.7	Jos.8,1-29	La prise d'Aï
§1.8	Jos.9,1-27	Alliance avec Gabaon
§1.9	Jos.10,1-43	Conquête des villes du Sud
§1.10	Jos. 11,1 - 23	Conquête des villes du Nord
§1.11	Jos. 12,1-24	Récapitulatif des régions conquises
§1.12	Jos. 13,1-6	Une répartition par avance
§1.13	Jos. 13,7 à 19,51	La répartition entre les tribus
§1.14	Jos. 20,1-9	Les villes refuges
[§]	Jos. 21,43-45	Conclusion du partage
§1.15	Jos.22,1-8	La démobilisation des tribus transjordaniennes
§1.16	Jos.22,9-34	L'unité religieuse au-delà des frontières
§1.17	Jos.23, 1-16	Epilogue: la Promesse réalisée (Josué)
§1.18	Jos.24,1-28	Addition: le pacte de Sichem

Encarts documentaires:
- Violence, guerre et paix à l'époque de Josué
- Armée et armement d'après les récits épiques en Josué
- Le système tribal: historique (l'élément tribal 1) (après le §1.13)

CHAPITRE 2: le livre des Juges

Eléments introductifs:
- Chronologie comparée (événementielle et rédactionnelle)
- Plan du livre des Juges

Textes étudiés:

§2.1 Jug.1,1-36 Introduction judéenne: Une installation difficile en Canaan
§2.2 Jug.2,1 à 3,6 Introduction deutéronomiste: Le cycle de la faute

§2.3 Jug.3,7-11 Otniel
§2.4 Jug.3,12-30 Ehud
§2.5 Jug. 3,31 Shamgar
§2.6 Jug. chap. 4 et 5 Debora - Baraq
§2.7 Jug. chap.6 à 9 Gedeon - Abimelek
§2.8 Jug.10,1-2 Tola
§2.9 Jug.10,3-5 Yair
§2.10 Jug. chap.10,6 à 12,7 Jephté
§2.11 Jug. 12,8-10 Ibtsan
§2.12 Jug. 12,11-12 Elôn
§2.13 Jug. 12,13-15 Abdôn
§2.14 Jug. chap.13 à 16 Samson

§2.15 Jug. chap.17 Le sort de l'idole de Mika-Yehou
§2.16 Jug. chap.18 Le sort de la tribu de Dan
§2.17 Jug. chap.19 et 20 Le sort de la tribu de Benjamin
§2.18 Jug.chap.21 La réhabilitation de la tribu de Benjamin

Encarts documentaires:

- La répartition géographique des tribus (élément tribal 2) (après §2.1)
- La répartition tribus - juges (élément tribal 3) (après §2.2)
- Violence, guerre et paix à l'époque des Juges
- Armée et armement d'après les récits épiques en Juges

Annexes:

- Les "mains" rédactionnelles dans les livres de Josué et Juges
- Jeux de mots en Josué et Juges
- Le système de transcription de l'hébreu ou du grec en caractères latins

BIBLIOGRAPHIE

INDEX

du même auteur
aux mêmes éditions

- Ta Parole, une lumière sur ma route
  Toutes les homélies pour l'année A
  (ISBN: 978-3-330-70701-6)

- Ta Parole, mon ravissement
  Toutes les homélies pour l'année B
  (ISBN: 978-3-330-70780-1)

- Tout près de toi, cette Parole
  Toutes les homélies pour l'année C
  (ISBN: 978-3-8416-9818-6)

- Violence, guerre et paix dans les écrits bibliques,
  I le Pentateuque
  (ISBN: 978-613-7-36742-1)
  II Josué, Juges
  (le présent volume)

- Guerre et paix dans la pensée profane et chrétienne
  I de l'Antiquité à la Renaissance
  (ISBN: 978-613-7-37239-5)

- Choisis la vie
  Valeurs de vie dans leur enracinement biblique
  (ISBN: 978-613-7-36331-7)

chez Generis Publishing

- L'usage du mot hébreu "*nepech*" dans la Bible
  et sa traduction par "âme"
  (ISBN: 978-9975-153-40-9)

Michael Titze

Humor in der Rhetorik

Eine praktische Einführung

Trainerverlag

Imprint
Any brand names and product names mentioned in this book are subject to trademark, brand or patent protection and are trademarks or registered trademarks of their respective holders. The use of brand names, product names, common names, trade names, product descriptions etc. even without a particular marking in this work is in no way to be construed to mean that such names may be regarded as unrestricted in respect of trademark and brand protection legislation and could thus be used by anyone.

Cover image: Vom Autor bereitgestellt

Publisher:
Der Trainerverlag
is a trademark of
International Book Market Service Ltd., member of OmniScriptum Publishing Group
17 Meldrum Street, Beau Bassin 71504, Mauritius

Printed at: see last page
ISBN: 978-620-0-76787-5

Michael Titze

Humor in der Rhetorik

Eine praktische Einführung

Inhaltsverzeichnis

1 Zur Einführung 4

Wie Schlagfertigkeit uns an- und umtreibt 5

Wie aggressiv darf die Widerrede sein? 6

Die Bedeutung der Körpersprache 8

Rechtfertigungen und Kontra-Rechtfertigungen 9

2 Die Sprache des Humors 13

Verrücktheiten als Ausdruck von logischem Eigensinn 15

3 Der paradoxe Widersinn 20

Paradoxe Strategien in der Rhetorik 24

Non sequiturs 26

Die paradoxen Sprachspiele von Dada 27

Paradoxien in der bildendenden Kunst 31

Paradoxien in der Dichtung 34

4 Die Körpersprache 38

Körperhaltung und interaktiver Status 44

Hochstatus 45

Tiefstatus 48

5 Kontraste 52

Der komische Kontrast 54

Kontrast von Wortsprache und Körpersprache 55

Widersinnige Sprichwörter 57

6 Der närrische Mensch 59

Der Dummschlaue 63

Ironische Verstellung 67

Selbstironie 68

7 Persönlichkeitstypische Rhetorik 73

Aktionsradius und Aktivitätsgrad 74

8 Der aggressive Aktionsradius **78**
Der mächtige „Boss" (aktiv aggressiver Typ) 79
Aggressive Schlagfertigkeit 81
Auch Redner leisten Kriegsdienste 81
Dem Schlag folgt ein Gegenschlag 82
Der „Boss" als TV-Moderator 84
Donald Trumps bissige Rhetorik 86
Der attraktive Star (passiv aggressiver Typ) 87
Skurril wie Diogenes 90

9 Der regressive Aktionsradius **95**
Der fleißige „Eremit"(aktiv regressiver Typ) 96
Der paradoxe Umgang mit regressiven Ressourcen 98
Die Rhetorik des „Eremiten" 99
Ironische Treuherzigkeit 101
Sokratische Gegenfragen 101
Gewinnen durch Nachgeben: Die „Judo-Methode" 103
Columbo als Tiefstatus-Spezialist 108
Beziehungsfördernde Komplimente 111
Die Strategie der positiven Augen 113
Der arme „Lazarus" (passiv regressiver Typ) 118
Beredsame Beschwerden 120
Das Ecce homo-Prinzip 121

10 Abschließende Bemerkungen **126**

11 Literatur **129**

12 Fragebogen **132**

1 Zur Einführung

Dieses Buch ist in erster Linie an der Praxis orientiert. Die Inhalte orientieren sich an Leitlinien, die vom jeweiligen Persönlichkeitstypus eines Menschen vorgegeben werden. Erst unter dieser Voraussetzung lässt sich ein tatsächlich authentischer Rede- und Argumentationsstil entwickeln, der Ausdruck der persönlichen Kompetenzen ist. Auf diese individuellen Ressourcen sollten wir gerade auch bei verbalen Auseinandersetzungen zurückgreifen, um überzeugend zu argumentieren.

Damit Sie sich selbst typologisch einschätzen können, brauchen Sie lediglich den Fragebogen im Anhang dieses Buches auszuwerten (Kapitel **12**). So können Sie leicht ermitteln, ob Sie eher dem aggressiven oder dem regressiven Grundtyp zuneigen. Sobald dies geklärt ist, dürfte es Ihnen wahrscheinlich leichter fallen, sich für eine rhetorische Strategie zu entscheiden, die für Sie angemessen bzw. „typisch" ist.

Die unvermeidlichen theoretischen Grundlagen werden, um die Lektüre zu erleichtern, zum Teil in die Fußnoten ausgelagert. Die zitierten Literaturangaben finden Sie am Ende des Buches.

Damit Ihnen nichts entgeht, empfiehlt es sich, dieses Buch chronologisch zu lesen. Wenn Sie möchten, können Sie es aber auch spontan aufschlagen, um sich dann kapitelweise anregen zu lassen. Die eingestreuten Übungen, Anekdoten und Beispiele für die verschiedenen Möglichkeiten einer witzigen Widerrede können als „Warm-up" für einen effizienten Wortwechsel im Alltagsleben dienen. Damit Sie gleich sehen, zu welchem Persönlichkeitstypus dies jeweils passt, werden die entsprechenden Beispiele durch einprägsame Piktogramme markiert.

Und hier noch ein wichtiger formaler Hinweis: Wenn im folgenden Text das generische Maskulinum in Bezug auf nicht konkrete Personen verwendet wird, geschieht dies grundsätzlich geschlechtsabstrahierend und aus strikt pragmatischen Gründen, die allein die Leseleichtigkeit des Textes betreffen.

Wie Schlagfertigkeit uns an- und umtreibt

Kennen Sie das: Ein wortgewandter Zeitgenosse richtet seinen Blick auf Sie und dann – Sie hatten es schon befürchtet – kommt ein sarkastischer Spruch oder eine beleidigende Provokation. Ihr Selbstwertgefühl ist empfindlich getroffen.
Das kann sich am Arbeitsplatz abspielen, bei einem Vereinstreffen oder auch beim geselligen Beisammensein im Bekanntenkreis. Es könnte sich z. B. um folgende Bemerkung handeln, auf die wir im Weiteren als **Standardprovokation** immer wieder zurückgreifen werden: *„Sie sind ja heute so farbenfroh gekleidet. Sind Sie als Clown unterwegs? Oder wollen Sie damit von Ihrer Trauermiene ablenken?"*
Wie würden Sie darauf reagieren? Selbst wenn Sie erst vor kurzem ein Schlagfertigkeitsseminar besucht haben sollten, könnte es Ihnen jetzt durchaus die Sprache verschlagen. Denn bei derartigen Verbalattacken setzt unser rationales Denken häufig aus. Stattdessen werden Affekte mobilisiert, die unser Handeln unbewusst lenken.
Woran liegt das? In bedrohlichen Lebenssituationen wird das Steuerungszentrum im Gehirn, das für rationales Handeln zuständig ist, blockiert. Anstelle des vernunftgepolten Großhirns übernehmen nun ältere Hirnregionen im Stammhirn („Reptiliengehirn") die Regie. Dies hat entwicklungsgeschichtliche Ursachen. Wenn nämlich ein Säbelzahntiger hinter unseren Urahnen her war, blieb diesen keine Zeit zum Überlegen. Sie mussten reflexartig reagieren. Diese lebenserhaltende Neigung zum schnellen Handeln in Lebenssituationen, die als problematisch aufgefasst werden, hat in unseren Genen bis heute überdauert. Daher reagieren wir auch auf bloße Verbalangriffe reflexartig, wenn sie uns emotional „bis ins Mark treffen".
Diese impulsiven Reaktionen laufen nicht alle nach demselben Muster ab. Bei manchen Menschen werden schlagartig jähzornige Impulse freigesetzt, die zum zügellosen Gegenangriff anspornen. Andere nehmen in der gleichen Situation

Reißaus, um der Kontroverse möglichst aus dem Wege zu gehen. Und nicht wenige verhalten sich bei solchen Anlässen scheinbar völlig ungerührt. Doch in Wirklichkeit fühlen sie sich wie gelähmt, weil ihre körperliche und geistige Vitalität durch eine verborgene Reaktion blockiert wurde.

Angesichts solcher Reaktionsmuster müssen wir aber nicht in Fatalismus verfallen und mit Boxhandschuhen oder in einer Ritterrüstung ins Büro gehen. Es genügt, diese Mechanismen zu kennen und anzuerkennen, damit zu guter Letzt aus scheinbaren Schwächen nützliche Stärken entstehen können. Um uns dies etwas genauer anzuschauen, machen wir eine kleine Reise in die Vergangenheit. Nicht in die Zeit der Höhlenmenschen, sondern nur zu den Tagen unserer Kindheit.

Wie aggressiv darf die Widerrede sein?

Rhetorik ist die Kunst der sprachgewandten Widerrede. Im antiken Griechenland wurde sie ursprünglich in Form einer Verteidigungsrede bei Gerichtsprozessen so genutzt: Der Ankläger stellte in seiner Rede eine bestimmte „These" auf, welcher der Beschuldigte eine „Antithese" entgegenhalten musste: seine Widerrede. Es ging dabei vor allem darum, das Auditorium auf die eigene Seite zu bringen – sowohl in logischer als auch emotionaler Hinsicht (Platon 1995).

Daraus entstand die Eristik, womit die Technik des bissigen Streitgesprächs gemeint ist. Hier läuft die Widerrede von vornherein darauf hinaus, den Kontrahenten nach allen Regeln der Kunst herabzusetzen und lächerlich zu machen. Und das heißt: Der Gegner soll niedergeboxt werden, bis er schließlich zu Boden geht – Wladimir Klitschko lässt grüßen! Diese Absicht folgt der Devise:

Nur wer tatsächlich „schlagfertig" ist, kann sich verbal behaupten!

Eine derartige Strategie könnte in Zeiten globalen Wettbewerbs und schikanöser Machtkämpfe im Arbeitsleben möglicher Weise aktuell sein. Doch nicht jeder ist fähig oder auch nur willens, bei verbalen Auseinandersetzungen aggressiv zu kontern. Nicht wenige tun sich mit sanfteren Methoden der Widerrede leichter – insbesondere dann, wenn dieser mit Humor abgefedert sind. Die dafür geeigneten Strategien basieren auf nicht aggressiven bzw. regressiven Formen der Widerrede (vgl. Kapitel **6**). Wenn wir den Humor als Sammelbegriff für Reaktionsweisen verstehen, die zu einer spannungslösenden Erheiterung führen, dann wäre gerade das verbindende Lachen, das in diesem Zusammenhang häufig aufkommt, ein Gradmesser, der über die Güteklasse der Widerrede entscheidet. Doch dieses Lachen ist in keiner Weise schadenfroh.

Sofern die eigene Argumentation überzeugend war, hatte der Rhetoriker seit jeher die Lacher auf seiner Seite. Ihr Lachen ist gewissermaßen die Belohnung für die gekonnte Scharfzüngigkeit. Der Gegner sieht sich dadurch gezwungen, missmutig die Segel zu streichen. Das Lachen, das er vernimmt, ist nämlich nichts anderes als ein schadenfrohes Hohnlachen, das gegen ihn geht und ihn in letzter Konsequenz beschämen muss. Somit ist das Ergebnis etlicher Streitgespräche, die im konventionellen Stil gehalten werden, alles andere als erfreulich. Und nicht selten kann sich aus einem zunächst wenig bedeutenden Disput ein unversöhnliches Zerwürfnis entwickeln. So muss sich der schlagfertige Sieger schließlich fragen: War es das wert?
Doch wenn die rhetorischen Einlassungen von vornherein darauf abzielen, den Kontrahenten nicht zu brüskieren, sondern lediglich zu erheitern, ist das Lachen, das sich dabei einstellt, eine echte Humorreaktion. Ein solches Lachen ist nämlich versöhnlich. Es zeigt an, dass ein rhetorisches Gegeneinander nicht allzu ernst genommen werden muss. So kann aus einem anfänglichen Konflikt bald ein gemeinsames Spiel entstehen. Dabei gilt der Grundsatz: *Mit einer guten Prise Humor macht dieses Spiel auch Spaß!*

Die Bedeutung der Körpersprache

Eine humorzentrierte Rhetorik basiert auf dieser Grundidee: ***Die Mimik kommt vor der Gestik und die Gestik kommt vor dem gesprochenen Wort.***
Diese Dominanz der Körpersprache gegenüber der verbalen Sprache entspricht einem methodischen Rückgriff auf die Ressourcen eines Kleinkindes, das weder über eine perfekte Körperbeherrschung noch über ausgebildete verbale Fähigkeiten verfügt. Dafür „beherrscht" es die Körpersprache – ganz unbewusst – weit besser als viele Erwachsene, die sich mit willentlicher Anstrengung um Eloquenz bemühen.
Das Zentrum nonverbaler Kommunikation ist das Gesicht. Die Stellung der Mundwinkel, die Beweglichkeit der Augenmuskeln und – vor allem – die Fähigkeit, Blickkontakt herzustellen und zu halten – dies allein genügt schon, um eine zwischenmenschliche Brücke aufzubauen, die heiter-verbindliche Botschaften übermittelt. Alles Weitere ist eigentlich nur „Zugabe".
Daher sollten wir weniger hin**hören** und dafür mehr hin**sehen**, wenn uns jemand mit Worten kritisiert. Gerade in Streitgesprächen reagieren wir nämlich zumeist auf den Inhalt des Gehörten, häufig auch noch zu schnell und zu unüberlegt. Dem rhetorischen Gegner ergeht es ähnlich: Er reagiert zunächst auf unsere Worte, so dass sich der Disput hochschaukelt und nicht selten in einem emotionalen Chaos endet. Wenn wir uns aber entschließen, etwas weniger „hinzuhören", können wir uns die Zeit nehmen, uns den Angreifer genauer anzusehen – und ihm dabei lächelnd ein mimisches Angebot machen! So kann aus bitterem Ernst ein lockeres Spiel entstehen, das den Beteiligten unweigerlich ein Lächeln ins Gesicht zaubert.
Um dies konkret zu veranschaulichen, werden im Folgenden immer wieder Übungen und Spiele in den Fließtext eingestreut, die in unseren Seminaren genutzt werden. Hier kommt gleich ein Beispiel, das die Möglichkeiten des mimischen Ausdrucks aufgreift:

Der Blickkontakt

Wir stehen als Gruppe im Kreis und werfen uns einen Ball zu. Wir geben den Ball erst dann an einen Mitspieler weiter, nachdem wir diesem seinen Name zugerufen haben und der Blickkontakt hergestellt wurde. Dieser antwortet jeweils mit **„Danke“** So wandert der Ball von einem zum anderen und alle Namen werden gerufen. Wir achten darauf, dass alle drankommen und alle angesehen werden.

In einem zweiten Durchgang wird ein weiterer Ball ins Spiel gebracht, später auch ein dritter. So werden immer neue Namen gerufen und es ist ein ständiges **„Danke“** zu hören. Entscheidend ist der Blickkontakt. Es geht darum, den anderen anzuschauen, bevor wir selbst agieren.

Rechtfertigungen und Kontra-Rechtfertigungen

Wenn wir uns angegriffen fühlen, greifen wir üblicher Weise auf diese beiden Abwehrstrategien zurück:

- **Rhetorischer Schlagabtausch:** Der verbale Angriff wird auf eine aktive Weise erwidert. Dieses Kontern folgt der Methodik des Boxens: Wer die größere Schlagkraft besitzt, gewinnt am Ende! Genau das ist die Strategie, die einem „Boss“ vertraut ist. (vgl. Kapitel **6**)

- **Rechtfertigung:** Dies ist die passive Art, auf verbale Angriffe zu kontern. Sie ist das Vorspiel zur Entschuldigung. Rechtfertigungen (ver-) führen nicht nur dazu, dass wir uns in eine unterlegene Position hinein manövrieren. Sie sind dazu noch der „Humorkiller Nr. 1“!

Die Strategie der Rechtfertigung ist im Grunde paradox: Wir thematisieren nämlich – nicht selten wort- und ausdrucksstark – gerade das, was uns im Grunde als unangenehm, peinlich und beschämend erscheint! Die Rhetorik des Humors nimmt den Weg der Kontra-Rechtfertigung, indem sie die Gegnerschaft des Kontrahenten abstreitet. Dieser wird daher von vornherein als ein willkommener Gesprächspartner angesprochen, der ungeniert unterhalten werden soll. Im Einzelnen geht dabei es um diese Voraussetzungen:

- unbefangen zu eigenen Fehlern stehen
- ein logisch argumentatives Vorgehen im Sinne eines Streitgesprächs vermeiden
- den Kontrahenten durch unterhaltsames Geplauder aus dem Konzept bringen

Schwejk'sche Rhetorik

Ein Beispiel für diese alternative rhetorische Technik gibt uns der „brave Soldat Schwejk" (Hašek 1960). Schwejk hält sich an keine der üblichen Konventionen der Rhetorik. Er verhält sich vielmehr wie ein naives, unschuldiges Kind, das in seinen Mitmenschen nur das Gute sieht. Deshalb heißt Schwejk auch die übelsten Beleidigungen voller Begeisterung gut, so bei einer Gelegenheit, als ihm jemand zurief: „Sie sind ein Idiot!"

Schwejks Konter: „Jawohl, ein Vollidiot!"

Um diese Strategie rhetorisch abzurunden, wartet Schwejk immer wieder mit blödsinnigen Kommentaren auf, die vordergründig nicht anders als scheinheilig daherkommen. Ein Beispiel:

Der militärische Vorgesetzte konstatiert entnervt: „Jetzt hab' ich schon genug von Ihnen!"

> Schwejk: „Da sind Sie ein glücklicher Mensch. Mancher Mensch hat nie nicht genug.“

Schwejk ist vor allem ein begeisterter Geschichtenerzähler. Dabei plappert er drauflos wie ein einfältiges Kind. Das sieht dann so aus, dass er seine Einlassungen mit einem Sammelsurium von aberwitzigen Einzelheiten ausschmückt. So beschreibt er bei einer bestimmten Gelegenheit ausführlich die schauerlichen Einzelheiten eines angeblichen Verbrechens (Hašek 1960, Teil 2, 147):

> „In Prag II gab‘s vor Jahren zwei verlassene Frauen, sie waren geschieden, weil sie Schlampen waren, eine gewisse Mourek und Schousek, und die ham einmal in den Alleen von Rostok, wie dort die Kirschen geblüht ham, einen alten impotenten hundertjährigen Leierkastenmann abgefangen und ham sich ihn ins Rostoker Wäldchen geschleppt, und dort ham sie ihn vergewaltigt. Dann is der Leierkastenmann am fünften Tag gestorben, und diese Ludern waren noch so frech, dass sie ihm aufs Begräbnis gegangen sind …“

Wenn Sie sich dieser absurden Strategie bedienen möchten, bestätigen Sie den Angreifer zunächst vorbehaltlos. Gleichzeitig geben Sie sich vordergründig ganz friedfertig, obwohl „hintenherum“ eine verkappte Spöttelei durchschimmert. Dies vernebeln Sie aber durch alberne Geschichten, die Sie möglichst liebenswürdig vorbringen. Das lässt sich am Beispiel der Standardprovokation so veranschaulichen:

> *„Sie sind ja heute so farbenfroh gekleidet. Sind Sie als Clown unterwegs? Oder wollen Sie damit von Ihrer Trauermiene ablenken?“*

„Jawohl, farbenfroh gekleidet und Clown mit Trauermiene! Einmal bin ich mit dem Zug gefahren und da hat sich ein gewisser Herr Wondratschek neben mich gesetzt. Ich habe ihn gleich erkannt und darauf angesprochen, dass wir beide aus dem schönen Mankowitz stammen. Er hat mich aber angeschrien, ich soll ihn nicht belästigen. Ich fing an, ihm zu erklären, er solle sich nur erinnern, dass ich als kleiner Junge mit der Mutter, die Antonie hieß, oft zu ihm gegangen bin, dass der Vater Xaver hieß und im Milchwerk beschäftigt war. Nicht mal dann wollte er was davon wissen, dass wir uns kennen. So habe ich ihm noch nähere Einzelheiten erzählt, dass in Mankowitz zwei Neumeiers waren, der Fridolin und der Egon. Der Egon hat seine Frau erschossen, habe ich ihm erzählt, weil sie ihn wegen dem Saufen schikaniert hat. Und da hat er, stellen Sie sich vor, einen Anlauf genommen und hat die Scheibe im Abteilfenster zerschlagen …“ (nach Hašek 1960, Teil 2, 46).

An anderer Stelle (vgl. Kapitel **3**) werden wir sehen, dass diese „Konfusionsmethode“ von professionellen Hypnotherapeuten zur Induktion eines Trance-Zustands genutzt. Das heißt nichts anderes, als dass die Weiterführung eines „normalen“ (Streit-) Gesprächs unter dieser Voraussetzung schlichtweg unmöglich ist…

2 Die Sprache des Humors

Sprache vermag die Wirklichkeit erst dann anschaulich wiederzugeben, wenn sie sich des körperlichen Ausdrucks bedient. Mithilfe von Mimik, Gestik und Körperhaltung lassen sich nämlich analoge Botschaften vermitteln, die beim Gesprächspartner unmittelbar „ankommen". Das lässt sich mit den abstrakten Symbolen des gesprochenen Wortes nicht machen: Sie müssen erst kognitiv dechiffriert werden, um verstanden zu werden.

Die Sprache des Humors bedient sich der gleichen analogen Symbolik, die von kleinen Kindern deshalb genutzt wird, weil sie mit abstrakten Begriffen noch nicht viel anfangen können. Dafür fehlen Kindern einfach die logischen Voraussetzungen. Erst mit zunehmendem Entwicklungsalter wird es möglich, sich an den verbindlichen Regeln einer formalen Logik zu orientieren, die das „normale" Denken und Sprechen in die richtigen Bahnen weist. Das lässt sich so verdeutlichen: Wenn wir eine vernünftige, das heißt, logisch richtige Aussage treffen wollen, dürfen wir dies nur im Hinblick auf Prädikate tun, die eine konkrete Handlung oder einen bestimmten Zustand beschreiben und miteinander „sinnvoll" verknüpft sind. Erst unter dieser Voraussetzung kann ein formallogisch richtiger Identitätsschluss hergestellt werden. Dazu ein klassisches Beispiel:

Alle Menschen (= vermittelnder Oberbegriff) sind **sterblich** (= Prädikat)

Alle Griechen (= Unterbegriff) sind Menschen

Folglich sind Griechen sterblich.“

Die Wahrheit dieser Aussage ergibt sich daraus, dass das Prädikat „sterblich“ den Gesamtzusammenhang (Identitätsschluss) zwischen einem bestimmten Begriff (Griechen) und einer allgemeinen Kategorie dieses Begriffs (alle Menschen) herstellt. Wird diese Bedingung nicht erfüllt, weil ein Prädikat verwendet wird, das im Hinblick auf den Gesamtzusammenhang irrelevant ist, ergibt sich formallogisch ein Denkfehler. Das zeigt das folgende Beispiel von Ruede-Wissmann (1993, 92):

Nichts ist besser als das Himmelreich.

Ein warmes Bier ist **besser als nichts**.

Folglich ist ein warmes Bier besser als das Himmelreich!

Diese Art von Identitätsfindung greift Prädikate von Begriffen auf, die im Sinne der sog. Relationslogik keine relevanten Aussagen erlauben. Kleine Kinder, gewisse Psychotiker, alle träumenden Menschen *und* nicht zuletzt Humoristen geben sich diesem logischen Widersinn in gleicher Weise hin. So bezeichnete ein dreijähriges Kind Kühe als „Milchbars“. Die private (= unvernünftige) Logik, die dahinter steckt:

Kühe **geben Milch**.

Milchbars **geben Milch**.

Also sind Kühe Milchbars.

Als weiteres Beispiel können wir einen Tisch nehmen, dessen relevantes Prädikat *geeignet zum Essen* bzw. *Schreiben* ist. Wenn jemand einen Tisch zum Schneeräumen benutzt oder sich diesen als Regenschutz über den Kopf hält, folgt er einer privaten bzw. unvernünftigen Logik. Vom Standpunkt der Vernunft handelt dieser Mensch deshalb widersinnig („befremdlich", „exzentrisch", „lächerlich", „komisch", „verrückt" oder „paradox").

Verrücktheiten als Ausdruck von logischem Eigensinn

Kleine Kinder nehmen das Weltgeschehen in einer naiven Weise wahr, die die Regeln der Logik (noch) nicht konsequent einbezieht. Die Wahrnehmung von Kindern bleibt nämlich auf Ereignisse reduziert, die nur für sie selbst von unmittelbarer Bedeutung sind. Das kann zu unkritischen Äußerungen führen, die einem vernünftigen Erwachsenen durchaus als widersinnig erscheinen können. Dies zeigen die folgenden Sprachschnitzer, die der Lehrer Wolfgang Krämer (1958) in Schulaufsätzen fand:

- „Wenn unsere Mutter große Wäsche hat, helfen wir ihr. Wir tragen sie auf den Speicher und hängen sie auf."
- „ Zu beiden Seiten des Hauptes hingen ihr Locken herab. Am Hinterteil hatte sie einen Knoten."
- „Wie ein roter Faden zieht sich die Periode Maria Theresias durch die Geschichte Österreichs."
- „Mohammed wurde zum Propheten geweiht, als er eines Tages ein Geschäft machte."
- „Am letzten Oktober 1517 schlug Luther mit seinen 95 Prothesen an die Schloßküche von Württemberg."

Es sind aber nicht nur Kinder, die sich nicht (richtig) an die Regeln der formalen Logik halten, sondern auch gewisse randständige Erwachsene, die der Philosoph Immanuel Kant (1968, 219) generell als „Verrückte“ bezeichnet hat. Als Ursache der Verrücktheit sah er einen „logischen Eigensinn“, der sich vom „Gemeinsinn“ eines vernünftigen Menschen unterscheidet. Dieses Bestimmungsmerkmal trifft auf alle exzentrischen Einzelgänger zu, die sich um die konventionellen Normen der Alltagsvernunft wenig kümmern. Es sind dies die eigentlichen Protagonisten einer unfreiwilligen Komik. Dabei leisten sie sich – ganz ähnlich wie die bereits erwähnten Schulkinder – Sprachschnitzer, die auf den „normalen Menschen“ sowohl befremdlich als auch belustigend wirken können. Das zeigt zum Beispiel das Gedicht eines schizophrenen Dichters (Navratil 1966, 74):

Herbstlaub

Der Winter naht.
Die Blätter fallen.
Tag für Tag, die Blumen welken.
Das Laub fällt ab, Tag und Nacht.
Der Herbst beginnt ein Lied zu lallen.

Auch die eigenwillige Dichterin Friederike Kempner, die Großmeisterin der unfreiwilligen Komik verspottet wurde, verfügte – trotz ihrer Wortgewalt – nicht über eine komplette logisch-sprachliche Kompetenz. So schrieb sie zu Ehren des Astronomen Johannes Kepler (Mostar 1965, 25):

Du sahest herrliche Gesichte
In finstrer Nacht.
Ein ganzes Blatt der Weltgeschichte:

Du hast es vollgemacht

Und hier noch ein weiteres Gedicht dieser „schlesischen Nachtigall“:

Amerika, du Land der Träume
Du Wunderwelt, so lang und breit
Wie schön sind deine Kokosbäume
Und deine rege Einsamkeit.

In diesen Beispielen zeigt sich zweierlei: Einerseits halten sich beide Dichter durchaus an die verbindlichen Normen der Semantik festhalten. Andererseits geben sie gewissen Wörtern eine Bedeutung, die in ihrer eigenen privaten Logik verwurzelt ist. Daraus ergibt sich ein Effekt, der sowohl befremdlich wie auch belustigend wirkt. Auf eben diesen Effekt zielen auch gewisse Witze ab, wie dieses Beispiel zeigt:

„Warum haben Fische Schuppen?“
„Wo sollten sie denn sonst ihre Fahrräder unterstellen?“

Die logisch reduzierte Welt des Kindes

Sobald der Wahrheitsanspruch der formalen Logik in Frage gestellt wird, wird Allmacht logischer Wirkkräfte unweigerlich relativiert. Sinngemäß hatte schon der Philosoph René Descartes (1993) erklärt, dass alles auch anders sein kann. Kleine Kinder nehmen die Welt, wie wir bereits sahen, tatsächlich anders wahr. So wird ihre Sicht der Dinge auf das reduziert, was nur ihnen selbst als plausibel erscheint. Als Beispiel lässt sich Andersens Märchen *Des Kaisers neue Kleider* anführen:

Alle Erwachsenen betrachten den nackten Kaiser als bekleidet, weil sie unter dem Bann der Vorstellung stehen, dass nicht sein kann, was nicht sein darf! Nur ein kleines Kind, das sich die Welt ganz unbefangen anschaut, sieht etwas anderes – den nackten Kaiser!

Humoristen sind – in Entsprechung zu kleinen Kindern – ebenfalls naive Skeptiker. Sie lassen sich nicht die vielen Bären aufbinden, die Namen tragen wie „Höflichkeit um jeden Preis“, „Der Klügere gibt nach“, „Volkes Stimme ist Gottes Stimme“ oder „Befehl ist Befehl“. Sobald sie mit derartigen Behauptungen konfrontiert werden, reagieren sie mit einem schlichten **Warum?** Diese Frage entspricht der naiven Neugierde eines kleinen Kindes, das die Realitätsauslegung der normierten Erwachsenenwelt „einfach nicht versteht“.

Nicht wenige Erwachsene stoßen bei der Beantwortung dieser schlichten Frage allerdings an ihre logischen Grenzen. Um ihre eigene Beschränktheit zu verschleiern, interpretieren sie die Wissbegier des Kindes daher als „dumme“ Fragerei.

Umgekehrt kann ein Kind auf maßregelnde Fragen eines Erwachsenen mit „dummen Antworten“ reagieren. Zum Beispiel, indem es einfach verkündet: „Weil ich so böse bin!“ Oder: „Weil mein Bauch weh tut!“ Genau hier setzt der Humorist an, indem er sich in Streitgesprächen gezielt als unbedarft oder eben „dumm“ gibt. Dabei kann sich immer dann ein derbkomischer Humor entfalten, sobald ein unverblümter Bezug zu konkreten körperlichen Vorgängen hergestellt wird. Dazu ein Beispiel:

Ein trockener Alkoholiker trinkt bei geselligen Anlässen nur Orangensaft. Ein indiskreter Zeitgenosse fragt ihn, weshalb er eigentlich keinen Wein trinke. Die trockene Antwort: „Weil ich unbedingt gelbes Pipi haben will!"

Eine solche Argumentation ist weitgehend in der intellektuell reduzierten Welt des Kindes verwurzelt ist. Hier kann das – aus der Sicht eines vernünftigen Erwachsenen – Belanglose zu einem spannenden Erlebnis werden, das die Kommunikation (trotz aller Vorbehalte der Vernunft) lebendig macht. Dabei ergibt sich ein Kontrast zu jener Logik, auf die ein vernünftiger Erwachsener unbedingt Bezug nehmen will. Einfache Reduktionsübungen lassen diesen Effekt erlebbar werden. Dazu eine Übung:

Mit Vokalen kommunizieren

Wir gehen je zu zweit in Kommunikation und unterhalten uns nur mit Hilfe der Vokale A, E, I, O, U. Dabei konzentrieren wir uns auf den Ausdruck von Gefühlen. Durch die Reduktion der gesprochenen Sprache auf affektiv akzentuierte Klangqualitäten kann eine lebendige Kommunikation entstehen – obwohl der logische Sinngehalt der verbalen Botschaften stark eingeschränkt ist.

Wir wechseln dann mehrmals den Partner und wiederholen die Übung, um zu erleben, wie die jeweilige Interaktion die Klangfärbung des Sprechens beeinflusst.

3 Der paradoxe Widersinn

Der Ausdruck „paradox“ bedeutet, dass etwas Unerwartetes, Konträres bzw. Widersinniges entsteht, das den Normen der Vernunft zuwiderläuft. Eine Paradoxie lässt sich somit als ein logischer Widerspruch definieren, der immer dann entsteht, wenn etwas zusammenkommt, das – aus der Perspektive der Vernunft – nicht zusammengehört. So kommt es zu verwirrenden Aussagen, die erst dann Sinn machen, wenn die Wirklichkeit aus einer anderen Perspektive „wahr“ genommen wird.

Paradoxien sind ein Nährboden der Humorentstehung. Als Voraussetzung gilt die Regel: *Es gibt keine Regel!* Viele professionelle Humoristen bedienen sich dieser Paradoxie, indem sie Zusammenhänge herstellen, die im Hinblick auf die formalen Kriterien der Logik „einfach falsch“ sind. So erklärte Karl Valentin einmal: „Ich mache mal bei mir Einkehr. Hoffentlich bin ich auch zuhause!“ Und als Valentin bei einer anderen Gelegenheit gefragt wurde, ob er schon wisse, dass Alois Maier gestorben sei, gab er zur Antwort: „Deswegen sieht man ihn jetzt so selten!“

Paradoxien können bei Vernunftmenschen nicht selten einen inneren Widerstand hervor. Dazu ein paar witzige Beispiele:

- Ein Pferd kommt in eine Bar, marschiert die Wand gegenüber der Theke hinauf, geht kopfunter die Decke entlang, die andere Wand wieder herunter, bestellt einen Kaffee, trinkt ihn und knabbert genüsslich die Tasse vom Henkel ab, um sie aufzuessen. Danach legt es den abgeknabberten Henkel sorgfältig an den Rand der Untertasse, bezahlt und geht freundlich grüßend hinaus.
  Sagt ein Herr, nicht wenig verwundert: „Um Gottes willen, Herr Wirt, verstehen Sie das?"
  „Nein", sagt der, „sonst hat es den Henkel immer mitgegessen. Wo er doch das Beste ist."

- Tünnes geht über die Kölner Rheinbrücke und sieht unten einen Kopf im Wasser schwimmen.
  „Hallo" ruft der Kopf, „Sie da, wie weit ist es noch nach Bonn?"
  „Nit weit", sagt Tünnes, „aber dat is die falsche Richtung."
  „Oh, das macht nichts", sagt der Kopf, „ich habe mein Fahrrad dabei."

- Ein aufgeregter Fahrgast ruft dem Busfahrer zu: „Wie viel Uhr?"
  „Donnerstag."
  „Mein Gott, da muss ich ja aussteigen!"

Auch das fernöstliche Denken geht recht unbefangen mit Paradoxien um. So werden in der philosophischen Tradition des Zen-Buddhismus paradoxe Aussagen systematisch verwendet, um jenen Zustand von „Nichtbewusstsein" hervorzurufen, der von den logischen Zwängen der Vernunft befreit ist. Dieses „Verrücken" eines gewohnten logischen Bezugsrahmens veranschaulicht das folgende Zen-Gedicht (Sonnenschmidt & Titze 2016, 97):

Wenn ich denke,
dass ich nicht mehr an dich denke,
denke ich immer noch an dich.
So will ich versuchen,
nicht zu denken,
dass ich nicht mehr an dich denke.

Der Schriftsteller Mark Twain (1835–1910) bewegte sich ebenfalls auf dieser konfusen Linie. Er wurde einmal am Schluss eines Zeitungsinterviews gefragt, ob er noch Geschwister habe. Twain gab – ganz in Schwejk'scher Manier – zur Antwort:

„Ja, ich glaube wohl – das heißt, mir ist es so, ich kann mich aber nicht ganz sicher erinnern."

„Erlauben Sie, das ist doch das Merkwürdigste, was ich jemals erlebt habe!"

„Was ist denn daran so merkwürdig?"

„Aber ich bitte Sie! Sie wissen nicht, ob Sie Geschwister haben? Was ist denn das für ein Bild an der Wand? Stellt es nicht einen Bruder von Ihnen vor?"

„Da, ja, ja – allerdings, jetzt fällt es mir ein. Dies war ein leibhaftiger Bruder von mir, William mit Namen – wir nannten ihn Bill. Du armer, alter Bill!"

„Weshalb sagen Sie ‚arm'? Ist er denn tot?"

„Leider ja, ich glaube es. Wir haben es aber nie genau gewusst. Es war eine sehr geheimnisvolle Geschichte.“

„Das ist allerdings sehr traurig. So ist er wohl verschwunden?“

„So gewissermaßen: ja. Wir haben ihn begraben, leider.“

„Begraben! Begraben! Und Sie wussten nicht einmal, ob er tot war?“

„Nein, ach nein, so war's ja nicht, er war gänzlich tot.“

„Verehrter Herr, ich muss Ihnen gestehen, das geht über meinen Horizont! Wenn Sie ihn bestattet haben und Sie wussten, dass er tot war, so ...“

„Nein doch, nein. Wir nahmen ja nur an, dass er tot wäre.“

„Ah so, ich verstehe – so wurde er also wieder lebendig?“

„Ich könnte wetten, dass er nicht wieder lebendig wurde.“

„So etwas ist mir denn doch noch nicht vorgekommen: Einer ist tot, einer ist richtig begraben worden, worin liegt aber das Geheimnisvolle?“

„Sehen Sie, das ist es! Die Sache ist nämlich die, wir waren Zwillinge, der Hingeschiedene und ich. Als wir kaum vierzehn Tage alt waren, wurden wir in der Badewanne verwechselt, und einer von uns beiden ertrank. Nun wussten wir aber nicht, wer. Einige glaubten, es wäre Bill, die anderen dagegen ich.“

„Höchst sonderbar! Was denken Sie denn hierüber?“

„Je nun, der Himmel mag's wissen. Ich gäbe die ganze Welt drum, wenn ich eine Ahnung hätte. Dieses grausige, entsetzliche Geheimnis lastet über meinem ganzen Dasein. Nun will ich Ihnen aber etwas entdecken, was bisher noch kein Sterblicher erfahren hat. Nämlich: Der eine von uns hatte ein besonderes Merkmal an sich, das war ein Muttermal auf dem linken Handrücken, und das war ich! Und dieses Kind war nun gerade dasjenige, welches ertrunken ist!“ (Simon 1958, 35 f)

Verkehrte Welt

Alle stehen im Kreis. Auf das Kommando ***„rechts“*** sollen alle einen Schritt nach rechts gehen, auf das Kommando ***„links“*** sollen alle einen Schritt nach links gehen. Bei ***„vor“*** sollen alle einen Schritt vorgehen, bei ***„zurück“*** einen Schritt nach hinten gehen. Nach einiger Zeit wird diese Anweisung „verdreht“: Nun bedeutet ***„rechts“*** einen Schritt nach links, ***„links“*** einen Schritt nach rechts usw. Hinzu kommen noch die Kommandos ***„schnipp“*** (= Fingerschnippen) und ***„klatsch“*** (= Händeklatschen), die ebenfalls nach einiger Zeit „verdreht“ werden.

Paradoxe Strategien in der Rhetorik

Einen paradoxen Effekt erzielen wir ganz allgemein, wenn unsere Widerrede den Erwartungen des „gesunden Menschenverstands“ nicht entspricht. Dabei entsteht ein zusammenhangloser Zusammenhang, der verwirrt, gleichzeitig aber auch belustigend bzw. komisch wirken kann. Der logische Widerspruch, der sich dabei auftut, durchbricht den gewohnten Lauf der Dinge, so dass es zu unweigerlich einer paradoxen Aussage kommt.

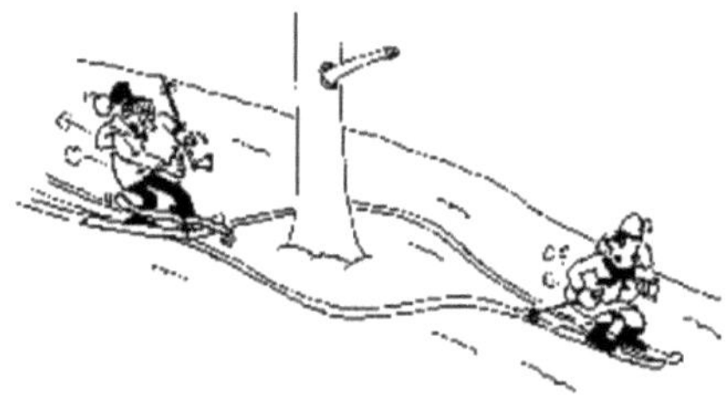

Kleine Kinder argumentieren, zumindest aus Sicht der Erwachsenen, häufig paradox. So berichtete ein vierjähriges Mädchen über ihre österlichen Erfahrungen: „Der Osterhase hat ganz viele Eier gebracht. Und die Oma hat neue Zähne im Mund gehabt, damit sie in der Kirche schön singen konnte.“ Dies ist ein Beispiel für einen „Zusammenhang ohne Zusammenhang“, wie ihn auch

Humoristen gerne herstellen. So fragte Karl Valentin bei einer bestimmten Gelegenheit: „War jetz‘ des gestern oder im 3. Stock?“

Ein derartiger Nonsens lässt sich selbstverständlich auch für rhetorische Zwecke nutzen. Wenn die Widerrede nämlich nicht den Anforderungen des logisch geeichten „gesunden Menschenverstands“ entspricht, ergibt sich unweigerlich ein komischer Effekt. Dazu ein Beispiel:

Nasrudin Mulla[1] hat seinen Hausschlüssel verloren. Er sucht auf der Straße vor seiner Haustür intensiv danach. Ein Bekannter kommt zufällig des Weges und beobachtet ihn schweigend. Schließlich fragt er:
„Mulla, wonach suchst du denn?”
„Nach meinem Hausschlüssel.”
„Bist du denn sicher, dass du ihn hier verloren hast?”
„Nein.”
„Könnte es sein, dass Du ihn in deinem Haus verlegt hast?”
„Ja.”
„Warum suchst du dann hier?”
„Weil es hier heller ist!”

Weitere Beispiele bietet der jüdische Humor (nach Landmann 2007):

Zwei Juden im eifrigen Gespräch. Plötzlich fällt einer von ihnen in einen offenen Kanalschacht. Der andere ruft hinunter: „Bist du da hinuntergefallen?“
„Nein, ich wohne hier unten!“

---

1 Nasrudin Mulla war ein türkischer Derwisch, der vermutlich während des 13. Jahrhunderts im Akşehir, in der Nähe von Konya lebte. Die Taten dieses volksnahen Gelehrten leben in unzähligen Witzen und Anekdoten weiter. Dabei gibt sich Nasrudin als bekennender Dummkopf, der sich als Zielscheibe für Verspottung geradezu anbietet. Doch das ist nur ein Ausdruck seines hintergründigen Humors.

Non sequiturs

In der Literaturwissenschaft in diesem Zusammenhang ein Begriff verwendet, der eine wichtige Voraussetzung für die Entstehung von Paradoxien umschreibt: die Auflösung normaler grammatischer Zusammenhänge – was lateinisch „non sequitur“ bedeutet. Ein *non sequitur* liegt immer dann vor, wenn der „Lauf der Dinge“ unerwartet unterbrochen wird. Dadurch erfolgt gewöhnlich eine Verblüffung, die häufig Erheiterung auslösen kann. Dies zeigte Woody Allen (1980) in dieser Aussage:

„Der Nihilismus behauptet, dass es kein Leben nach dem Tode gibt. Ein deprimierender Gedanke besonders für einen, der sich nicht rasiert hat!“

Paradoxe non sequiturs im Streitgespräch

Zwei Dialogpartner unterhalten sich. Die Unterhaltung beginnt mit einer beliebigen Feststellung, zum Beispiel: „Haben Sie schon gehört, dass die Benzinpreise wieder ***steigen***?“ Hierauf – und auf alle folgenden Äußerungen – wird unter bewusster Nichtbeachtung der üblichen Relevanzkriterien geantwortet, indem auf ein beliebiges Wort assoziiert wird, in diesem Fall **„steigen“**.

Das könnte sich dann so anhören: *„Ich gebe Ihnen vollkommen Recht, mit* ***steigendem*** *Alter fällt einem das Hören immer schwerer!“*

Und hier ein weiteres Beispiel:

- „Ich wundere mich, dass Sie auf meine Argumente nicht richtig *eingehen*!“
*„**Eingehen, ausgehen** ... Die Frage ist doch, wie weit wollen wir **gehen**!“*

Als Vorübung bietet sich dieses Arrangement an: Neben den Dialogpartnern agiert noch ein Dritter, dessen Aufgabe darin besteht, durch Abklatschen jenes Wort zu bestimmen, auf das assoziiert wird. Ein Dialogpartner beginnt etwas Beliebiges zu erzählen. Nach einer Weile wird abgeklatscht, und der zweite Partner muss eine eigene Geschichte erzählen, die vom betreffenden Wort ihren Ausgang nimmt.
Sie gehen also auf (logisch) irrelevante Aspekte aus der Aussage des Gesprächspartners ein und verhalten sich „kontra-assoziativ“. Auf der Inhaltsebene entsteht dadurch Verwirrung,

während auf der Beziehungsebene der „gute Draht“ konsequent hergestellt wird:

- durch Affirmationen („Ich gebe Ihnen völlig recht!“ usw.),
- durchfreundliches Kopfnicken usw.

Dadurch ist es unmöglich, den „roten Faden“ der Konfliktargumentation zu verfolgen. Hier einige weitere Beispiele:

„Sie legen wohl nicht viel **Wert** auf gepflegtes Aussehen!“
„Wunderbar, dass Sie in einer Zeit von allgemeinem Wertverlust die Sinnfrage aufwerfen! Ja, wir sollten uns wieder auf das besinnen, was uns wichtig und ***wert****voll ist. Was ist denn für Sie* ***Wert*** *bestimmend?“*

„Ihnen tanzt doch jeder auf der Nase herum. Wie wollen Sie sich eigentlich **Respekt** verschaffen?“
„Ich bin sehr froh, dass Sie dieses heiße Eisen ansprechen. Im Zeitalter des rücksichtslosen Egoismus wird der Mitmensch kaum noch ***respektiert****. Was können wir als Einzelne tun, um das Ruder vielleicht doch herumzureißen?“*

„Wie machen Sie es eigentlich, mit so wenig **Hirn** im Kopf so viel Mist zu produzieren?“
*„Toll, dass Sie in die aktuelle Diskussion über das menschliche Denkorgan einsteigen! Faszinierend ist doch, dass die Wissenschaft immer mehr Belege bringt, dass es neben dem Kopf****hirn*** *auch das Bauch****hirn*** *gibt. Sie wissen schon: das Organ, das die emotionale Intelligenz produziert. Das eröffnet ganz neue Perspektiven. Finden Sie nicht auch?“*

Die paradoxen Sprachspiele von Dada

Für Paradoxien interessiert sich gezielt die dadaistische Bewegung, die sich als „Ulk mit Weltanschauung“ versteht (Forster 2005). Dada[2] entstand in den Jahren des 1. Weltkriegs als Reaktion auf eine Staatsräson, der Hunderttausende junger Menschen auf den Schlachtfeldern grausam zum Opfer fielen. Dieser unvernünftigen Vernunft wollten die Dadaisten mit „vernünftiger Unvernunft“ begegnen, indem sie gezielt auf Groteske, Nonsens und Ironie zurückgriffen (Titze 2016).

[2] „Dada“ bedeutet im Französischen „Steckenpferd“. Mit dieser kindlichen Bezeichnung sollte die ursprüngliche Einfachheit und Unvernunft dieser Kunstrichtung dokumentiert werden.

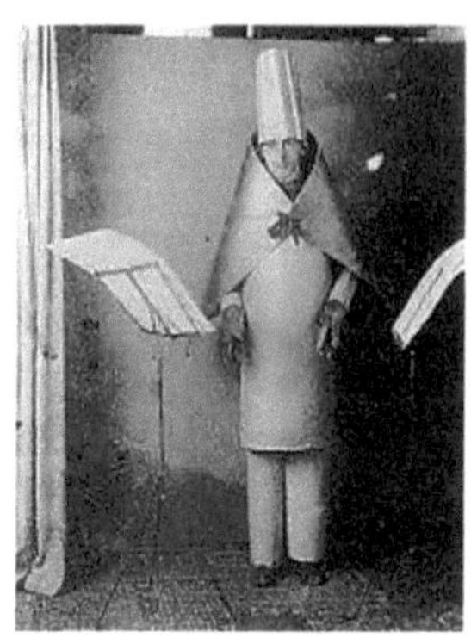

Richard Huelsenbeck, im Grundberuf Mediziner, war ein Mitbegründer von Dada. Von Anfang an galt sein Interesse eben jenen prälogischen Strategien des Denkens, welche von der Psychoanalyse als „Primärprozesse" bezeichnet werden. Methodisch bediente sich Huelsenbeck (2012) dabei der Niederschrift spontaner Einfälle, deren Zufälligkeit er als „Offenbarung des Unbewussten" auswies. Was dabei herauskam, zeigt Huelsenbecks (ebd., 29) Gedicht *Schalaben schalabai schalamezomai*, das hier gekürzt wiedergegeben wird:

„Die Köpfe der Pferde schwimmen auf der blauen Ebene wie große dunkle Purpurblumen
des Mondes helle Scheibe ist umgeben von den Schreien
der Kometen Sterne und Gletscherpuppen
schalaben schalabai schalamezomai o ihr feierlichen Schatten Therebinten und Pfeifenkraut o ihr feierlichen Beter des großen Gottes hinter den Schleiern singen die Pferde das Loblied des großen Gottes schalaben schalabai schalamezomai
es trocknet das Gras im Leibe des Generals
auf hohen Stühlen sitzen die Schatten der Mitternachtssonne

und die Weiße des nahen Meers und den harten Klang
der Stürme die der Vulkan ausbrach
so Gott seinen Mund auftut fallen die Schabracken und
kostbaren Zäume von den Rücken des Reittiers
so Gott seinen Mund auftut...“

Huelsenbeck erfand zudem das *poème gymnastique*, bei dem die Rezitation eines Gedichtes mit bizarren Körperbewegungen kombiniert wird. Entsprechende komische Kontraste ergaben sich auch, wenn Huelsenbeck wesensfremde Elemente wie zum Beispiel Zitate aus dem Evangelium und kakophonische Tongebilde miteinander kombinierte, um eine groteske Wirkung zu erzielen.

1936 emigrierte Huelsenbeck in die USA und nannte sich fortan Charles T. Hulbeck. Er nahm die Identität eines „richtigen“ Psychoanalytikers an, der Patienten behandelte und als Lehranalytiker an einem renommierten New Yorker Ausbildungsinstitut fungierte. In diesem Zusammenhang kontaktierte ihn 1953 der junge Albert Ellis, der bis Ende 1955 Huelsenbecks Analysand war (Hoellen 1993). Einige Jahre später begründete Ellis (1977) seine eigene *Rational-emotive Therapie*. In diesem psychotherapeutischen Ansatz wird der Kontrast zwischen Vernunft und Unvernunft, zwischen flexibler Kreativität und unlebendiger Starrheit in einer häufig sehr humorvollen Weise hergestellt und immer wieder spielerisch überzeichnet.

Ein Beispiel sind die von Ellis verwendeten *Schamüberwindungsübungen*, die sich vor allem bei der Behandlung von Sozialphobien bestens bewährt haben (Titze 2012, 275ff). So schlägt Ellis seinen Patienten zum Beispiel vor:

- *„Geben Sie eine Schwäche zu, die die meisten Menschen normalerweise verachten, zum Beispiel ich kann nicht buchstabieren."*
- *„Verhalten Sie sich komisch, indem Sie auf der Straße singen oder an einem sonnigen Tag einen schwarzen Regenschirm aufspannen."*
- *„Versuchen Sie, eine Uhr bei einem Schuster reparieren zu lassen."*
- *„Fragen Sie in einem Geschäft nach einem Schraubenzieher für Linkshänder."*
- *„Gehen Sie mit erhobenen Händen durch eine Fußgängerzone."*
- *„Rufen Sie in der Straßenbahn die Stationen laut aus."*
- *„Gehen Sie in eine Metzgerei und verlangen Sie Äpfel, Birnen, Bananen, Ananas oder Kiwis."*
- *„Bringen Sie Ihre Schuhe zu Ihrem Friseur zum Sohlen."*

In der Hypnotherapie werden paradoxe *non sequiturs* im Sinne einer „Konfusionstechnik" genutzt, um unter anderem eine Trance zu induzieren. Der legendäre Milton Erickson (1964) konnte in diesem Zusammenhang einem Patienten „ernsthaft" diesen Unsinn erzählen:

„Man denkt und denkt und die Dinge sind relativ meine Gedanken relativ zu Ihren und Ihre zu meinen was meinen Sie von meinem Sessel, der für mich hier ist und Ihr Sessel ist für mich dort denn mein Hier und mein Dort ist dort und so fort in der Zeit das Gleiche weil die gleiche Zeit die Gegenwart ist während Ihr 18. Geburtstag vor Ihrem neunzehnten kam aber an Ihrem 18. Geburtstag war der siebzehnte in der Vergangenheit und

der achtzehnte war jetzt und jetzt denken Sie an die Zukunft in der die Zukunft zur Gegenwart Ihres 20. Geburtstages wurde und so geht es mit den Eigenschaften der Worte wenn Sie an die Eigenschaftsworte denken gibt es Worte die ihre eigene Eigenschaft selbst haben und Wort die eigene Eigenschaft nicht selbst haben weil das Wort kurz selbst kurz ist aber das Wort lang nicht selbst lang sondern so kurz wie kurz ist...“

Ein Mann (eine Frau) – ein Wort

Die Übung wird von drei Teilnehmern durchgeführt: Der erste sagt ein beliebiges Wort, danach fügt der zweite ein Wort an, das formal irgendwie passt, ohne jedoch logisch stimmig sein zu müssen. Dann schließt der dritte an, danach wieder der erste usw. So ergeben sich Zusammenhänge, die unweigerlich komisch sind, zum Beispiel: Eine ... Kuh ... steht ... im ... Wohnzimmer“ usw.

Spitfire

Es agieren drei Personen. Eine steht in der Mitte und die zwei anderen stehen links und rechts daneben. Die mittlere Person spricht über ein beliebiges Thema, das von der Gruppe vorgeschlagen wurde (z.B. „Sommerferien“). Die anderen Beteiligten werfen von rechts und links Begriffe ein, die absolut nichts mit dem Thema zu tun haben (z.B. „Haarfärbemittel“ oder „Fußpilz“). Der Erzählende muss diese Begriffe sinnvoll in seine Geschichte einbauen, ohne mit dem Reden aufzuhören.

Paradoxien in der bildendenden Kunst

Die bildende Kunst hat seit jeher ihre Anleihen beim paradoxen Denken gemacht. Das zeigen bereits die allegorischen Darstellungen von Hieronymus Bosch. Hier als Beispiel ein Ausschnitt aus dem Triptychon *Garten der Lüste*:

Die fantastische Absurdität dieses altniederländischen Malers inspirierte auch die moderne Kunstrichtung des Surrealismus. Ihre Werke zeichnen sich durch die konsequente „Dekonstruktion“ einer Realität aus, die vom Normalitätsprinzip eindeutig definiert werden will. Genau hier setzte Salvador Dalí an, indem er sich nach Belieben eine Welt schuf, in der die Regeln der formalen Logik nicht gelten. Erst unter dieser Voraussetzung konnte Dalí die Realität der Welt in seinem Gemälde *Die Beständigkeit der Erinnerung* in alogischer Weise neu gestalten:

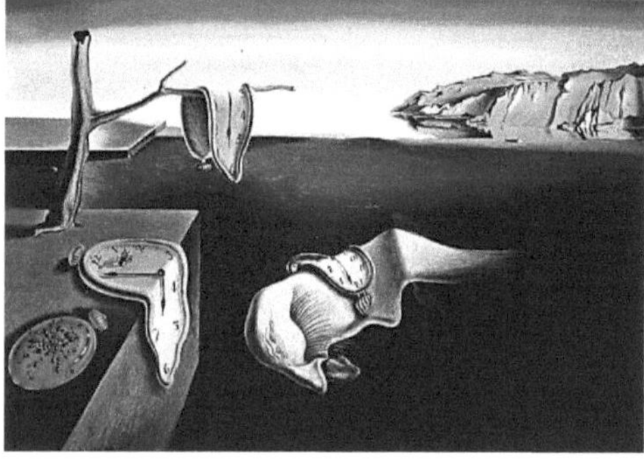

Von Joseph Beuys, einem modernen Protagonisten paradoxer Kunst, stammt die Collage *Es ist ein Has‘ entsprungen Weihnachten und Ostern*. Hier werden sämtliche logischen Konventionen dekonstruiert, auf denen unsere Alltagsvernunft aufbaut:

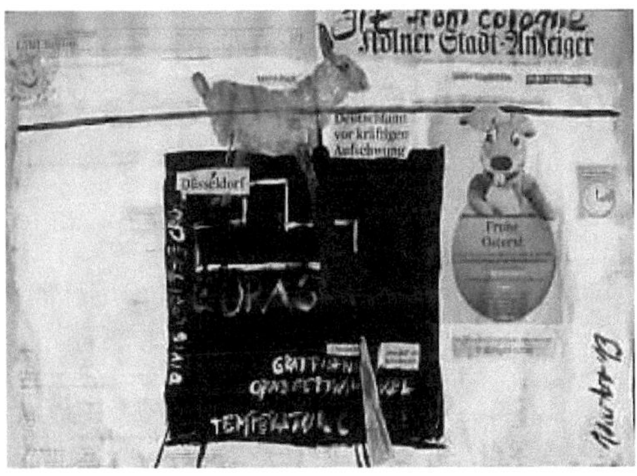

Beuys war Protagonist der neodadaistischen Kunstbewegung von Fluxus[3]. Hier geht es einzig und allein darum, alle Strukturen jener modernen Welt zu dekonstruieren, die den Menschen emotional verwirrt. Entsprechend betitelte Werner Büttner sein Gemälde: *Moderne Kunst kann man verstehen, moderne Welt nicht.* Hier soll der unreflektierte kreative Akt einen Weg weisen, der aus der verwirrenden Welt der Moderne hinausführt:

[3] Fluxus (aus lateinisch *fluxus* = Fließen) ist eine Kunstrichtung, bei der es nicht auf das Kunstwerk an sich ankommt, sondern auf die schöpferische Idee, die dahinter steht.

Paradoxien in der Dichtung

Die formallogisch determinierte Realität wird gerne auch von Dichtern dekonstruiert – indem sie die Regeln der Syntax bedenkenlos brechen. Das hat zum Beispiel zur Folge, dass grammatikalisch vorgeschriebene Wortfolgen ebenso aufgehoben werden wie die Raum- und Zeitkategorien einer wissenschaftlich validierten Welt (Simon 1958, 28). Diese Auflösung festgefügter Orientierungsmuster führt unweigerlich zu jener chaotischen Beliebigkeit, die das Wesensmerkmal von paradoxen Wortspielereien ist. Karl Valentin hat gezeigt, wie das geht:

„Wer allzu lange sind ist,
Ob arm, geht sich bei dem,
Das einmal es oft lieber sein,
Drum wird ja ohnedem,
Mitsammen, ja denn so kann, Bei deinen nicht schon sein,
Sobald man kann es bleiben soll,
Zusammen fein sein ...“

Eine derartige Auflösung der logisch determinierten Realität destabilisiert einerseits das geregelte System einer konventionellen Wortwahl. Andererseits öffnen sich dem kreativen Denken aber gerade dadurch neue Portale. Das zeigt das Gedicht *Gruselett* von Christian Morgenstern (1994, 206):

„Der Flügelflagel gaustert
durchs Wiruwaruwolz,

die rote Fingur plaustert

und grausig gutzt der Golz."

In dieser Tradition steht auch Ernst Jandls (1997) „experimentelle Poesie", in der sich unverkennbar dadaistische Auswirkungen erkennen lassen. Dies zeigt sein Gedicht *lichtung*:

„manche meinen
lechts und rinks
kann man nicht
velwechsern.
werch ein illtum!"

***Phantomhände** (mit fremden Armen sprechen)*

Zwei Spielpartner stehen hintereinander, der hintere mit dem Bauch dicht am Rücken des vorderen. Der Vordermann verschränkt seine Arme hinter seinem Rücken. Der Hintermann steckt seine Arme in die Ärmel einer großen Jacke, die den Oberkörper des Vordermannes verdeckt. So kann der Hintermann dem Vordermann seine Arme und Hände zur Verfügung stellen. Dabei verdeckt der Vordermann das Gesicht des Hintermanns mit seinem Kopf, und es sieht ein wenig so aus, als würde nur eine Person agieren.

Der Vordermann beginnt eine Geschichte zu erzählen, wobei er sich von der Gestik des Hintermanns leiten lässt. Dabei ergibt sich ein interner Dialog zwischen den beiden. In der Regel fühlen sich beide Partner von ihrem jeweiligen Gegenpart zunehmend inspiriert, so dass sich kreative Geschichten ergeben können.

Surrealistische Texte verfassen

Die Teilnehmer bekommen die Aufgabe, Texte zu verfassen, die sowohl in grammatischer, orthographischer wie auch in ästhetischer Hinsicht dekonstruiert sind. Dadurch kann eine typische „Pidgin-Sprache“ entstehen, die zunächst befremdlich wirken kann, in letzter Konsequenz aber auch eine komische Wirkung entfaltet. Als Beispiel eignet sich dieses Gedicht von Ernst Jandl (1997, 116):

„sein das heuten tag sein es ein scheißen tag
sein das gestern tag sein es gewesen ein scheißen tag ebenfalz
kommen das morgen tag sein es werden ein scheißentag ebenfalz
und so es sein aufbauen sich der scheißen woch
und aus dem scheißen woch und dem scheißen woch
so es sein aufbauen sich der scheißen april
und es sein anhängen sich der scheißen mai
und es sein anhängen sich der scheißen juni scheißen
juli august etten zetteren
so es sein aufbauen sich der scheißen jahr
und auf allen vieren der scheißen schalten jahr
und haben jeden der scheißen jahr darauf einen nummeron
neunzehnscheißhundertsiebenundsiebzigscheiß
scheißneunzehnhundertscheißachtundscheißsiebzigscheiß
so es sein aufbauen sich der scheißen leben
schrittenweizen hären von den den geburten
und sein es doch wahrlich zum tot-scheißen“

Sinnlose Laute aneinander reihen (Gibberisch, Cremolo)

Wenn wir uns überhaupt nicht mehr auf den Inhalt des gesprochenen Wortes konzentrieren, sondern ausschließlich auf den vokalen Ausdruck, kommen wir schnell in einen affektiven Bereich, wo sich humorvolle Effekte wie von selbst einstellen. Kleine Kinder tun dies häufig spontan! Die Stimme bietet uns dabei viele Möglichkeiten: Wir können sie modulieren, sie erheben, senken und zur Bildung von Tongestalten einsetzen. So üben wir, sinnlose Laute aneinander zu reihen, so dass wir einen richtigen Wortsalat produzieren. Als Beispiel können wir das *Gadji beri bimba*-Lautgedicht des Dadaisten Hugo Ball (1927) nehmen:

„gadji beri bimba glandridi laula lonni cadori
gadjama gramma berida bimbala glandri galassassa laulitalomini
gadji beri bin blassa glassala laula lonni cadorsu sassala bim
gadjama tuffm i zimzalla binban gligla wowolimai bin beri ban

katalominai rhinozerossola hopsamen laulitalomini hoooo
gadjama rhinozerossola hopsamen
bluku terullala blaulala loooo"

Eine Variante ist Christian Morgensterns (1994, 62) Lautgedicht *Das große Lalula*:

Kroklokwafzi? Semememi!
Seiokrontro – prafriplo:
Bifzi, bafzi; hulalemi:
quasti basti bo ...
Lalu, lalu lalu lalu la!
Hontraruru miromente
zasku zes rü rü?
Entepente, leiolente
klekwapufzi lü?
Lalu lalu lalu lalu la!
Simarar kos malzipempu
silzuzankunkrei!
Marjomar dos: Quempu Lempu
Siri Suri Sei!
Lalu lalu lalu lalu la!

Dabei dürfen wir die Mimik natürlich nicht vergessen: Wir lassen zum Beispiel die Augen rollen, reißen sie weit auf oder kneifen sie zusammen! Auch mit unseren Gesichtsmuskeln spielen wir nach Belieben, indem wir grimassieren, was das Zeug hält! Mit dem Publikum kommunizieren wir, indem wir ihm zum Beispiel Küsschen zuwerfen. Damit setzen wir Zäsuren, indem wir immer wieder innehalten und uns ganz auf den Ausdruck unseres Körpers konzentrieren.

4 Die Körpersprache

Im Gegensatz zur abstrakten Symbolik der verbalen Sprache ist die Körpersprache weitgehend anschaulich. Sie bezieht sich – „affektlogisch" – auf Sachverhalte, die im Hier und Jetzt der Interaktion unmittelbar zur Wirkung kommen. Das entspricht einer Fokussierung auf die anschauliche Sprache des Körpers, was sich so formulieren lässt: ***Ich bin im Grunde das, was ich in meinem primären Ausdrucksverhalten bin. Deshalb lasse ich meinen Körper sprechen lassen.***

Die **Gestik** ist ein wichtiger Bestandteil der Körpersprache. Sie umfasst die Bewegungsmuster eines Menschen, die sich jeweils in seiner typischen Körperhaltung offenbaren. Jeder Mensch bewegt sich im Prinzip auf eine für ihn typische Weise. Dieses individuelle Bewegungsmuster lässt sich den folgenden Formen körpersprachlichen Ausdrucks zuordnen:

- Der **Kopfmensch** ist in seiner Beweglichkeit eingeschränkt, so dass er einen steifen, zuweilen sogar „verklemmten" Eindruck erweckt. Die Mimik ist insgesamt wenig differenziert, wodurch ein typisches Pokerface geformt wird. Dabei wirkt dieser Typus ausgesprochen vernünftig („kopfgesteuert"), aber auch kontrollierend, zielgerichtet und bereichsweise arrogant. Im Hinblick auf das wirklichkeitsnahe Leben erscheint er irgendwie abgehoben. Das rührt nicht zuletzt daher, weil der Blick – wie beim typischen „Hans-guck-in-die-Luft" – starr nach oben oder auch unten gerichtet ist, so dass der direkte Blickkontakt nicht gelingt.

- Der **Brustmensch** nimmt – mit nach hinten gebogenen Schultern und gestraffter Rücken- und Halspartie – viel Raum ein. Das Kinn wird dabei energisch vorgestreckt, was einen selbstherrlichen Eindruck erwecken, durch den die Anderen leicht einschüchtert werden können. Der Blick ist herausfordernd auf die Kommunikationspartner gerichtet, während die Worte lautstark aus einer vollen Lunge strömen.

- Auch der **Bauchmensch** biegt die Schultern nach hinten, allerdings auf eine lässige Weise. Dabei erweckt er den Eindruck, als würde er seinen Bauch stolz vor sich hertragen. Dadurch wirkt er locker, sinnenfreudig und lebensfroh. Dabei erweckt er einen jovialen Eindruck, wodurch die soziale Kontaktherstellung gefördert wird.

- Der **Beckenmensch** ist lässig, elastisch und schwungvoll. Dabei lächelt er gerne galant, was einerseits charmant, zuweilen aber auch aufreizend wirken kann. Seine Mimik ist differenziert und signalisiert eine gewisse Koketterie. So steht er immer wieder im Mittelpunkt der Aufmerksamkeit.

Diese unterschiedlichen Körperhaltungen signalisieren immer dann Hoch-Status, wenn der betreffende Mensch sein eigenes Bewegungsmuster in einer unbefangenen Weise zeigt. Daraus kann sich dann eine authentische Pose entwickeln, in der sich die eigene Individualität unmittelbar entfaltet. Doch sobald der betreffende Mensch das eigene Bewegungsmuster willentlich verändern möchte – weil er sich in seiner eigenen Haut nicht wohlfühlt – läuft er oder sie Gefahr, unfreiwillig komisch zu werden. Dadurch gerät er unweigerlich in einen Tief-Status. Dies soll die folgende Geschichte veranschaulichen:

Zwanglos komisch

Fogo, der Clown, hatte wieder einmal einen Auftritt gehabt in der Stadt und kehrte in sein Hotel zurück. Wie es so seine Art war, begab er sich in die Bar, um sich noch ein Feierabendbier zu genehmigen. Zufrieden saß vor seinem Glas, als sich unvermittelt ein sichtbar gestresster Endvierziger zu ihm setzte und gleich reinplatzte mit seiner Frage: „Sie sind doch Fogo, der Clown?! Da können Sie mir bestimmt erklären, wie man es lernt, komisch zu werden!"

Fogo schaute lange in sein Glas. Schließlich fragte er den Mann höflich: „Warum wollen Sie denn komisch werden?"

„Das hängt damit zusammen, dass ich in einer führenden Position bin und außerdem noch verschiedene Ehrenämter bekleide. Damit habe ich keine Probleme, aber ich finde, dass ich in meinen Auftritten zu langweilig bin ..."

„Sie meinen, dass Sie nicht komisch genug sind?"

„Genau! Ich schaffe es einfach nicht, die Leute zum Lachen zu bringen. Dabei habe ich mir ein Repertoire von mehr als fünfhundert Witzen zugelegt. Aber niemand findet das wirklich komisch."

„Niemand lacht, wenn Sie einen Witz erzählen?"

„Genau! Und wenn doch jemand lacht, dann nur aus Höflichkeit."

Fogo stierte immer noch in sein halbvolles Glas Bier. Dann fragte er mit leiser Stimme: „Wie komisch möchten Sie denn eigentlich sein?"

„Ja ... so richtig komisch: So wie ein Komiker eben komisch ist."

„Also zwanglos komisch?"

Der Mann schaute Fogo irritiert an: „Zwanglos komisch? Wie meinen Sie das?"

„Sehen Sie“, entgegnete der Clown, „es gibt Menschen, die brauchen sich keinerlei Gedanken darüber zu machen, wie sie es schaffen, auf andere komisch zu wirken. Sie sind es schon in ihrem gesamten Erscheinungsbild, sie sind es in allem, was sie tun, was sie sagen oder auch nicht sagen. Das Entscheidende ist, dass diese Menschen sich weder bemühen, komisch zu sein noch dass es ihnen überhaupt ein Bedürfnis ist, andere Leute zum Lachen zu bringen. Zwanglose Komiker wollen gar nicht komisch sein. Sie sind es einfach.“

Der Mann schaute Fogo jetzt ziemlich konsterniert an: „Wollen Sie damit sagen, dass ich dadurch komisch werde, dass ich gar nicht komisch sein will?“

„Genau“, sagte der Clown, „so ist es! Das ist die wichtigste Bedingung, um zwanglos komisch zu werden. Die zweite Bedingung ist, dass Sie drei Dinge ausleben, die Sie an sich selbst noch nie mochten, ja, die Sie schon immer an sich gehasst haben.“

„Wie meinen Sie das?“, fragte der Mann mit großen Augen. „Soll ich mir einen Tic zulegen?“

„Nicht zulegen. Sie sollen lediglich etwas, das für Sie nicht akzeptabel ist, so forcieren bzw. so in den Vordergrund stellen, dass es für Ihre Mitmenschen ganz deutlich sichtbar wird. Um zur Sache zu kommen: Gibt es denn etwas, worauf Sie gar nicht stolz sind?“

„Hm, ja ... mein hessischer Akzent. Es stört mich, dass ich den nicht wegkriege, so sehr ich mich auch bemühe. Fast jeder fragt mich über kurz oder lang, ob ich aus Frankfurt komme.“

„Sehen Sie, genau das sollten Sie ab jetzt forcieren. Bemühen Sie sich daher, so zu babbeln, als wären Sie der Wirt vom Blauen Bock in Sachsenhausen. Und gibt es außerdem noch etwas, das Sie an sich nicht mögen?“

Nach kurzem Nachdenken kam diese Antwort: „Tja, da wäre noch mein Bauchansatz. Ich krieg' die Wampe einfach nicht weg ...“

„Dann sollten Sie ihren Bauch ganz bewusst vor sich hertragen. Stellen Sie sich vor, dass man Ihnen eine Schnur an den Bauchnabel gebunden hat. Und an dieser Schnur wird so stark gezogen, dass Ihnen gar nichts anderes übrig bleibt, als Ihren Bauch rauszustrecken und ihn beim Gehen hin und her zu schaukeln. Gibt es noch etwas Drittes, das Ihnen an sich selbst nicht behagt?“

„Ich habe mich immer schon geärgert, dass ich so kleine Augen habe. In der Schule haben sie gespottet, dass ich Schweinsäuglein hätte ... Ich habe das schon mit Sonnenbrillen zu kaschieren versucht. Aber es ist und bleibt störend.“

„Sie wissen sicher schon, was Sie stattdessen tun sollten“, entgegnete Fogo. „Bemühen Sie sich einfach, Ihre Augen noch kleiner zu machen als sie es schon sind. Das wird Ihnen am besten dadurch gelingen, dass Sie die Augen so stark wie möglich zusammenkneifen. Sie können das so lange trainieren, bis Sie richtige kleine Sehschlitze haben. Kombiniert mit Ihrem hessischen Gebabbel und dem vorgestreckten Bauch kann dies enorm zu Ihrem komischen Erscheinungsbild beitragen.“

Fogos Gesprächspartner schaute diesen lange an. Schließlich meinte er: „Ich glaube, eigentlich möchte ich gar nicht komisch sein!“

Darauf ergriff der Clown seine Hand, schüttelte diese ausgiebig und erklärte: „Damit haben Sie die erste Bedingung schon erfüllt!“ (Titze 2019, 29ff)

Ein Bewerbungsgespräch

Eine große Firma hat die Stelle für eine Reinigungskraft ausgeschrieben, die für die Sauberhaltung der Toiletten zuständig ist.

Ein Teilnehmender spielt den Personalchef, ein anderer nimmt die Rolle des Stellenbewerbers ein. Dabei gibt es – in Entsprechung zu den verschiedenen Körperhaltungen – jeweils fünf Variationen. Dabei soll sich der „Stellenbewerber" ausschließlich auf die jeweilige Körperhaltung konzentrieren. Die entsprechenden Worte sollen sich spontan, also „ganz von selbst" ausformen.

Diese Übung ruft gewöhnlich viel Heiterkeit hervor, da mit Inhalten gespielt wird, die „normaler Weise" als peinlich bewertet werden.

Gang und Schritt

Alle Teilnehmer gehen durch den Raum. Dabei achten sie darauf, ihren eigenen Gang und Schritt zu finden. Der Spielleiter zeigt auf einen Teilnehmer und alle nehmen jetzt dessen Gang an, wobei sie die entsprechenden Merkmale bewusst übertreiben. Der betreffende Teilnehmer tritt auf Anweisung zur Seite und schaut sich an, welche typischen Merkmale ihm/ihr von der Gruppe gespiegelt werden.

Maschinenmenschen versus Wassermenschen

Wir stellen uns vor, dass wir unter Wasser sind und alles um uns herum rund und angenehm ist. Wir machen weiche, wellige Bewegungen. Wir genießen diesen Zustand. Dabei achten wir besonders auf den Ausdruck von Mimik und Gestik. Sobald der Spielleiter klatscht, wird das genaue Gegenteil gemacht: Nun sind alle aus Metall, jedes Gelenk ist ein Scharnier. Wir bewegen uns eckig und mechanisch.
Als „Maschinenmenschen" kämpfen wir gegen die Schwerkraft an.

Danach werden Zweier-Gruppen gebildet: Die eine Gruppe umfasst „Maschinenmenschen", die andere Gruppe „Wassermenschen". „Wassermensch" und „Maschinenmenschen" begrüßen sich jeweils auf ihre typische Art! Wenn geklatscht wird, wechseln die „Wassermenschen" und „Maschinenmenschen" jeweils ihre Identität.

Körperhaltung und interaktiver Status

Das Ansehen eines Menschen leitet sich weitgehend von dessen (hoher oder niederer) Rangstellung im sozialen Leben ab (vgl. Claessens 1995). Dieser **soziale Status** lässt sich anhand von gewissen formalen Hinweisen bestimmen:

- **Äußeres Erscheinungsbild:** Qualität der Bekleidung, Besitz von materiellen Gütern
- **Umgangsformen und Bildung:** gutes/schlechtes Benehmen, gepflegte/vulgäre sprachliche Ausdrucksweise, hoher/niederer Bildungsgrad
- **Reputation:** Herkunft, berufliche Stellung, Freundeskreis, soziale Stellung des Partners, geführte Titel, Mitgliedschaft in renommierten Clubs

Sofern sich diese Merkmale positiv bewerten lassen, wird dem betreffenden gewöhnlich Mensch ein hoher sozialer Status zuerkannt. Ist dies nicht der Fall, wird sein sozialer Status im Allgemeinen als niedrig eingeschätzt.

Daneben besitzt jeder Mensch einen **interaktiven Status**, der sich ausschließlich aus der Unmittelbarkeit der zwischenmenschlichen Begegnung heraus ergibt. Hier entscheidet häufig schon der erste Eindruck, wie der betreffende Mensch von seinen Sozialpartnern eingeschätzt wird. Daraus ergibt sich wiederum die (unbewusste) Zuweisung in einen hohen bzw. niederen interaktiven Status, was sich sofort auf die kommunikative Beziehung auswirkt.

Hochstatus

Es gibt Menschen, deren interaktiver Status von vornherein hoch ist. Ein Beispiel gibt der typische Butler, den wir mit seiner vornehm arroganten Zurückhaltung aus unzähligen Theaterstücken und Filmen kennen. Dieser Leitfigur sozialer Bedeutsamkeit entsprechen alle, die sich in ihrem Auftreten vornehm zurückhalten. Dies geschieht nicht zuletzt durch die konsequente Einschränkung der körperlichen Bewegungen, wodurch diese Menschen signalisieren, dass sie es nicht nötig haben, sich in der Interaktion mit anderen besonders anstrengen zu müssen. Anders ausgedrückt: Der in sich ruhende, unaufgeregte Mensch nimmt sich die Zeit, ganz bei sich selbst zu sein – und sich einer „majestätischen Ruhe" hinzugeben.

Den statusfördernden Effekt, der sich aus einer ruhigen Körperhaltung ergibt, machen sich die Herrschenden seit jeher zunutze: So hielten bereits ägyptische Pharaonen stilisierte Hirtenstäbe gekreuzt in den Händen, wodurch sie ihren Oberkörper ruhig halten **mussten**. Auch die schwere Mitra, die sie auf dem Kopf balancierten, trug zur allgemeinen Ruhigstellung bei. Entsprechend präsentieren gekrönte Könige auch in der Gegenwart das Zepter und den Reichsapfel in der Innenfläche ihrer Hände. Dadurch ist ihre majestätische Ruhe uneingeschränkt gewährleistet.

Der Theaterwissenschaftler Keith Johnstone (1998, 498) zählt die körpersprachlichen Voraussetzungen für einen hohen interaktiven Status im Einzelnen auf:

- ruhige Körperhaltung
- hoch erhobenes, weitgehend bewegungsloses Haupt
- Raum einnehmende Stellung der Extremitäten
- beharrliches Halten des Blickkontakts
- Zurückhaltung beim Sprechen
- sich beim Sprechen nicht unterbrechen lassen
- aus „vollen Lungen" sprechen (das gelingt zuverlässig, wenn wir vor dem Beginn eines neuen Satzes immer tief einatmen!)
- körperliche Nähe zum Gegner herstellen: dieser wird an Schultern und Armen berührt oder am Kopf getätschelt, man fährt ihm durchs Haar usw.
- erst mit erkennbarer Verzögerung antworten

Statushohe Menschen stellen gerne Fragen[4]

Statushohe Menschen stehen grundsätzlich nicht – wie auf Kommando – Rede und Antwort: Wurde eine Frage an sie gerichtet, lassen sie gerne eine gewisse Zeit verstreichen. Dabei fassen sie die Person, die ihnen die Frage gestellt hat, genau ins Auge. Mit einer erkennbaren Zeitverzögerung kommt dann die Antwort – in Form einer Gegenfrage, die auf die Person des Fragestellers bezogen ist und dabei betont freundlich wirken soll. Das könnte sich dann so anhören:

„Sie fragen mich, lieber Herr Schulze, wo ich gestern um diese Zeit gewesen bin." (Längere Atempause, unverwandter Blickkontakt,

---

4 Weitere Hinweise zur Fragetechnik finden Sie in Kapitel **9**.

freundliches Lächeln) „Würden Sie mir bitte präzise erklären, weshalb Sie das so genau wissen wollen?"

Nachdem der Fragesteller hierauf geantwortet hat, kann eine weitere Frage „nachgeschoben" werden. Diese kann sich nunmehr auf einen bestimmten Sachverhalt in der Aussage des Kontrahenten beziehen, wie zum Beispiel:

„Wollen Sie damit sagen, verehrter Herr Schulze, dass ich zu Unpünktlichkeit neige?" (Längere Atempause mit lächelndem Blickkontakt.) „Wie können Sie mir das exakt begründen?"

Der Konter kann sich auch auf eine bestimmte Persönlichkeitseigenschaft des Kontrahenten beziehen, zum Beispiel:

„Sie sagen, Sie hätten gestern eine dringende Auskunft von mir haben wollen, lieber Herr Schulze." (Längere Atempause, lächelnder Blickkontakt) „Könnte es sein, dass Sie einen leicht zwanghaften Hang zur dringlichen Erledigung der Dinge haben?"

Wie dieses Beispiel zeigt, bekommt der Wortwechsel allerdings eine aggressive Prägung, sobald persönliche Eigenheiten des Kontrahenten in Frage gestellt werden.

Auch der Schauspieler Klaus Kinski (1926 – 1991), der gerne als unberechenbarer Psychopath auftrat, stellte Gegenfragen, um seinen Hochstatus zu dokumentieren. Als er einmal von Thomas Gottschalk interviewt wurde[5], ließ er diesen mithilfe dieser eigentlich simplen Technik geradezu auflaufen. Um dies zu veranschaulichen, bringen wir hier einen Ausschnitt aus diesem Interview:

---

[5] Dieses Interview entstand am 19.10.1985 in der ZDF-Sendung „Na Sowas".

Gottschalk: „Wir haben nicht viele internationale Stars. Deshalb sind wir auf die paar, die wir haben, stolz …“
Kinski: „Wer ist wir?“
Gottschalk versuchte, dies wortreich erklären, worauf Kinski lakonisch zur Antwort gab: „Ich kann Ihnen nicht folgen. Was meinen Sie damit?“
Im weiteren Verlauf des Interviews stellte Gottschalk fest: „Sie sind in den Filmen fast immer ein böser Mensch. Sind Sie das privat auch?“
Kinski: „Was verstehen Sie unter privat?“
Und als Gottschalk zum Schluss noch fragte, ob Kinski mit sich zufrieden sei, bekam er zur Antwort:
„Warum soll ich mit mir zufrieden sein?“

Tiefstatus

Woody Allen, Mr. Bean und viele andere Komiker haben sich darauf spezialisiert, den Gegenpart zum in sich ruhenden „König“ zu mimen. So plappern sie unüberlegt drauflos und haben weder ihren Bewegungsapparat noch die Konsequenzen ihrer Fahrigkeit im Griff. Dadurch wirken sie irgendwie komisch und unreif. Sie geben sich wie ein zappeliges kleines Kind, das sich in einer komplizierten Welt zurechtfinden will. Keith Johnstone (1998, S. 499) hat die körpersprachlichen Voraussetzungen für dieses Tiefstatus-Verhalten aufgelistet:

- unruhige Nervosität, Fahrigkeit, Zappeligkeit
- nervöse Hand- und Gesichtsgesten (Zupfen, Kratzen am Kopf und der Nase usw.)
- in sich geschlossene, verkrampfte Körperhaltung

- wenig Raum einnehmen
- Blickkontakt wird nicht gehalten, der Blick flackert weg
- schnelle, beflissene Bewegungen, häufiges Kopfnicken
- viel reden, erklären, rechtfertigen, beschwichtigen
- beim Reden kurzatmig sein (mit leeren Lungen sprechen)
- stottern, stammeln, Sätze nicht zu Ende bringen
- auf Fragen „wie aus der Pistole geschossen“ antworten
- sich beim Reden unterbrechen lassen
- nachgiebig sein, zu allem Ja sagen
- Nachteiliges über sich selbst berichten, Peinlichkeiten aus dem eigenen Leben offenbaren, sich selbst herabsetzen
- Vorteilhaftes über andere berichten, insbesondere dem Gesprächspartner Bewunderung signalisieren und ihm oder ihr schmeicheln wollen

Ein Mensch, der sich so verhält, signalisiert körpersprachlich, dass er sich in der schwachen Position eines selbstunsicheren Kindes befindet. Daran ändern selbst tadellose sprachliche Fertigkeiten nichts!

Ein komischer Eindruck kann immer dann entstehen, wenn es zu einem Kontrast (vgl. Kapitel **5**) zwischen dem formalen sozialen Status und dem informellen interaktiven Status kommt. Das kann zum Beispiel der Fall sein, wenn ein beruflich hochgestellten Menschen körpersprachlich Tiefstatus signalisiert – zum

Beispiel durch eine unangemessene Sprechgeschwindigkeit, eine unzulängliche Artikulation der Worte (Stottern, Stammeln, Verhaspeln) oder einen stockenden (kurzatmigen) Atemfluss. Wer sich da nicht an die konventionellen Vorgaben für ein normales Sprechen halten kann, läuft unweigerlich Gefahr, einen komischen Eindruck zu erwecken (Kapitel **6**).

Komisch können auch weitere körpersprachliche Begleiterscheinungen des Sprechens wirken, sobald diese aus dem Ruder laufen. Henri Bergson (2011, 31) beschrieb die Disharmonie von Gebärden und Worten:

„Betrachten wir die Gebärden eines Redners. Sie wetteifern mit seinen Worten. Die Gebärde ist eifersüchtig auf das Wort, deshalb läuft sie hinter dem Gedanken her. Auch sie will den Gedanken übersetzen dürfen. [...] Ein Gedanke ist etwas, das im Lauf einer Rede wächst, das Knospen treibt, blüht und reift. [...] Jeden Augenblick muß er sich ändern, denn sich nicht mehr ändern heißt nicht mehr leben. Ebenso lebendig sei daher die Gebärde! Sie gehorche der Grundregel des Lebens und wiederhole sich nie! Doch was geschieht stattdessen? Jene Bewegung des Arms oder des Kopfes, immer dieselbe, kehrt sie nicht regelmäßig wieder? Falls ich dies als Zuhörer bemerke, falls es genügt, um mich abzulenken, falls ich unwillkürlich auf die Bewegung warte, und sie kommt, wenn ich sie erwarte – dann muß ich wider Willen lachen. [...] Das ist nicht mehr Leben, das ist ein ins Leben eingebauter und das Leben imitierender Automatismus. Es ist Komik."

In der folgenden Übung wird mit körpersprachlichen Voraussetzungen gespielt, die entweder den interaktiven Hochstatus oder den Tiefstatus herbeiführen.

Die Königsmethode

Ein Gruppenteilnehmer sitzt als „König“ auf einem Stuhl. Auf seinem Kopf balanciert er einen umgestülpten Plastiknapf (= „Krone“), während er in der einen Hand eine Banane (= „Zepter“) und in der anderen Hand einen Apfel (= „Reichsapfel“) hält. Um die Beine zu fixieren, hat er die Fußspitzen nach außen gedreht. Aus dieser Haltung heraus lässt sich der „König“ auf Zwiegespräche ein. Er soll dabei (a) kurze Sätze verwenden, auf die stets eine Pause folgt und (b) diese Sätze grundsätzlich als Fragen formulieren. Unter dieser Voraussetzung können die verschiedensten Problemsituationen durchgespielt werden, zum Beispiel:

- Der Vorgesetzte, die Ehefrau, Geliebte usw. (dargestellt von Mitspielern) erheben Vorwürfe;
- Der „König“ stellt Forderungen (Gehaltserhöhung, Nachbarschaftskonflikt);
- Der „König“ ist mit einer Amtsperson (beim Finanzamt, Gericht usw.) konfrontiert;
- Der „König“ wird von der Polizei wegen eines Verkehrsdelikts verhört;
- Der „König“ ist bei einer Party in *„small talk“* verwickelt.

Lustig wird es immer dann, wenn ein ranghöherer Mensch (Vorgesetzter, Elternfigur, amtlicher Würdenträger usw.) gegenüber einem Rangniederen (Untergebener, Kind, Mensch mit primitivem sprachlichem Ausdruck usw.) körpersprachlich in den Tiefstatus geht, während der Kontrahent in der Position des „Königs“ bleibt.

5 Kontraste

Erich Kästner stellte fest: „Worüber lacht der Mensch, wenn sein Herz und sein Verstand bei der Sache sind? Er lacht über Kontraste!“ Ein Beispiel aus der bildenden Kunst ist dieses Gemälde des surrealistischen Künstlers Fifo Stricker (1995), der die Welt der belebten Objekte mit der Welt der Technik verknüpfte:

Wenn sich der Ablauf normalen Lebensvollzugs in einer solchen Weise präsentiert, ergeben sich unweigerlich komische Kontraste. Es tut sich dabei etwas auf, was „normaler Weise“ nicht sein sollte. Das kann auch auf eine unbeabsichtigte Weise geschehen. In diesem Fall sprechen wir von **unfreiwilliger Komik**. Hier einige Beispiele:

- ein Opernsänger kriegt während des Auftritts einen Schluckauf
- eine Autoritätsperson rutscht auf der berüchtigten Bananenschale aus
- ein „zerstreuter Professor“ erscheint mit schwarzem Anzug und ausgelatschten Sandalen zum Festakt.

Wird ein komischer Kontrast aber bewusst hergestellt, profiliert sich der betreffende Mensch als **freiwilliger Komiker**. Unter dieser Voraussetzung kann …

- ein Clown eine winzige Violine aus einem riesigen Koffer herausholen
- ein Angestellter die Führungseigenschaften seines Vorgesetzten in den höchsten Tönen loben, während er gleichzeitig die Augen verdreht
- jemand erklären, voller Angst zu sein, während er gleichzeitig die Position von King Kong einnimmt
- jemand behaupten, die mächtigste Person in der Firma zu sein und gleichzeitig das Gesicht hinter seinen Händen verbergen
- sich jemand sehr positiv über das Zölibat äußern, während er dabei in obszöner Weise gestikuliert.

Ein komischer Kontrast entsteht auch, wenn die hehre Welt philosophischen oder religiösen Denkens mit dem banalen Alltag konfrontiert wird. Woody Allen (1980, 33) stellt entsprechende Kontraste besonders gerne her:

- *„Es stimmt, dass es ein Leben nach dem Tode gibt. Aber versuchen Sie erst einmal einen Klempner am Wochenende aufzutreiben!"*
- *„Es ist unmöglich, unvoreingenommen seinen eigenen Tod zu erleben und ruhig weiter zu singen."*
- *„Das ewige Nichts ist okay, wenn man entsprechend gekleidet ist."*
- *„Ich habe keine Angst vor meinem eigenen Tod. Ich möchte einfach nicht da sein, wenn es passiert."*
- *„Was wäre, wenn alles nur eine Illusion wäre und nichts existierte? In diesem Falle hätte ich für meinen Teppich definitiv zu viel gezahlt!"*

Der komische Kontrast

Wenn jemand zu einem Sonntagsanzug schwere Bergschuhe trägt, wenn bei einem Sommerfest ein Weihnachtslied angestimmt wird, wenn der Nikolaus bunte Ostereier verschenkt – stets entsteht ein Kontrast, der entsprechend komisch wirkt.
Ein solcher Kontrast stellt sich auch ein, wenn ein vernünftiger Erwachsener plötzlich wie ein albernes Kind zu reden beginnt. Dadurch ergibt sich ein „kreatives Gemisch", das verblüffen und amüsieren kann. Dies lässt sich gerade auch für die Rhetorik nutzen. Hier ein Beispiel:

Der Mitarbeiter kommt fünf Minuten zu spät zur Besprechung. Ein Kollege schaut bedeutungsvoll auf die Armbanduhr.
Mit strahlender Unschuldsmiene fragt der zu spät Gekommene: „Kann man mit der auch tauchen?"

Hier wurde ein Kontrast zwischen den Perspektiven eines gesellschaftsfähigen Erwachsenen und eines unwissenden Kindes hergestellt, das unbedarft drauflos plappert. So entsteht ein Missverhältnis, das verblüffen, zuweilen befremden, häufig aber auch amüsieren kann. Dabei werden Annahmen vorgebracht, die den normativen Erwartungen konventioneller Gesprächsführung nicht entsprechen – und damit eigentlich dumm sind.
Um die Wirkung dieses komischen Kontrastes zu veranschaulichen, bringt Woody Allen (1980, 62) einen Rabbi ins Spiel, an den sich ein Mann wandte, der seine hässliche Tochter unbedingt verheiraten wollte.

Mein Herz ist schwer", sagte der Mann zum Rabbi, „weil Gott mir eine hässliche Tochter gegeben hat."

„Wie hässlich?“, fragte der Geistliche.
„Wenn sie zusammen mit einem Hering auf einem Teller läge, wäre man nicht imstande, die beiden auseinanderzuhalten.“
Der Rabbiner dachte lange nach und fragte endlich: „Welche Art Hering?“
Der Mann, von der Frage überrascht, dachte schnell nach und sagte: „Äh – Bismarck.“
„Zu schade“, sagte der Rabbi, „wenn es Matjes wäre, hätte sie bessere Chancen.“

Kontrast von Wortsprache und Körpersprache

Ein komischer Kontrast entsteht unweigerlich, wenn das gesprochene Wort nicht mit der nonverbalen Äußerung übereinstimmt. Damit kommt es zu einer Unvereinbarkeit von Wortsprache und Körpersprache. Es gibt durchaus tragische Beispiele von unfreiwilliger Komik, die auf diese Kollision zurückgehen, zum Beispiel:

- der nach Luft ringende Don Juan
- Hamlet mit Schluckauf
- der Fernsehmoderator mit Gesichtszuckungen
- der stotternde Festredner

***Duett** (nach Joachim Ringelnatz)*

Diese Übung soll den Kontrast von verbaler Sprache und Körpersprache (das große Problem des unfreiwilligen Komikers!) herausarbeiten, so dass der Inhalt der gesprochenen Äußerungen mit der entsprechenden Mimik, Gestik und der lautlichen Intonation oder Betonung nicht zu vereinbaren ist. Dabei werden banale Mitteilungen pathetisch deklamiert; hochtrabende verbale Botschaften werden gelispelt, gestammelt oder an der falschen Stelle betont.

Die Dialogpartner stehen sich gegenüber. Einer von ihnen deklamiert den folgenden Text:
„Ach, Faulsein ist schön!
Und schön ist die Ruhe!
Und Nichtstun ist schön!"
(Nach den Füssen des Anderen schielend)
„Und schön sind die Schuhe!"

Der Partner antwortet entsprechend:
„Ja, faul sein ist schön!
Und Schlaf tut so gut.
Und schön ist die Stille!"
(lächelt dem Anderen zu)
„Und schön ist ein alter Hut!"

Der gesprochene Text wird unangemessen variiert, indem…
a) falsch betont/intoniert wird,
b) vor dem Rezitieren die Luft ausgeatmet wird,
c) ein Korken zwischen die Zähne gesteckt wird,
(e) gelispelt oder gestammelt wird.

Intentionale Sprechhemmung

Jeder Teilnehmer soll einen möglichst komischen Vortrag halten. Man beginnt zunächst konventionell über ein beliebiges Thema zu sprechen. Auf ein Zeichen hin wird eine bestimmte Sprechhemmung eingeleitet, so dass der normale sprachliche Fluss schlagartig verändert wird. Das wird, wie wir bereits sahen, dadurch bewirkt, dass zum Beispiel
- ein Schluck Wasser im Mund behalten wird
- ein Streichholz oder ein Korken zwischen Lippen und Schneidezähne geklemmt wird
- Brausepulver im Mund aufgeschäumt wird
- ein Bleistift in die Mundwinkel geschoben wird
- „rückwärts geatmet", das heißt nur beim Einatmen gesprochen wird
- mit weit ausgestreckter Zunge gesprochen wird
- die Zunge gegen den Gaumen oder die gepresst wird

Kontra-Assoziationen

Als Assoziation bezeichnet man die Verknüpfung von Vorstellungen und Begriffen, die in einem logisch „richtigen“ Zusammenhang miteinander stehen. Zum Beispiel assoziieren wir „Baum“ mit „Holz“ oder „Wiese“ mit „Gras“, weil beides zur Welt der Natur gehört. Wird dieser Rahmen gesprengt bzw. „verrückt“, ergibt sich ein unpassender bzw. befremdlicher Effekt, der grundsätzlich komisch wirken kann. Das wäre der Fall, wenn auf „Wiese“ (Welt der Natur) „Schraubenzieher“ (Welt der Technik) assoziiert wird. Entsprechendes gilt, wenn auf „Petersdom“ zum Beispiel „Unterhose“ assoziiert wird.

Wir üben mit einem Partner: Dieser gibt uns bestimmte Begriffe vor, auf die wir „kontra-assoziieren“. Um uns diese Arbeit zu erleichtern, sollen die eingebrachten Begriffe zunächst grundsätzlich aus der Welt der belebten Natur stammen, zum Beispiel „Wiese“, „Wald“, „Hirsch“, „Regenwurm“. Darauf assoziieren wir Begriffe aus der unbelebten Welt der Technik: zum Beispiel „Kernspaltung“, „Dampfmaschine“, „Vorschlaghammer“, „Maschinenöl“. Wir werden leicht feststellen, dass die Humorreaktion besonders schnell erfolgt, wenn diese Begriffe möglichst wenig miteinander gemeinsam haben.

Widersinnige Sprichwörter

Streitgespräche verlaufen gewöhnlich innerhalb eines einheitlichen Bezugsrahmens, indem auf den Angriff des Gegners entweder ein aggressiver Konter oder eine rechtfertigende Ausrede erfolgt, mit deren Hilfe die Provokation abgemildert werden soll (vgl. Kapitel **1**).

Die Strategie des rhetorischen Humors bezieht einen zusätzlichen Bezugsrahmen ein, der gezielt einen logischen Widerspruch hervorbringt. Dadurch ergeben sich Kontraste, welche die Gegenrede unweigerlich als komisch erscheinen lassen. In der Praxis gelingt dies zuverlässig, wenn wir zum Beispiel Sprichwörter verwenden, die mit dem Inhalt der Vorhaltungen des rhetorischen Gegners logisch nicht zu vereinbaren sind. Hier einige Beispiele (Berckhan 2002, 67):

- „Was haben Sie denn für Flausen im Kopf? Normalerweise sind Sie doch einigermaßen intelligent.“
  „Nun, wie es so schön heißt: Morgenstund‘ hat Gold im Mund!“

- „Sie wollen sich doch nur wichtigmachen.“
  „Wie meine Großmutter schon sagte: Die Mücke fliegt so lange ums Licht, bis sie verbrennt.“

Werden die Sprichwörter zusätzlich „verdreht“, wird der komische Kontrast weiter gesteigert. Hier einige Beispiele:

- „Wo kleiden Sie sich denn ein? Bei Woolworth?“
  „Wer im Glashaus sitzt, sollte nicht mit dem Zaunpfahl winken.“

- „Bewegen wir uns noch auf Ihrem Niveau oder sind wir Ihnen schon zu hoch?“
  „Der Krug geht solange zum Brunnen, bis er sich übergibt.“

- „Du siehst ja heute zum Gruseln aus. Hast du im Heuschober geschlafen?“
  „Die dünnsten Bauern tragen die wärmsten Pantoffeln.“

- „Du bist ja ganz schön eingebildet. Aber Einbildung ist auch Bildung.“
  „Das ist der Funke, der das Fass zum Überlaufen bringt!“

6 Der närrische Mensch

Menschen, welche die Grenzlinien der normalen Welt „verrücken", figurieren in der Seelenheilkunde seit jeher als Narren. Psychopathologisch gesehen, verkörpert dieser Verrückte, der sich unfreiwillig daneben benimmt, somit eine abnorme Persönlichkeit. Dadurch wird der eigentliche Narr zu einem komischen Sonderling, der auf die anderen nicht anders als befremdlich und lächerlich wirkt. Genau das ist der Grund, weshalb diese unfreiwilligen Komiker schlussendlich unter ihrer närrischen Andersartigkeit leiden.

Dem im späten 15. Jahrhundert von Sebastian Brant verfassten Buches „Das Narrenschiff" lässt sich entnehmen, dass die Figur des Narren schlechthin als ein Symbol für die menschliche Unzulänglichkeit, Ichbezogenheit[6] *und Sündhaftigkeit galt. Er wurde von seinen „normalen" Zeitgenossen als derart befremdlich wahrgenommen, dass man ihm sogar die Besessenheit durch bösartige Dämonen nachsagte. War er nicht von Geburt an – das heißt durch Gottes Willen! – durch körperliche Gebrechen gezeichnet (und damit in seiner Andersartigkeit für alle Welt erkennbar), so war er gezwungen, ein auffälliges Narrengewand zu tragen, das in manchem den „Schandkleidern" von Huren und Juden glich. Doch einzig*

6 Der Narrenstab, an dessen Ende das geschnitzte Konterfei des Narren (in späteren Zeiten auch ein bloßer Spiegel) angebracht war, entsprach einem symbolischen Spottbild dieser Ichgebundenheit.

dem Narren war es vorbehalten, an der Kapuze dieses Gewandes lange Eselsohren aus Leinen zu tragen, an deren Ende jeweils eine kleine Schelle baumelte. Eben dies gab ihn dann eben jener allgemeinen Lächerlichkeit preis, deren Opfer grundsätzlich auch ein Krüppel sein konnte. Denn zur Kategorie „Narr" zählten im Mittelalter, wie Wolfgang Mezger (1980, 50) feststellt, alle Individuen, „die aufgrund körperlicher Anomalien und Gebrechen, aufgrund geistiger Defekte oder auch aufgrund weltanschaulich religiöser Andersartigkeit nicht dem herrschenden Normensystem des christlichen Abendlandes entsprechen". Mit anderen Worten: Als „Narr" galt ein jeder, der im weitesten Sinn nicht „normal" war. (Titze 1985, 84)

Das ist bei freiwilligen Narren so nicht der Fall. Diese setzen vielmehr alles daran, sich daneben zu benehmen und durch ihre Verrücktheiten möglichst aufzufallen. Damit nehmen sie bereichsweise die Identität eines Narren an, ohne wirklich „verrückt" zu sein.

Bereits im Mittelalter übten die eigentlich „bösen" Narren eine so große Faszination aus, dass zunächst die Fürsten daran gingen, sich einen Schalksnarren – als Prototyp des freiwilligen Narren – an ihre Höfe zu holen. Dieser professionelle Spaßmacher hatte das Privileg, sich nicht an die ungewöhnlich strengen Normen der damaligen Zeit halten zu müssen. Damit erschlossen sich solche Hofnarren eine schier unerschöpfliche Quelle des Lachens. Diese Berufskollegen des weltberühmten Till Eulenspiegel waren zweifellos die ersten echten Humoristen des Abendlandes. Sie waren in einem System „streng monopolisierter Machtausübung und Wahrheitsfindung der einzige Stachel, der nicht in vorgeschriebener Richtung löckte" (Jeggle 1980, 228). So war es ihnen

möglich, ihren ängstlich um den Ernst des Lebens ringenden Zeitgenossen vorzuleben, welchen Spaß es bereitet, die weltliche und kirchliche Obrigkeit zum Narren zu halten und dabei jene herrliche „Narrenfreiheit" zu genießen, wie sie bis heute ansonsten nur dem kleinen Kind zugestanden wird. (Titze 1985, 85)

Solche freiwilligen Komiker sind im Grunde Grenzgänger. Sie stehen sozusagen mit einem Bein in der Welt der Unvernunft und mit dem anderen Bein in der Welt der Vernunft. Dies erlaubt eine Öffnung der Grenzen zwischen alogischen und logischen Welten (vgl. **2**). Humorforscher wie Arthur Koestler (1990) interpretieren diese Verschmelzung von heterogenen Bezugssystemen als geradezu unerlässliche Voraussetzung für die Entstehung von Humor. Anders ausgedrückt: Der Humor bedarf der Gegensätze, um sich entfalten zu können. So wirkt der infantile Unsinn immer dann belustigend, wenn er mit der gesitteten Vernunft des normalen konfrontiert wird. Wer also fähig und willens ist, „Erwachsener zu sein und Kind zu bleiben" (Kästner 2016), wird als flexibler Grenzgänger zu einem freiwilliger Komiker.

Doch nicht jeder, der als Komiker Frohsinn verbreitet, verkörpert die eigentliche Wesenheit des Humors, dem es weniger um den (Lach-) Effekt geht als um die Haltung geht. Diese entspricht einer heiteren Gelassenheit, die sich gerade angesichts widriger Lebensumstände zu entfalten versteht. Dadurch stellt der echte Humorist einen deutlichen Kontrast zum Ernst des Lebens her. Erst unter dieser Voraussetzung kann er die strikten Gesetze der Vernunft nach Belieben relativieren oder auch ironisch überzeichnen. So kann sich ein launiger Eigensinn entfalten, der auf „normale" Mitmenschen in der Regel verblüffend, schräg oder eben auch „närrisch" wirkt.

Im Jahre 1907 veröffentlichte Karl Arnold in der satirischen Wochenzeitschrift *Simplicissimus* eine Karikatur[7], die drei unterschiedliche Typen von Komikern veranschaulicht. Dabei wird die besondere Gemütsart des eigentlichen Humoristen deutlich:

Der Spaßmacher Der Witzeerzähler Der Humorist

Das Fazit der hier dargestellten Reihenfolge ist: Im Gegensatz zum Spaßmacher und Witzeerzähler braucht der genuine Humorist kein Publikum, das ihm applaudiert. Ihm geht es nicht um die Außenwirkung. Er folgt allein seinem närrischen Eigensinn und tut das, wozu er gerade Lust hat. Das kann dann auch die einsame Siesta auf einer verlassenen Parkbank sein, inmitten eines Schneegestöbers! Jonny Kiphard (1986) erläuterte diese besondere Haltung so:

„Sind es nicht Unsinn und Unlogik, die einen eigenartigen Reiz auf uns ausüben? Auf uns, die wir gewohnt sind, alles, was wir sehen und hören in unser überaus logisches, rational bestimmtes Weltbild einzuordnen? Wo Vernunft regiert, da muss alles stimmen. Alles hat gefälligst schön ordentlich an seinem Platz zu sein. Und nun kommt da so ein unbekümmert blödelnder Spaßvogel daher und bringt Unordnung in unsere festgelegten Vorstellungen und gewohnten Denkweisen. Übermütig rüttelt er an den

[7] Der Cartoonist Stefan Stutz hat diese Karikatur 2018 aktualisiert.

Mauern des Althergebrachten. Er verdreht und verwechselt munter Worte, Begriffe und Erscheinungen und mischt alles gerade so, wie es ihm in den Sinn kommt. Da wird der Schmetterling zum Schletterming oder Metterschling. Da steht mitten im Sommer ein lamettaschwerer Weihnachtsbaum hilflos am Strand zwischen Sonnenanbetern und Badenden. Da schreibt und adressiert einer Postkarten an sich selbst. Oder er steht bei strömendem Regen mit Schwimmflossen und Tauchermaske vor irgendeiner Haustür und fragt den verdutzt Öffnenden nach dem nächsten Leuchtturm.

Wie kommt es, dass wir – wenn wir nur ein Fünkchen Humor haben – darüber zumindest schmunzeln, wenn jemand etwas Unsinniges, etwas Verrücktes tut? Etwas, das kein vernünftiger Mensch tun würde. Etwas, das man logischerweise nicht erwartet. Ja, im Grunde ist es gerade das Überraschungsmoment, statt etwas Erwartetem plötzlich etwas völlig Unerwartetes, Unpassendes vorzufinden, was unseren Sinn für das Komische anspricht und unser Zwerchfell kitzelt. Hier prallen zwei Welten aufeinander: eine fest gefügte, tradierte So-muss-es-sein-Welt und eine Welt der kecken Eulenspiegeleien ...“

Der Dummschlaue

Ein elementarer komischer Kontrast ergibt sich unausweichlich, wenn Dummheit (Naivität, Beschränktheit, Unwissenheit) und Klugheit (Intelligenz, Bildung, Gelehrsamkeit) miteinander verknüpft werden. Auf diesen Kontrast greift die (Selbst-) Ironie besonders gerne zurück. So erklärte Karl Valentin einmal: „Ich werde mal wieder bei mir Einkehr halten. Hoffentlich bin ich auch zuhause!“ Und als Valentin bei einer anderen Gelegenheit gefragt wurde, ob er schon wisse, das

Alois Maier gestorben sei, gab er zur Antwort: „Deswegen sieht man ihn jetzt so selten!"

Eine derartige Synthese von Dummheit und Klugheit führt dazu, dass insbesondere der Sinngehalt existenziell schwerwiegender Aussagen persifliert und damit relativiert wird. Ein vorzügliches Beispiel bietet der Galgenhumor. So berichtet Sigmund Freud (1982, 277f) von einem zum Tode Verurteilten, der in der Frühe des Montagmorgens dem Scharfrichter zuruft: „Na, die Woche fängt ja gut an!" Freud meint, die humoristische Leistung bestünde darin, dass der Delinquent die Realität auf einen eher unwichtigen Teilaspekt reduziert, nämlich den Wochenanfang. In dieser Hinsicht verhält sich der Todgeweihte einerseits dumm, andererseits kann er aber als Humorist über sich selbst hinauswachsen. Erst unter dieser Voraussetzung wird die schlechterdings hoffnungslose Realität für ihn relativierbar.

Wer sich dieser humoristischen Reduktion bedient, ergreift gerne jede Gelegenheit, sich rhetorisch als ein bekennender Dummkopf zu profilieren. Tatsächlich führen entsprechenden Formulierungen, die zum Beispiel in Streitgespräche einfließen können, immer wieder zu einem verblüffenden Ergebnis (vgl. Kapitel **9**). Hier einige Beispiele:

- „Jetzt muss ich aber ganz dumm fragen, wie kommen Sie darauf, dass ..."
- „Ich bin nur ein einfacher Mensch und habe nicht verstanden, wieso ..."
- „Können Sie mir das mit ganz einfachen Worten erklären, mein IQ ist nur zweistellig!"

Der Humortherapeut Waleed A. Salameh (1996, 4) bemerkt in diesem Zusammenhang: „Einem jeden steht eine gewisse Idiotie-Quote zu. Jeder hat das

Recht, zuweilen ein Narr zu sein und von Zeit zu Zeit Unsinn zu machen – gleichgültig wie gebildet oder intelligent wir auch sein mögen!“

Dazu ein Beispiel aus dem unerschöpflichen Fundus von Nassrudin Mulla, des Königs der Dummschlauen (Paulos 1991, 97f):

Ein großer Gelehrter aus dem Abendland war beim Sultan zu Besuch. Um den Gelehrten zu prüfen, ordnete der Sultan einen Intelligenzwettstreit an. Zum Kontrahenten erwählte er Nasrudin Mulla, den legendären Sufi-Meister.

Dieser erschien mit einem Esel bei Hof, der stapelweise Bücher mit erfundenen, aber Eindruck schindenden Titeln schleppte, wie zum Beispiel „Die Theorie universaler Bifurkanten“, „Erosion und Zivilisation“, „Eine Kritik der erträglichen Reinheit“, „Gesellschaftliche Ursachen mentaler Deaktivierungen“.

Der abendländische Gelehrte war von der scheinbaren geistigen Potenz des Mullahs völlig übermannt. Und so entschloss er sich – nach langem Überlegen – das logische Wissen Nasrudins durch eine gänzlich reduzierte Zeichensymbolik zu prüfen: Er hob den rechten Zeigefinger. Nasrudin antwortete mit dem gehobenen rechten Zeige- und Ringfinger.

Der Gelehrte hob drei Finger. Nasrudin antwortete mit vier.

Nun zeigte der Gelehrte seine ganze Handfläche, die der Mullah mit einer Faust beantwortete.

Der Gelehrte öffnete darauf seine Aktentasche und holte ein Ei heraus. Nasrudin antwortete mit einer Zwiebel, die er aus seiner Hosentasche hervorholte.

Der Gelehrte sagte: „Welchen Beweis hast du dafür?“

Nasrudin antwortete: „Die Theorie universaler Bifurkanten, Eine Kritik der erträglichen Reinheit usw.“

Als der Gelehrte überrascht meinte, dass er von diesen Werken nie etwas gehört hatte, entgegnete der Mullah: „Natürlich nicht. Schau her, hier siehst du Hunderte von Büchern, die du noch nie gelesen hast."

Der Gelehrte sah sich um und war so beeindruckt, dass er eingestand, den Wettstreit verloren zu haben.

Da niemand der Anwesenden etwas verstanden hatte, lehnte sich der Sultan später, als die Erquickungen gereicht wurden, etwas vor und fragte den Gelehrten, was das alles zu bedeuten hatte.

„Er ist ein ausgezeichneter Mensch, dieser Mullah", erklärte der Gelehrte. „Als ich einen Finger hoch hob, was bedeutete, dass es nur einen Gott gibt, hob er zwei hoch, um damit zu sagen, dass der eine Gott Schöpfer von Himmel und Erde ist. Ich hob drei Finger, was den Kreislauf von Geburt, Leben und Tod des Menschen bedeutete, woraufhin der Mullah mir mit vier Fingern andeutete, dass der Körper des Menschen aus vier Elementen besteht – Erde, Luft, Wasser und Feuer."

„Nun denn. Aber was hat es mit dem Ei und der Zwiebel auf sich?", drängte der Sultan.

„Das Ei symbolisierte die Erde, umgeben vom Himmel wie das Eigelb vom Eiweiß. Der Mulla holte eine Zwiebel hervor, um auf die Himmelsschichten hinzuweisen, die die Erde umschließen. Ich bat ihn, die Behauptung zu untermauern, die er aufstellte, indem er dem Himmel genauso viele Schichten zuschrieb, wie eine Zwiebel sie hat. Und er tat dies mit all den gelehrten Büchern, die mir leider unbekannt sind. Euer Mullah ist in der Tat ein sehr gelehrter Mann." Niedergeschlagen reiste der Gelehrte daraufhin ab.

Als nächstes befragte der Sultan Nasrudin über diesen seltsamen Disput. Dieser antwortete: „Es war ein Kinderspiel, Eure Majestät! Zuerst hielt er mir ganz trotzig einen Finger entgegen. Also hob ich zwei Finger, was bedeutete, dass ich ihm beide Augen ausstechen würde. Als er drei Finger hoch hob, mit denen er mir wohl sagen wollte, dass er mir drei Fußtritte geben würde, erwiderte ich seine Drohung, indem ich ihm vier Fußtritte androhte. Als er mir die ganze Handfläche zeigte, bedeutete das natürlich, dass er mir dann eine Ohrfeige geben würde, worauf ich mit meiner geballten Faust reagierte. Da er sah, dass es mir ernst war, fing er an, freundlich zu werden, und bot mir sein Abendessen an. Also bot ich ihm mein Abendessen an."

Mit anderen Worten: Wenn Sie im Bezugsrahmen intelligenten Denkens nicht mehr so recht weiter komme, sollten Sie es mit weniger Intelligenz versuchen. Wie in der Feuerzangenbowle: „Da stellen wir uns mal janz, janz dumm, Pfeiffer!"

Ironische Verstellung

Wer sich zu seiner – tatsächlichen oder vorgeblichen – intellektuellen Schwäche bekennt, wird rhetorisch eher als derjenige, der eigene Fehler unbedingt bemänteln will. Sokrates bezeichnete die Strategie der vorgeblichen Einfältigkeit erstmals als **Ironie**. Paradoxer Weise bereitet eben diese Verstellung dem Ironiker Vergnügen. Darum erklärte der Philosoph Sœren Kierkegaard (1984, 255): „Je treuherziger des Ironikers scheinbare Dummheit sich zeigt, desto größer ist seine Freude."

Nutzt man das ironische Prinzip für eine Widerrede, so wird der Kontrahent zunächst in dem Glauben bestätigt, ein Wissender – und damit der eindeutig Überlegene zu sein. Doch dies ist nur eine listige Irreführung. Das geht so weit, dass Ironikern gelegentlich unterstellt wird zu lügen. Deshalb signalisieren sie zuweilen körpersprachlich – durch übertriebenen Tonfall oder ein Augenzwinkern –, dass sie nichts anderes tun, als die Wirklichkeit humoristisch zu interpretieren. Das zeigt der folgende Dialog:

Der eilige Fahrgast fällt beim Aussteigen aus der Straßenbahn unsanft auf den Hintern. Ein Passant fragt süffisant: „Sind Sie hingefallen?“
Antwort: „Nein, so steig’ ich immer aus!“

Selbstironie

Die selbstironische Strategie ist eigentlich simpel: Sie tun einfach so, als wären Sie schwer von Begriff oder geistig minderbemittelt. Wenn Sie dies mit einem Augenzwinkern verbinden, haben Sie die ironische Aussage effektiv mit heiterer Gelassenheit angereichert. Dazu gibt es einen Witz:

Ein berühmter Rabbi aus dem alten Weißrussland verkündete, jeden Tag – mit Ausnahme des Sabbats – zu fasten. Bald wurde er aber in einem Restaurant beim Essen gesehen und auf seinen Vorsatz zum Fasten angesprochen.
„Das versteht ihr nicht“, erklärte der Rabbi. „Manchmal esse ich nur zum Schein, damit niemand sieht, dass ich faste!“

Selbstironisch verhalten sich also Spaßmacher, die sich absichtlich dümmer stellen, um gerade dadurch den Gesprächspartner an der Nase herumzuführen! Dies zeigt die folgende Anekdote:

Nasrudin Mulla – der König der Dummschlauen – hat seinen Hausschlüssel verloren. Er sucht intensiv danach. Ein Bekannter kommt zufällig des Weges und beobachtet ihn schweigend.

Schließlich fragt er: „Mulla, wonach suchst du denn?“
„Nach meinem Hausschlüssel.“
„Bist du denn sicher, dass du ihn hier verloren hast?“
„Nein.“
„Könnte es sein, dass Du ihn in deinem Haus verlegt hast?“
„Ja.“
„Warum suchst du dann hier?“
„Weil es hier heller ist!“

Wenn Sie selbstironisch ebenfalls vorgehen möchten, geben Sie sich einfach begriffsstutzig und ignorant. Indem Sie sich ohne Umschweife kleiner, unwissender oder ungebildeter geben, als Sie es eigentlich sind, wird die Aggressivität des Gegners zielsicher besänftigt. Dieser weiß nämlich nicht, ob Sie wirklich so dämlich sind oder ob Sie nur den genialen Scherzbold geben! Dazu ein Beispiel:

Der leistungsschwache Student liest im Lesesaal der Uni in einem Fachbuch. Plötzlich taucht sein Professor neben ihm auf und bemerkt süffisant: „Verstehen Sie den Text in diesem Buch überhaupt?“
„Nein“, gibt der Student zu. „Aber ich schau mir eh‘ nur die Bilder an!“

Selbstironie lebt von einer bedingungslosen Selbstkritik, die den Kontrahenten über kurz oder lang verwirren muss. Denn alles, was er an kritischen Vorhaltungen „im Köcher hat“, wird sofort gutgeheißen. Auf diese Weise wird jedem Kritiker der sprichwörtliche Wind aus den Segeln genommen. Er muss die anfängliche Vorwurfshaltung daher über kurz oder lang revidieren. Wilhelm Busch (2011) beschrieb diese Taktik auf seine Art:

Die Selbstkritik hat viel für sich.
Gesetzt den Fall, ich tadle mich,
so hab' ich erstens den Gewinn,
dass ich so hübsch bescheiden bin;
zum zweiten denken sich die Leut',
der Mann ist lauter Redlichkeit.
Auch schnapp' ich drittens diesen Bissen
vorweg den andern Kritikùssen;
und viertens hoff' ich außerdem
auf Widerspruch, der mir genehm.
So kommt es denn zuletzt heraus,
dass ich ein ganz famoses Haus.

Der Schauspieler Theo Lingen definierte diese Strategie übrigens als eine „famose Turnübung", die darin besteht, sich selbst auf den Arm zu nehmen. Wenn auch Sie selbstironische Aussagen in Ihre Gegenrede einfließen lassen möchten, genügen bereits einfache Feststellungen wie diese:

- „Ich bin nur ein einfacher Mensch und habe nicht ganz verstanden, wie Sie das meinen!"
- „Können Sie mir das mit einfachen Worten erklären, mein IQ ist nämlich nur zweistellig!"
- „Ich muss mal ganz dumm fragen, wie kommen Sie darauf, dass..."
- „Wissen Sie, ich bin etwas schwer von Begriff ..."

Stellen wir uns die folgende Situation vor: In einem Restaurant sitzt ein junges Paar an einem Tisch. Der Herr am Nebentisch starrt die Frau unverwandt an, was

den beiden natürlich nicht entgeht. Die junge Dame reagiert jedenfalls mit einer leicht kokettierenden Verlegenheit: Offensichtlich fühlt sie sich geschmeichelt. Was wird ihr Begleiter jetzt tun?
Falls es ihm gelingt, sich nicht (erkennbar) zu ärgern, könnte sich leicht eine humorvolle Selbstironie entfalten. Der junge Mann muss nämlich nur so tun, als ob der Kontrahent Sympathie für *beide* empfindet. Dies wird ihm am einfachsten gelingen, wenn er sich bewusst wie ein naives Kind gibt. Er könnte seiner Begleiterin also zuflüstern: „Hast du gesehen, der Mann am anderen Tisch hat uns eben zugezwinkert. Ob der uns wohl mag?" Dieser Strategie folgt auch der folgende Witz:

Bei einem vornehmen Bankett überkommen einen der anwesenden Herrn starke Blähungen. So sehr er auch dagegen ankämpft, schließlich entfährt ihm doch ein gewaltiger Rülpser! Ein anderer Herr erhebt sich augenblicklich von seinem Platz und herrscht den Übeltäter an: „Wie können Sie es wagen, Ihre Flatulenzen vor meiner Gattin entweichen zu lassen!"
Worauf der Angesprochene entgegnet: „Oh, das tut mir wirklich sehr leid. Ich wusste nicht, dass Ihre Gattin den Anfang machen wollte!"

Die (selbst)ironische Grundmethode ist eigentlich simpel: Sie tun einfach so, als wären Sie schwer von Begriff oder geistig minderbemittelt. Wenn Sie diese scheinbare Schwäche mit einem Augenzwinkern verbinden, haben Sie die Ironie richtig mit heiterer Gelassenheit angereichert. Dazu gibt es einen entsprechenden Witz:

Zwei protestantische Geistliche unterhalten sich über den traurigen Zustand, in dem sich die sexuelle Moral gegenwärtig befindet.

„Ich bin mit meiner Frau nicht intim gewesen, bevor wir geheiratet haben", stellt der eine von ihnen selbstgerecht fest. „Du etwa?"

„Ich weiß nicht", sagt der andere. „Wie hieß sie denn mit Mädchennamen?"

7 Persönlichkeitstypische Rhetorik

Schon in ganz jungen Jahren scheiden sich bei Streitigkeiten die Geister: Manche Kinder strotzen vor Angriffslust, während andere schüchtern zurückweichen. Und wer sich als Kind streitlustig durchsetzen konnte, wird gewöhnlich auch als Erwachsener munter kontra geben. Umgekehrt werden kleine Angsthasen wahrscheinlich auch im späteren Verlauf ihres Lebens den Kürzeren ziehen. Kurzum: Wie ein Mensch jeweils reagieren wird, darüber entscheidet ein unbewusstes Verhaltensprogramm, das den typischen Lebensstil eines Menschen bestimmt.

Dieser Masterplan ist einerseits genetisch bestimmt, andererseits wird er durch Wirkkräfte der Erziehung und Sozialisation beeinflusst. Gerade in Konfliktsituationen greifen wir deshalb unwillkürlich auf Strategien der Problembewältigung zurück, die wir seit Kindheitstagen eingeübt haben. Diese Verhaltensweisen sind für uns insofern typisch, als sie unsere jeweilige Reaktion vorhersehbar machen.

Sich in der eigenen Welt drehen

Zwei Partner stehen sich gegenüber und blicken sich an. Dann schließen beide die Augen. Beide beginnen nun, sich mit geschlossenen Augen um die eigene Achse zu drehen. Dabei dreht sich jeder der beiden in dem Tempo, das seiner eigenen Lebensdynamik entspricht. Das ist in der Regel sehr unterschiedlich.

Aktionsradius und Aktivitätsgrad

C. G. Jung (2014) schuf eine Typenlehre, die die individuelle Weltbezogenheit eines Menschen ins Auge fasst. Es geht dabei um die Frage, ob dieser Mensch eher **extravertiert** (weltzugewandt) oder eher **introvertiert** (weltabgewandt) ist. Dabei ergeben sich diese Möglichkeiten:

- **Extraversion:** Dieser offene Typus ist nach außen, zur Welt hin ausgerichtet. Er oder sie ist kontaktfreudig und aufgeschlossen.
- **Introversion:** Dieser verschlossene Typus ist in sich gekehrt und hält Distanz zur Welt. Er oder sie ist kontaktscheu und verschlossen.

Jungs Typologie wurde durch Alfred Adler ergänzt, der die zusätzlichen Bestimmungsmerkmale *Aktionsradius* bzw. *Handlungsspielraum* und *Aktivitätsgrad* einführte (vgl. Titze 2018, 11ff; Titze & Gröner 1989, 129ff).
Extravertierte Menschen besitzen danach einen weiten Aktionsradius, während der Handlungsspielraum von introvertierten Menschen begrenzt ist. Außerdem lässt sich ermitteln, wie aktiv oder passiv sich der betreffende Mensch verhält. Dies soll an einem Beispiel erläutert werden:

Während einer Fahrt mit der U-Bahn wird die Dame, die Ihnen gegenüber sitzt, von einem betrunkenen Jugendlichen belästigt. Wie reagieren Sie? Werden Sie den Rowdy zur Rede stellen? Werden Sie sich auf einen anderen Platz setzen? Oder werden Sie unverwandt aus dem Abteilfenster blicken?
In einer Situation wie dieser zeigt sich deutlich, wie wir uns typischer Weise verhalten:

- *aggressiv* oder *regressiv* (= **Aktionsradius**)
- *aktiv* oder *passiv* (= **Aktivitätsgrad**)

Um auf unser Beispiel zurückzukommen: Falls Sie den rüpelhaften Jugendlichen spontan zur Rede stellen, verhalten Sie sich aktiv. Und wenn Sie sich auch noch von Ihrem Sitz erheben und sich vor dem Flegel aufbauen, weisen Sie klar auf Ihr Aggressionspotenzial hin.

Ein klein wenig anders verhält es sich, wenn Sie sich nicht von Ihrem Platz rühren, aber laut um Hilfe rufen: Dann sind Sie passiv und verhalten sich aggressiv. Falls Sie Ihren Platz wechseln, handeln Sie zwar ebenfalls aktiv, zeigen aber auch an, dass Sie den ausweichenden („regressiven") Weg bevorzugen, also nicht aggressiv eingestellt sind.

Doch wenn Sie, scheinbar ungerührt, zum Fenster hinausblicken, signalisieren Sie: Ich halte mich aus diesem Konflikt heraus! Damit lassen Sie erkennen, dass Ihr Aktivitätsgrad passiv und Ihr Aktionsradius regressiv ist.

Das nachfolgende Schaubild zeigt, wie diese vier Typen bei einem Tennismatch agieren würden:

Wenn Sie mit dem Finger am Kreuz entlang wandern, werden Sie leicht feststellen, wo Sie sich selbst am ehesten verorten lassen. Finden Sie sich vielleicht im schlagkräftigen Power-Spiel am oberen Rand wieder? Oder liegt Ihnen eher die Show-Einlage der quirligen Dame im rechten Mittelfeld? Möglicher Weise kommt Ihnen die kontemplative Haltung des zurückhaltenden Herrn auf der linken Seite des Netzes bekannt vor? Oder können Sie sich in die defensive Haltung des Spielers im vorderen Bildbereich hineinversetzen? Sämtliche dieser Varianten repräsentieren eine eigene Form der Problemlösung.

Dabei macht jede von ihnen Sinn – allerdings nur im Hinblick auf die Persönlichkeit der jeweiligen Spieler: Unter dieser Voraussetzung ist die von ihnen gewählte Strategie für ihn oder sie typisch.

Wenn wir uns die verschiedenen Reaktionsweisen anschauen, die sich aus dem Zusammenwirken von Aktivitätsgrad (aktiv oder passiv) bzw. Aktionsradius (aggressiv oder regressiv) jeweils ergeben, gelangen wir zu diesen Grundformen typischen Verhaltens, die jeweils mit einer prägnanten Benennung versehen sind:

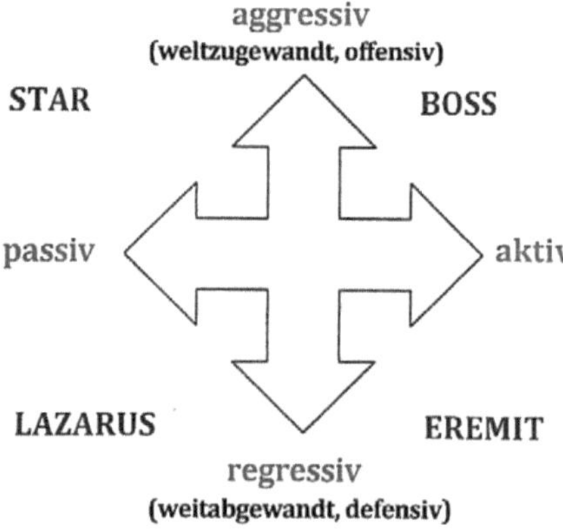

In der folgenden Übersicht wird dieser Zusammenhang weiter veranschaulicht:

Der mächtige **Boss** ist *aktiv* und *aggressiv*"

- der attraktive **Star** ist *passiv* und *aggressiv*

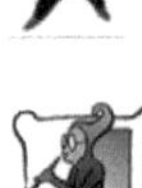

- der fleißige **Eremit** ist *aktiv* und *regressiv*

- der arme **Lazarus** ist *passiv* und *regressiv*

Im Alltagsleben werden wir einem dieser Persönlichkeitstypen in Reinform praktisch nicht begegnen. Das reale Leben kennt nur Mischformen, die allerdings eine vorrangige Neigung zeigen. Dabei gibt ein bestimmter Grundtypus die bevorzugte Richtung im Leben vor, während andere Typen – mehr oder weniger – die weiteren Akzente setzen.

Wir können also feststellen: Die dynamische Ausrichtung eines Menschen spiegelt sich in seiner erstrangigen Bevorzugung von Strategien, die einem dieser Grundtypen entsprechen. Der eigentliche Lebensstil kann aber auch durch Anteile an einem nachrangigen Grundtypus beeinflusst werden. So kann ein Mensch, der erstrangig ein typischer „Eremit“ ist, nachrangig Anteile eines typisches „Bosses“ besitzen. Ein „Lazarus“ kann Züge eines „Stars“ aufweisen. Und ein „Boss“ kann bereichsweise Eigenschaften offenbaren, die für einen „Lazarus“ typisch sind usw.

Wenn Sie neugierig geworden sind, welchem Typus Sie selbst vorrangig entsprechen, können Sie den Fragebogen am Schluss dieses Buches auswerten. So können Sie ermitteln, welches Ihre **Priorität Nr. 1** ist und welche typologischen Anteile lediglich von nachfolgender Bedeutung für Sie sind.

Im nun folgenden Kapitel wollen wir uns aber die Gemeinsamkeiten von Menschen ansehen, die – als vorrangiger „Boss“ und „Star“ – einen aggressiven Aktionsradius besitzen.

8 Der aggressive Aktionsradius

Aggressiv eingestellte Menschen sind insgesamt lebhaft und schwungvoll. Sie wollen in die Welt hinaus, in diese eindringen und sich ihren Objekten ohne Umschweife annähern. Widerstand fürchten sie in der Regel wenig, weil sie diesen eher als Ansporn für weitere tatkräftige Aktionen erleben.

So lässt sich schon bei manchen Kindern beobachten, dass diese wie selbstverständlich auf die Objekte der Welt zugehen, gleichgültig, ob diese unbelebt (Gegenstände) oder belebt (Menschen, Tiere) sind. Aggressiv eingestellte Menschen sind insofern angriffslustig, als sie auf diese Objekte in einem ganz konkreten Sinne Zugriff nehmen: Genau das ist die ursprüngliche Bedeutung des lateinischen Wortes ***aggredi***. Unter dieser Voraussetzung, kann sich der aggressiv eingestellte Mensch …

- einen unbegrenzten Handlungsspielraum erschließen
- in neuen Lebenssituationen zurechtzufinden
- mit fremden Menschen vertraut machen
- gegen feindselig gestimmte Personen tatkräftig zur Wehr zu setzen

Insgesamt besitzen aggressiv eingestellte Menschen einen weiten Aktionsradius. Doch es gibt große Unterschiede, wenn es um ihren jeweiligen Aktivitätsgrad geht. Manche geben sich betont forsch und dynamisch: ihr Aktivitätsgrad ist hoch.

Daneben lassen sich aggressiv eingestellte Menschen finden, die weniger rührig und umtriebig sind: ihr Aktivitätsgrad ist niedrig. Im Folgenden finden Sie zwei Persönlichkeitstypen beschrieben, deren Lebensstil durch einen aggressiven Aktionsradius bestimmt wird:

Der mächtige „Boss" (aktiv aggressiver Typ)

„Bosse" sind typische Brustmenschen (vgl. Kapitel **4**), die deutlichen Hochstatus zeigen. Sie sind durchsetzungsfähig, streitbar und von einer rastlosen Betriebsamkeit. Sie können auf andere Menschen gut zugehen, wobei sie dazu neigen, Macht und Kontrolle auszuüben. „Bosse" sind gewöhnlich am Männlichkeitsideal orientiert, das unsere Leistungsgesellschaft nach wie vor bestimmt: Das gilt übrigens für beide Geschlechter![8] „Bosse" sind nicht zartbesaitet und keineswegs auf den Mund gefallen. Sie neigen dabei zu einer gewissen Grobheit, Distanzlosigkeit und Aufdringlichkeit. Im beruflichen Leben können sie sich leicht zu Mobbing-Tätern[9] entwickeln. Umgekehrt werden sie praktisch nie zu Mobbing-Opfern, denn „Bosse" boxen gerne und ausgiebig zurück!

[8] Der Tiefenpsychologe Alfred Adler (1973, 142 ff) beschrieb dieses typisch patriarchalische Phänomen als „männlichen Protest".

[9] Der Verhaltensforscher Konrad Lorenz beobachtete bei Graugänsen, dass rangniedere Angehörige ihrer Spezies, die sich nicht artgemäß verhielten, von „Alpha-Tieren" abgegriffen wurden, denen sich andere Gänse als Mitläufer anschlossen. Lorenz bezeichnete dieses Verhalten als „Mobbing". Dieses aggressive Verhaltensmuster ließ sich auch beim Menschen nachweisen (vgl. 1967, 326 ff).

Der aktiv aggressive Persönlichkeitstyp eines „Bosses“ beeindruckt also durch ein entschlossenes und selbstsicheres Auftreten. Es sind dies Menschen, die dynamische Robustheit ausstrahlen und eine natürliche Autorität besitzen. „Bosse“ verhalten sich in Konfliktsituationen gerne nach dem Grundsatz ***Durchsetzen um jeden Preis!*** Damit folgen sie einem Schema, das schon in den Zeiten des Neandertalers für die nötige Dynamik sorgte. Das „Reptiliengehirn“ steuert die Zufuhr von aggressiver Energie, während das Denkorgan im Großhirn nur ein Ziel kennt: den Gegner unter allen Umständen zu Fall bringen! Kein Wunder, dass uns dieser Typus im Geschichtsunterricht immer dann begegnet ist, wenn es um Feldzüge und Eroberungen ging. Allerdings erweisen sich etliche dieser Potentaten nicht in jeder Hinsicht als groß! So war zum Beispiel Napoleon Bonaparte, der vielen als „Größter der Franzosen“ gilt, von eher kleiner Statur: Schenkt man den Angaben seines Kammerdieners Glauben, kam Napoleon auf gerade 166,5 cm Körpergröße. Das dürfte ihn aber kaum gestört haben, wie diese Begebenheit zeigt:

> Napoleon versuchte, ein Buch aus einem der oberen Regale in seiner Bibliothek zu entnehmen. Sein großgewachsener Adjutant rief beflissen: *„Sire, lassen Sie mich das tun, ich bin größer!“*
>
> 
>
> „Größer? Nur länger!“

Napoleons wesentlicher Charakterzug war sein Wille zur Macht. Diesem Drang musste sich alles andere unterordnen. Auch die Moral. So erklärte er einmal seiner engen Vertraute Gräfin de Rémusat: „Ich vereinige in meinem Charakter alles zu einem Gewaltherrscher und weiß jeden zu täuschen, der mich zu kennen meint. Ich bin Ich. Ich lasse mir von niemandem in der Welt etwas vorschreiben.“ (Rémusat 2012, 24f) „Bosse“ vom Schlag eines Napoleons neigen grundsätzlich dazu, sich in ihrer jeweiligen Bezugsgruppe – häufig erfolgreich – in den Vordergrund zu stellen. Kein Wunder also, dass sich etliche von ihnen bis in die Chefetagen durchboxen. Über die Voraussetzungen, andere zu dominieren, verfügen sie nämlich in einem hohen Maße. Sie …

- haben eine hohe Meinung von sich selbst
- üben gerne Macht aus
- besitzen eine ausgeprägte soziale Kompetenz
- verfügen über sprachliche kommunikativen Fertigkeiten, die sie scharfzüngig zu verwenden wissen

Aggressive Schlagfertigkeit

Bei rhetorischen Auseinandersetzungen bevorzugt der „Boss" einen verbalen Schlagabtausch, der dem *Prinzip des Boxens* entspricht. Das heißt, dem verbalen Schlag folgt ein Gegenschlag, und das geht so lange, bis der Stärkere den Schwächeren bezwungen hat! Typische „Bosse" geben sich gerne forsch, wobei sie eine sarkastische Schlagfertigkeit an den Tag legen. In der Gewissheit, die Größten zu sein, strahlen sie bei verbalen Auseinandersetzungen gewöhnlich eine gelassene Selbstsicherheit aus, die sie oft tatkräftig zu nutzen wissen. Dies soll durch unsere **Standardprovokation** veranschaulicht werden:

> *„Sie sind ja heute so farbenfroh gekleidet. Sind Sie als Clown unterwegs? Oder wollen Sie damit von Ihrer Trauermiene ablenken?"*

> (Mit strahlendem Siegerlächeln): „Der Clown wird Ihnen gleich die Ohren langziehen. Dann werden wir ja sehen, wer hier eine Trauermiene hat!"

Auch Redner leisten Kriegsdienste

Als Protagonist aggressiver Rhetorik gilt Marcus Tullius Cicero (vgl. Albrecht 2012). Sein Wahlspruch war: „Nicht nur jene leisten für unser Imperium Kriegsdienste, die sich auf Schwerter, Schilde und Brustpanzer verlassen, sondern auch die Redner."

Berühmt wurde Cicero als Ankläger von Gaius Verres (115 – 43 v. Chr.), des korrupten Verwalters der römischen Provinz Sizilien. Cicero nannte ihn nur „diesen Halunken da", dessen Verhalten eine einzige „Sucht", eine „Krankheit", ein „Wahnsinn" sei. Diese Kraftausdrücke unterstrich Cicero zusätzlich durch verächtliche Gebärden.
Auch die modernen Verfechter einer Rhetorik im Sinne Ciceros bedienen sich einer offen aggressiven Strategie, die durchaus amüsant wirken kann – jedenfalls auf diejenigen, die davon nicht unmittelbar betroffen sind! Als diesbezügliche Schlüsselfigur fungierte zum Beispiel Winston Churchill (1874 – 1965).

Churchill wurde einmal während einer Abendveranstaltung von Lady Nancy Astor (1879 – 1964), einer scharfzüngigen feministischen Politikerin, mit diesen Worten angefahren: „Wenn ich Ihre Frau wäre, würde ich Ihnen Gift geben."
Worauf Churchill unverzüglich konterte: „Und wenn ich Ihr Mann wäre, würde ich es sofort nehmen."
Darauf die Dame: „Herr Churchill, Sie sind ja total betrunken."
Churchill: „Der Unterschied zwischen mir und Ihnen ist: Wenn ich morgen aufwache, bin ich wieder nüchtern, Sie aber immer noch hässlich."

Dem Schlag folgt ein Gegenschlag

Die Vorgehensweise bei einem aggressiv ausgerichteten Schlagabtausch entspricht also, wie bereits erwähnt, dem Prinzip des Boxens: Dem Schlag folgt ein Gegenschlag, und das geht so lange, bis der Stärkere den Schwächere bezwungen hat! Während sich in früheren Epochen der Menschheitsgeschichte noch die echten Klingen kreuzten, entdeckte man in zivilisierteren Zeiten zunehmend das Potenzial der Scharfzüngigkeit. So wusste man bereits im 18. Jahrhundert gekonnt mit Worten zu fechten. Dies zeigt die folgende Anekdote:

Der adlige Staatsmann John Montagu[10] attackierte den Journalisten John Wilkes[11] mit den Worten: „Entweder enden Sie am Galgen oder Sie gehen an der Syphilis zugrunde."
John Wilkes konterte: „Sie haben vollkommen Recht. Man hängt mich, wenn ich nach Ihren Prinzipien verfahre. Oder ich sterbe an Syphilis, wenn ich mich mit Ihrer Mätresse einlasse."

Eine ähnliche Scharfzüngigkeit legte auch der spindeldürre Literat George Bernard Shaw (1856 – 1950) an den Tag. Ihn verband eine Art Hassliebe mit dem schwergewichtigen Publizisten Gilbert Keith Chesterton (1874 – 1936). Dabei kam es gelegentlich zu bemerkenswerten Wortgefechten. Als sich beide wieder einmal trafen, bemerkte Chesterton zu Shaw:

„Wenn man Sie so ansieht, glaubt man, dass in England eine Hungersnot ausgebrochen ist!"
Worauf Shaw entgegnete: „Und wenn man Sie ansieht, glaubt man, dass Sie die Ursache dafür sind."

Der schlagfertige Effekt wird durch Gegenfragen verstärkt

Wie wir bereits sahen (Kapitel **4**), wird der schlagfertige Effekt zusätzlich verstärkt, wenn der (Gegen-) Angriff in Frageform erfolgt. Als Beispiel kann ein nerviger Mitarbeiter angeführt werden, der bei der Betriebsversammlung endlose

---

10 John Montagu, 4. Earl of Sandwich (1718 – 1792), war ein konservativer britischer Diplomat und der Erste Lord der Admiralität. Er ist heute vor allem durch das von ihm erfundene „Sandwich" bekannt.
11 John Wilkes (1727 – 1797) war ein liberaler britischer Politiker, Journalist und Schriftsteller.

Verständnisfragen stellt. Der Vorsitzende des Betriebsrats fährt ihn schließlich genervt an:

Frage: „Wie wär's mit einem Hörgerät?"

Gegenfrage: *„*Wie wär's mit einem Anti-Aggressionstraining?"

Dem Schlag folgt also jeweils ein Gegenschlag mit Fragezeichen. Diesem Prinzip folgt der Vorsitzende ebenfalls, indem er jetzt mit dieser Gegenfrage kontert:

Frage: „Haben Sie etwa getrunken?"
Gegenfrage: „Wieso? Fehlt vielleicht etwas aus der Minibar in Ihrem Schreibtisch?

Dieser Schlagabtausch von zwei typischen „Bossen" führt gewöhnlich zu eine Pattsituation, die beide Kontrahenten zum Schmunzeln bringen kann.

Der „Boss" als TV-Moderator

In Talkshows müssen erfolgreiche Moderatoren den Ton angeben, damit die Gespräche nicht aus dem Ruder laufen. Somit sind aktiv-aggressive „Bosse" für solche Veranstaltungen geradezu prädestiniert. Ein wahrer Meister in diesem Metier war Karl Dall, der bis auf den heutigen Tag für seine aggressive Scharfzüngigkeit berühmt-berüchtigt ist (Völkel 2003).
Dall agierte zum Beispiel in seiner Sendung *Dall-Ass* zunächst rein körpersprachlich. Das sah dann so aus: Gewisse Gäste würdigte er entweder keines Blickes. Oder er schaute sie unverwandt an, ohne ein einziges Wort von sich zu geben. Seine ohnehin schiefe Physiognomie besorgte die finale Verwirrung. Dies wurde vom Publikum gewöhnlich mit lautem Lachen quittiert, woraufhin der wortgewandte Moderator alle Register seiner bitterbösen Rhetorik zog. So bezeichnete er die korpulenten „Wildecker Herzbuben" als „Wildecker

Speckbuben", und die Olympiaschwimmer Jens-Peter Berndt und Stefan Pfeiffer, die gemeinsam als „Poolboys" sangen, wurden von ihm gefragt: „Heißt ihr so, weil ihr immer Krabben pult?"
Als der amerikanische Schauspieler und Sänger David Hasselhoff Studiogast war, saß ein Flüsterdolmetscher neben ihm. Nachdem dieser die Ausführungen von Hasselhoff ins Deutsche zu übersetzen begann, fuhr Dall ihn an: „Was quatschen Sie hier denn dauernd rein?"
Die Volksschauspielerin Inge Meysel bekam von Dall die Frage gestellt: „Wenn Sie noch einmal auf die Welt kommen – würden Sie dann wieder alles falsch machen?"

Sprüche wie diese zeigen, dass Moderatoren vom Schlage eines Karl Dall die Rhetorik von „Bossen" glänzend beherrschen. Wer da nicht schlagfertig zu kontern weiß, hat bei ihnen im wahrsten Sinne des Wortes nichts zu lachen. Dafür lacht das Publikum.
Erfahrene Entertainer wissen genau, welche Faszination von aggressiven Sprüchen ausgeht. Die Gründe dafür sind wissenschaftlich noch nicht geklärt. Möglicher Weise identifizieren sich die Zuschauer mit einem schlagfertigen TV-Moderator in einer ähnlichen Weise, wie sie dies mit einem statushohen Champion beim Wrestling tun: Sobald der Gegner in die Knie geht, dürfen auch die unbeteiligten Zuschauer – stellvertretend – am Triumph ihres Helden teilhaben und sich kurzfristig ebenfalls als „Boss" fühlen. Diesem Impuls folgte nach Ansicht der Verhaltensforschung bereits der Höhlenmensch (Eibl-Eibesfeldt 1967). Bis zum heutigen Tag geben daher diejenigen, die an der vordersten Front des öffentlichen Lebens stehen, gerne den starken „Boss". Und das sind nicht zuletzt machtorientierte Politiker und Politikerinnen.

Donald Trumps bissige Rhetorik

Von erfolgreichen Politikern wird sowohl Sachkompetenz als auch argumentativer „Biss“ erwartet. Rhetorische Softies hinterlassen weder im parlamentarischen Plenum einen bleibenden Eindruck noch werden sie von den Wählern als zugkräftige Persönlichkeiten wahrgenommen.

Ganz anders sind Politiker aufgestellt, denen die für einen „Boss“ typische Rhetorik liegt. Sie bringen das Publikum zuverlässig zum Lachen, wenn sie den politischen Gegner ein ums andere Mal mit scharfer Zunge vorführen. Manche von ihnen schrecken nicht einmal vor Aussagen zurück, die eindeutig in Richtung Mobbing gehen. Genau dies belegte US-Präsident Donald Trump schon in seinem Wahlkampf.

So beschuldigte Trump seine Kontrahentin Hillary Clinton während eines TV-Auftritts, drogenabhängig zu sein. Sein Argument: Am Anfang der Sendung sei sie total aufgedreht und am Ende so erledigt, dass sie sich kaum zu ihrem Auto schleppen könne. So gab es für Trump nur diese Konsequenz: „Warum machen wir also nicht einen Drogentest?“

Bei einer anderen Gelegenheit blickte Hillary Clinton bedeutungsvoll in die Kamera, während sie mit ausgestrecktem Zeigefinger auf Trump zeigte: „Es ist ein Segen, dass Donald *nicht* für die Gesetze zuständig ist!“

Trump konterte: „Weil du dann im Gefängnis wärst.“

Der attraktive Star (passiv aggressiver Typ)

„Stars“ sind charmant, spritzig und sozial attraktiv. Das hat zur Folge, dass sie häufig von anderen Menschen geradezu umschwärmt werden. So brauchen sich „Stars“ bei der Herstellung von sozialen Kontakten kaum Mühe zu geben. Sie können andere Menschen locker für sich begeistern, indem sie eine *bella figura* zeigen.[12]

„Star“ geben sich zuweilen kindlich unbekümmert, andererseits gelingt es ihnen aber auch, durchaus einfühlsam und zugewandt aufzutreten. Im Umgang mit anderen Menschen geben sie sich gewöhnlich unbekümmert, ungeniert kess und locker.

„Stars“ sind nur selten offen aggressiv. So preschen sie bei verbalen Auseinandersetzungen auch nicht ungehemmt los. Ihrem typischen rhetorischen Stil entspricht vielmehr ein verhaltener Angriffsgeist, der mit unaufgeregter Stimme kommuniziert wird. Im Übrigen lieben „Stars“ die theatralische Pose, denn sie möchten ihre Mitmenschen faszinieren. Dabei reagieren „Stars“ auf Provokationen weniger mit Worten, sondern mit lockeren Auftritten, die häufig verblüffend wirken. Mobbing-Täter haben bei solchen Charmeuren keine Chance.

[12] Darunter versteht man in Italien die Kunst, gut dazustehen und nicht unangenehm aufzufallen.

„Stars“ sind typische Beckenmenschen (vgl. Kapitel **4**), die Hochstatus zeigen. Sie beherrschen die Kunst einer spontanen Kontaktherstellung ganz intuitiv und ohne sich anstrengen zu müssen. Dabei senden sie körpersprachliche Signale aus, die schnell Sympathie wecken können. Fast mühelos gelingt es ihnen, sich vorteilhaft in Szene zu setzen. Und sollten sie bei Auseinandersetzungen einmal „in der Schusslinie“ stehen, ist ihnen das gerade Recht. Denn eines ist fast immer sicher: Die Herzen fliegen einem „Star“ über kurz oder lang ohnehin zu...

„Stars“ bedienen sich gerne einer „weichen“ Form aggressiver Widerrede. Zu einem offenen Schlagabtausch lassen sich kaum verleiten. Viel lieber überraschen sie durch eine lockere und tendenziell frivole Entgegnungen.
Dies soll ebenfalls mithilfe der **Standardprovokation** veranschaulicht werden:

> *„Sie sind ja heute so farbenfroh gekleidet. Sind Sie als Clown unterwegs? Oder wollen Sie damit von Ihrer Trauermiene ablenken?“*
>
> 
>
> (Indem lasziv mit den Augen gezwinkert wird): „Ihnen entgeht nichts, lieber Freund. Deshalb biete ich Ihnen an, mich in den Waschraum zu begleiten: Dort werde ich Ihnen zeigen, dass auch meine Dessous in allen Farben schwelgen. Mal sehen, ob Sie das fröhlich stimmt!“

Typische „Stars“ ergreifen gerne die Gelegenheit, sich gekonnt in Szene zu setzen, denn sie erweisen sich immer wieder als talentierte Schauspieler, die nicht allein mit Worten, sondern auch mit ihrer Mimik und Gestik zu punkten wissen. Diese körpersprachlichen Signale können sowohl gewinnend als auch vieldeutig wirken. Selbst im Falle einer handfesten Auseinandersetzung ist die provokative „Performance“ daher viel wichtiger als wohl gesetzte Worte. Dadurch werden auch Kontrahenten in die Rolle von Zuschauern manövriert, die von den frechen

Darbietungen des „Stars" schlussendlich nicht anders als fasziniert sind. Hierzu ein Beispiel:

In Paul Verhoevens Film *Basic Instinct* [13] gibt es diese Szene: Eine attraktive Blondine sitzt auf einem Stuhl. Sie trägt ein knappes T-Shirt und einen recht kurzen Rock. Der Staatsanwalt verdächtigt sie, einen Mord begangen zu haben. Er hat sie deshalb in den kargen Verhörraum einbestellt, wo er sie zusammen mit vier Kriminalbeamten vernehmen will. Nun sitzen diese machtvollen Männer in einer geschlossenen Reihe (die wie eine altgriechische Phalanx wirkt) der jungen Frau gegenüber. Die Beschuldigte zeigt sich aber in keiner Weise beeindruckt. Sie wirkt entspannt und scheint die Situation überdies zu genießen. Sobald einer der anwesenden Männer eine Frage an sie richtet, blickt sie diesem mit einem betörenden Lächeln tief in die Augen – um dann mit einer vorlauten Gegenfrage zu antworten.

Irgendwann steckt sich die Blondine eine Zigarette in den Mund, worauf der Staatsanwalt umgehend reagiert: „Rauchen ist in diesem Gebäude verboten!" Während sie sich mit einem verführerischen Augenaufschlag die Zigarette ungerührt ansteckt, säuselt sie mit einem strahlenden Lächeln zurück: „Was wollen sie jetzt tun? Mich verhaften?"

So geht das eine Weile weiter. Schließlich legt die *Femme fatale* ganz lasziv ein Bein über das andere. Für einen ganz kurzen Augenblick nehmen die Zuschauer den Blickwinkel der Verhörspezialisten ein – und es enthüllt sich allen ein skandalöses Detail: Die Dame trägt keine Unterwäsche!

Nun kommt ein Schnitt, gefolgt von einem Szenenwechsel. Die Runde ist gelaufen, und die Blondine hat klar nach Punkten gewonnen ...

13 Vgl. http://seite360.de/ Blog für Kultur, 13. Januar 2011 von Florian Bayer

Dieses Szenario offenbart ein herausforderndes Agieren, das aber auf den aktiven Gegenangriff verzichtet. Dabei werden körpersprachliche Signale kommuniziert, die vordergründig durchaus positiv sind. Das kann ein charmantes Lächeln, ein anmutiger Augenaufschlag oder eine vertrauliche Gebärde sein: So wird, ohne große Worte, eine Annäherung in die Wege geleitet, der sich kaum jemand entziehen kann. Erst wenn diese Charmeoffensive zu weit gehen sollte, dürfte sich der Andere tatsächlich angegriffen fühlen.

Im folgenden Kapitel finden sich einige Persönlichkeiten der Weltgeschichte, die sich ebenfalls passiv-aggressiver Methoden der Widerrede bedient haben.

Skurril wie Diogenes

Die antiken Kyniker[14] waren philosophische Freigeister, die nach materieller Bedürfnislosigkeit strebten. Deshalb fand man sie nicht in den Marmorhallen elitärer Gelehrtenschulen, sondern dort, wo sich auch streunende Hunde herumtreiben: auf den Straßen und Plätzen der Städte. Und da die Kyniker in ihrer freizügigen Lebensführung tatsächlich herrenlosen Kötern nacheiferten, war es naheliegend, dass sich diese Wahlverwandtschaft in der Namensgebung niederschlug.[15]

Kyniker hielten sich an keinerlei Konventionen. So kam es, dass sie schon durch ihr bloßes Erscheinungsbild provozierten. Heutzutage kämen diese ausgeflippten Gegenteiler möglicher Weise als schrille Punks daher, während sie im Mittelalter den Schalksnarren von der Art eines Till Eulenspiegel gaben.

[14] Die Bezeichnung „Zyniker" leitet sich vom ursprünglichen Wortstamm „Kyniker" her. Heute verstehen wir unter diesem Begriff eine Denk- und Handlungsweise, die sich spöttisch über vorgegeben Normen, Wertvorstellungen und Ideale hinweg setzt.

[15] Das griechische Wort *kynismós* = „Hündigkeit" ist abgeleitet von *kyon* = „Hund". Hunde galten in der Antike schon deshalb als Symbolfigur eines schamlosen Lebens, weil sie in aller Öffentlichkeit kopulieren.

Der kynische Philosoph Diogenes[16] (um 410 – 320 v. Chr.), der angeblich in einem leeren Fass wohnte, gilt als Galionsfigur dieser Lebenshaltung. Er stammt aus Sinope, einer griechischen Stadt am Ufer des Schwarzen Meeres. Die meiste Zeit seines Lebens verbrachte er aber in Athen. Dort gab er den geistreichen Vagabunden, der in den Tag hineinlebte. Das Leben dieses Urvaters der *Beat-Generation*[17] ist durch zahlreiche Anekdoten (vgl. Diogenes Laertius 1998; Schulak 2007) belegt.

So erfahren wir, dass Diogenes zuweilen Statuen um Almosen anbettelte. Nach dem Grund befragt, erklärte er: „Ich will mich daran gewöhnen, nicht erhört zu werden." (Diogenes Laertius 1998, 272) Als bekennender Hedonist[18] war Diogenes auch dem Weingenuss zugetan. Einmal wurde er gefragt, welchen Wein er am liebsten trinke. Die lakonische Antwort: „Den, den andere bezahlen." (Schulak 2007, 274)

Nachdem Diogenes während einer Schiffsreise von Piraten entführt wurde, kam er in Kreta auf den Sklavenmarkt. Als der Auktionator ihn fragte, was er denn könne, gab Diogenes zur Antwort: „Menschen führen." Dabei zeigte er auf Xeniades, einen wohlhabender Korinther, und erklärte: „Verkauf' mich an diesen da, der braucht einen Herrn!" (Schulak 2007, 282) Tatsächlich kam der exzentrische Philosoph dadurch nach Korinth, wo ihn Xeniades zum Erzieher seiner Söhne machte. Bald darauf wurde diese Stadt vom makedonischen König Philipp II. (382 – 336. v. Chr.) belagert, was die Einwohner logischerweise in große Bedrängnis brachte. Sie liefen aufgeregt durch die Straßen und versuchten, sich entweder in Sicherheit zu bringen oder bewaffnet auf die Stadtmauern zu gelangen. Nur Diogenes saß ungerührt in der Sonne. Als

[16] Diogenes lehrte, dass nur derjenige glücklich sein könne, der über sein Leben frei und ungezwungen bestimmt. Daher seien gesellschaftliche Zwänge und verbohrte Moralvorstellungen als Ursachen eines unglücklich machenden Schamgefühls zu verspotten.

[17] Als „Beat-Generation" bezeichnete der Schriftsteller Jack Kerouac (1922 – 1969) Künstler, die mit dem Leben in Einklang waren *(„being on the beat")*. Der kalifornische Journalist Herb Caen (1916 – 1997) verballhornte dies zur Bezeichnung „Beatniks". Sie waren, als Vorläufer der Hippies, bekennende Nonkonformisten, die ihrer kreativen Spontaneität folgten und ein tendenziell chaotisches Leben führten.

[18] Abgeleitet von griech. *hēdoné* = Lust, Genuss, Lebensfreude, Begierde. Der Hedonismus geht von der Maxime aus, das Streben nach Lust und Lebensfreude sei der Königsweg der Lebenskunst.

ihm das vorgehalten wurde, nahm er sich eine Tonne, die er die Straße rauf und runter rollte. Nach dem Sinn seines Tuns befragt, gab er lakonisch zur Antwort: „Unter so vielen Fleißigen will ich nicht als Faulenzer dastehen."
Alexander der Große (356 – 323 v. Chr.), König Philipps berühmter Sohn, zeigte in der Folge große Sympathien für den spleenigen Weisen. So kam es bald zu einer ersten Begegnung zwischen ihm und Diogenes, die in diesen Dialog mündete:

> „Ich bin Alexander, der große König", stellte sich der mächtigste Mann der damaligen Welt vor.
> Diogenes: „Und ich bin Diogenes, der Hund."
> Und als sich Alexander erkundigte, weshalb Diogenes sich als einen Hund bezeichne, gab ihm der Kyniker zur Antwort: „Weil ich mit Schwänzeln begrüße, die mir etwas geben, anbelle, die mir nichts geben, und die beiße, die mir Böses tun." (Schulak 2007, 276)

Der antike Schriftsteller Plutarch (2014, 17) berichtet von einer weiteren Begegnung von Alexander und Diogenes. Auf seinem Kriegszug gegen die Perser kam Alexander nämlich wiederum nach Korinth, wo er von den versammelten Honoratioren willkommen geheißen wurde. Nur Diogenes ließ sich nicht blicken. So begab sich der König persönlich zu seinem Lieblingsphilosophen. Dieser lag, wie er es so gerne tat, in der Sonne. Als Alexander mit seinem Gefolge vor ihn trat, setzte sich Diogenes nur ein wenig auf. Der König begrüßte ihn und fragte, ob er einen Wunsch haben würde. Er – Alexander – würde ihm diesen erfüllen. Darauf Diogenes: „Geh mir nur ein wenig aus der Sonne!"

Die Begleiter des Königs spotteten und lachten über diese scheinbare Dummheit. Doch Alexander erklärte: „Wäre ich nicht Alexander, dann wollte ich Diogenes sein!“

Als man den alternden Diogenes fragte, wo er nach seinem Tode begraben sein wollte, erklärte er: „Mitten auf dem Feld.“ Auf den Einwand, da könne er von Geiern und wilden Tieren gefressen werden, entgegnete er lakonisch: „Dann lege man meinen Stab neben mich, damit ich sie wegjagen kann.“

Der exzentrische Schriftsteller und Kabarettist Joachim Ringelnatz (1883 – 1934) war ein moderner Befürworter der von Diogenes vorgelebten Geisteshaltung. Als notorischer Nachtschwärmer stieß er zufällig auf eine Gesellschaft, die am Gestade des Berliner Wannsees ein Sommerfest feierte. Ohne lange zu überlegen gesellte sich der Poet zu den illustren Gästen. Bald kam die Gastgeberin auf ihn zu und raunte ihm diskret ins Ohr: „Ich kann mich nicht erinnern, Sie eingeladen zu haben!“

Ringelnatz entgegnete laut vernehmlich: „Gnädige Frau, Sie haben mich nicht nur nicht eingeladen, sondern ich habe selbstverständlich in aller Form abgesagt!“

Die Bewegungen der Beatniks, Yippies und Hippies wurden von Diogenes übrigens ebenso beeinflusst wie die alternativen Weltanschauungen der 68er-Generation, der Punks oder der Spontis. In der Kunstszene stand er Dada, dem Surrealismus ebenso Pate wie der Bewegung von Fluxus (vgl. Kapitel **3**). Joseph Beuys (1921 – 1986), ein Vordenker dieser Aktionskunst, toppte die Skurrilität von Diogenes durch die Aussage: „Ich denke sowieso nur mit dem Knie.“ Dies ist natürlich eine Steilvorlage für eine Widerrede, die wir einmal mehr durch unsere **Standardprovokation** veranschaulichen können:

> *„Sie sind ja heute so farbenfroh gekleidet. Sind Sie als Clown unterwegs? Oder wollen Sie damit von Ihrer Trauermiene ablenken?“*

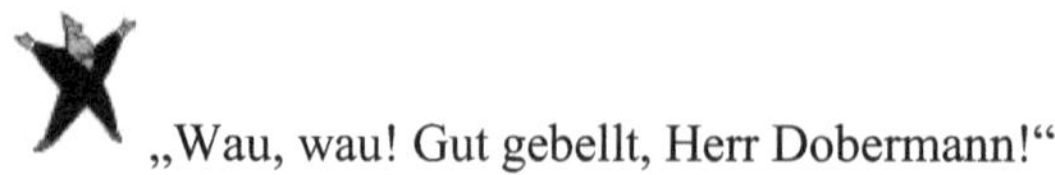

„Wau, wau! Gut gebellt, Herr Dobermann!“

Wenn Sie sich dieser Strategie ebenfalls bedienen möchten, folgen Sie also dem Motto: „Ist der Ruf erst Mal ruiniert, dann lebt sich’s frei und ungeniert!“ Aus dieser Haltung heraus können Sie sich nach Belieben unverschämt, exzentrisch und gerne auch albern geben. Doch Vorsicht: Sie sollten sich in einer ziemlich sicheren Ausgangsposition befinden, um sich so skurril wie Diogenes zu geben. Andernfalls kann es Gegenwind geben!

9 Der regressive Aktionsradius

Die Regression ist der Gegenpol zur Aggression. Es gibt nicht wenige Menschen, die – nicht zuletzt bei verbalen Angriffen – ihr Heil in der (Aus-) Flucht suchen. Dafür gibt es verschiedene Gründe. Nicht alle Menschen wollen oder können offen aggressiv handeln. So lehnen kultivierte Menschen, allein schon aus ethischen Gründen, ein verbales Drauflosschlagen ab. Andere, von Natur aus eher ängstliche Menschen, sind von vornherein nicht auf einen offenen Kampf eingestellt. Daher geben sie „Fersengeld", sobald sie sich angegriffen fühlen. Sie verhalten sich – im eigentlichen Sinne des Wortes – ausweichend, indem sie sich einem Angriff durch konsequenten Rückzug (Regression) entziehen. Für sie gilt das Motto: ***Rückzug ist die beste Verteidigung!*** Diese Strategie wird konsequent verfolgt. Denn wer schon in der Kindheit die Aggressivität seiner Bezugspersonen gefürchtet hat, wird auch im späteren Leben nach ausweichenden Mitteln und Wegen der Lebensbewältigung suchen. Dazu eine Anekdote:

Mulla Nasrudin erzählte aus seinem Leben: „Einmal war ich in der Wüste, und da gelang es mir, eine Horde von fürchterlich blutrünstigen Beduinen zum Rennen zu bringen."

„Und wie hast du das geschafft?"

„Ganz einfach! Ich bin weggerannt, und sie rannten hinter mir her."

Regressiv eingestellte Menschen machen sich unwillkürlich kleiner, als sie in Wirklichkeit sind. Eine derartige Untertreibung ist aber durchaus nicht Ausdruck einer abnormen Selbstentwertung. Psychologisch gesehen kann es sich dabei um einen durchaus wirkungsvollen Kunstgriff handeln, Kontrahenten in ihrer Angriffslust zu beschwichtigen.

Der Angreifer kann aber auch mit defensiven Schmeicheleien so lange besänftigt werden, bis die Angriffslust nachlässt oder – was zuweilen auch vorkommt – sogar in Wohlwollen umschlägt (vgl. Kapitel **9**). Somit ist auch das eine durchaus kluge Strategie.

Im Folgenden finden Sie zwei Persönlichkeitstypen beschrieben, deren Lebensstil durch einen regressiven Aktionsradius bestimmt wird. Sie werden uns zeigen, wie eine Widerrede selbst dann gelingt, wenn sie nicht die Handschrift eines typischen „Bosses“ oder „Stars“ tragen. Doch es gibt gewichtige Unterschiede, wie wir gleich sehen werden.

Der fleißige „Eremit“(aktiv regressiver Typ)

Der selbstgenügsame „Eremit“ ist ein typischer Kopfmensch (Kapitel **4**), der einen – oft schamhaft verdeckten – Tiefstatus zeigt. Dabei gibt er den zurückhaltenden, in sich gekehrten Menschen, der sich erst aus einer sozialen Distanz heraus kreativ zu entfalten vermag. Unter dieser Voraussetzung kann nicht selten eine große Schaffenskraft freigesetzt werden. Sobald jedoch Aktivitäten in größeren Gruppen angesagt sind, entsteht ein innerer Widerstand. Dabei signalisieren „Eremiten“ körpersprachlich ein erkennbares Unbehagen, das von den Sozialpartnern zuweilen als Hinweis auf Desinteresse, Faulheit oder gar Unfreundlichkeit missverstanden wird. Dies kann zu einer Ablehnung führen, die bisweilen in Mobbing-Handlungen ausufert. Gegenüber solchen Angriffen vermag sich der aggressionsgehemmte „Eremit“ in der Regel nicht „schlagfertig“ zur Wehr zu setzen. Infolgedessen kann die ohnehin bestehende Neigung zum sozialen Rückzug soweit verstärkt werden, dass sich der „Eremit“ zunehmend in seine oder ihre eigene Welt zurückzieht.

Viele kreative Menschen entsprechen dem Typus des „Eremiten“. Dazu gehören, um nur einige zu nennen, der Bayernkönig Ludwig II., Charles Darwin, Friedrich Nietzsche, Albert Einstein, Woody Allen, Michael Jackson oder Lewis Carroll, der Verfasser von *Alice im Wunderland*. Alle diese Menschen waren oder sind tendenziell menschenscheu, eigenbrötlerisch und introvertiert. Vor nicht allzu langer Zeit machte Bob Dylan diese regressive Grundhaltung deutlich. Der legendäre Protestsänger scheute sich nämlich, zur Entgegennahme seines Nobelpreises persönlich zu erscheinen. Damit trat er sozusagen in die Fußstapfen der Schriftstellerin Elfriede Jelinek, die den Literaturnobelpreis im Jahre 2004 erhielt. Auf Grund ihrer Ängstlichkeit, von Menschen direktangeschaut zu werden, ließ sie lediglich eine Videobotschaft nach Stockholm schalten.
Auch renommierte Komiker können anteilsmäßig diesem Typus zugehören. Ein Beispiel dafür war der Basler Humorist René Schweizer, der über sich selbst das Folgende schrieb:

„Nur so zum Spaß kann ich keine Leute treffen. Das Normale langweilt mich und verursacht körperliches Unbehagen. Ich will mich nicht ändern, weil die erwähnte Grundhaltung ein Zustand ist, der sich mit den Jahren allmählich entwickelt hat und meiner Persönlichkeit sowie meinem Charakter entspricht. Meine Phantasie bietet mir genügend Unterhaltung, Nervenkitzel und Beschäftigung. Ich liebe es, sie zu erforschen und zu entdecken." (Titze 2013, 18).

Der paradoxe Umgang mit regressiven Ressourcen

Die introvertierte Zurückhaltung des „Eremiten" entspricht der Fähigkeit bzw. „defensiven Ressource", sich in der eigenen Welt eigenständig einzurichten, sich dabei selbst zu genügen und auf die Zuwendung anderer Menschen prinzipiell nicht angewiesen zu sein.

Nicht wenige „Eremiten" können aus der sozialen Distanz heraus ein aktives und produktives Leben führen – sofern die Lebensumstände das erlauben. Doch das ist während der Schulzeit und im Berufsleben kaum machbar. Um sich vor unangenehmen Auswirkungen einer zu großen sozialen Nähe zu schützen, setzen „Eremiten" – unbewusst – körpersprachliche Abwehrstrategien zurück, mit deren Hilfe andere Menschen auf Abstand gehalten werden. Das kann ein scheinbar desinteressierter Gesichtsausdruck, die Vernachlässigung von Augenkontakt oder die geschlossene Körperhaltung des „Kopfmenschen" (Kapitel **4**) sein. Von den Sozialpartnern wird dieses Verhalten allerdings nicht selten als eine wenig sympathische Nichtbeachtung Zurückweisung interpretiert, was häufig ihre Zurückweisung nach sich zieht, unter der die Betreffenden wiederum leiden – *obwohl* sie genau dies – paradoxer Weise – unbewusst so gewollt hatten. So kann sich schlussendlich diese verhängnisvolle Meinung aufbauen: ***Die anderen lehnen mich ab, daher muss ich ihnen weiterhin aus dem Wege gehen!***

Die Rhetorik des „Eremiten“

Der typische „Eremit“ gibt sich im zwischenmenschlichen Dialog bevorzugt verhalten und reserviert. Aggressiv auftretende Gesprächspartner schüchtern ihn schnell ein, so dass die Widerrede meist wenig überzeugend ausfällt. Und falls sich ein regressiv eingestellter Mensch willentlich doch um scharfzüngige Redegewandtheit bemühen sollte, geht dieser Versuch häufig in einer – nicht selten peinlichen Weise – daneben!

Welche Möglichkeit tut sich für einen regressiv ausgerichteten Menschen in einem Wortgefecht dann noch auf? Die Antwort ist eigentlich paradox: Es ist eine Strategie der bekennenden Schwäche, die sämtliche Vorbehalte des Kontrahenten in jeder Hinsicht bestätigt – und zuweilen noch einen draufsetzt.

Eben das ist die Strategie der ironischen Verstellung, die wir in Kapitel **6** bereits besprochen haben. Im Falle einer verbalen Auseinandersetzung wird sich der Ironiker folglich in keiner Weise bemühen, mit seinen Argumenten zu reüssieren. Ganz im Gegenteil wird er alles daran setzen, um als unbedarfter Dummkopf dazustehen. Hierzu ein Beispiel:

Der eilige Fahrgast fällt beim Aussteigen aus der Straßenbahn unsanft auf den Hintern. Ein Passant fragt süffisant: „Sind Sie hingefallen?“

„Nein, so steig’ ich immer aus!“

Konrad Adenauer (1876 – 1967), der erste Bundeskanzler, war ein wahrer Meister im ironischen Tiefstapeln (Kortmann & Wolf 1987). Er dokumentierte dies nicht zuletzt durch seinen beschränkten Wortschatz. Dies entsprach seinem selbstgewählten Motto: „Je einfacher denken, ist oft eine wertvolle Gabe Gottes." Doch dieses Understatement war nur eine rhetorische Finte, die darauf abzielte, alle Kontrahenten in die Irre zu führen. Diese Täuschung wurde von Adenauers Vertrauter Margot Kalinke[19] bestätigt: „Selbst wenn Adenauer 200 Wörter mehr gewusst hätte, er hätte sie nicht benutzt. Das war doch gerade seine Klugheit."

Im September 1955 unternahm Adenauer eine historische Reise in die Sowjetunion. Das Ergebnis der Verhandlungen war die Aufnahme diplomatischer Beziehungen bei Wahrung der deutschlandpolitischen Rechtsposition der Bundesregierung. Als seine Verhandlungsführung von der Opposition im Bundestag kritisiert wurde, erklärte Adenauer: „Der Russe, meine sehr verehrten Herren, der wartet doch förmlich auf jedes Wort aus meinem Munde, und wenn ich mal wat Falsches jesagt habe, dann doch nur, um den Russen zu täuschen!" (Ruede-Wissmann 1998, 83)

Adenauer pflegte übrigens Wortmeldungen seiner Regierungsmannschaft völlig unbefangen zu ignorieren. Nachdem er wieder einmal mehrere Wortmeldungen eines Ministers übersehen hatte, rief er diesem am Ende der Kabinettsitzung zu: „Wenn Se mal wieder austreten müssen, brauchen Sie doch nit zu strecken!"

Auf dieser dummschlauen Linie bewegt sich auch der folgende Witz:

Ein angeheiterter Witzbold spricht nachts auf offener Straße einen Passanten an. Während er auf den hellen Vollmond zeigt, fragt er mit süffisanter Miene: „Entschuldigung, können Sie mir sagen, ob das der Mond ist?"

„Das kann ich Ihnen leider nicht sagen. Ich bin nicht von hier!"

19 Margot Kalinke (1909 – 1981) war seit 1947 Mitglied im niedersächsischen Landtag. 1949 wurde sie in den Bundestag gewählt, wo sie sich als engagierte Frauenpolitikerin für die Lösung von sozialpolitischen Problemen einsetzte.

Ironische Treuherzigkeit

Zur Ironie gehört eine vorgebliche Einfalt, die den Kontrahenten über kurz oder lang verwirren muss. Denn alles, was dieser an kritischen Vorhaltungen im Köcher hat, wird vom Ironiker sofort gutgeheißen. Die besondere List besteht wiederum darin, sich selbst kleiner zu machen, als man in Wirklichkeit ist. Dazu ein historisches Beispiel:

Als der Philosoph Voltaire (1694 – 1778) einmal in England unterwegs war, stand es in weiten Teilen der Bevölkerung schlecht um das Ansehen Frankreichs. Tatsächlich wurde Voltaire auf offener Straße als Franzose erkannt und gleich darauf bedroht. Die Menge brüllte: „Hängt den Kerl! Er ist Franzose!"

Voltaire blieb stehen und rief dem wütenden Mob freiheraus zu: „Engländer, ihr wollt mich umbringen, weil ich Franzose bin. Bin ich denn, weiß Gott, nicht gestraft genug, kein Engländer wie ihr zu sein?"

Daraufhin, so wird berichtet, brach die Menge in Beifallsstürme aus und geleitete ihn feierlich nach Hause. Man hatte seine ironische Verstellung nicht verstanden.

Auf diese Weise wird jedem Kritiker der sprichwörtliche Wind aus den Segeln genommen. Er wird – angesichts dieser scheinbaren Arglosigkeit – die anfängliche Vorwurfshaltung wahrscheinlich nicht lange aufrechterhalten wollen.

Sokratische Gegenfragen

In formaler Hinsicht greift der Ironiker gerne auf eine schlichte Technik zurück, die ebenfalls auf Sokrates zurückgeht: Er verhält sich wie ein naives Kind, das einem scheinbar allwissenden Erwachsenen unentwegt neugierige Fragen stellt (vgl. Kapitel **2**). Dadurch wird der Kontrahent unweigerlich zum Nachdenken gezwungen, zuweilen sogar in Bedrängnis gebracht, denn auf nicht jede Frage gibt es gleich die passende Antwort! Das lässt sich wiederum mit Hilfe unserer **Standardprovokation** veranschaulichen:

> *„Sie sind ja heute so farbenfroh gekleidet. Sind Sie als Clown unterwegs? Oder wollen Sie damit von Ihrer Trauermiene ablenken?"*

> „Darf nur der Farbenfrohe den Clown geben oder darf das auch einer mit Trauermiene tun?"

Die Technik der Gegenfragen bedient sich kurzer Sätze und nimmt auf bestimmte Aspekte in der Aussage des Kontrahenten Bezug. Dies gelingt am einfachsten durch solche naiven Fragen:

- „Manchmal frage ich mich, ob Sie nichts als Unsinn im Kopf haben?"
  „Warum fragen Sie sich das nur manchmal?"
- „Wenn Sie nicht aufpassen, werde ich Ihnen gleich ins Kreuz treten!"
  „Was stört Sie denn an meinem Kreuz?"

Diese Methode wurde übrigens von den talmudgeschulten chassidischen Juden geradezu perfektioniert. Salcia Landmann (2007) führt in diesem Zusammenhang eine Gesprächsfolge an, bei der ein christlicher Potentat die folgenden Worte an seinen jüdischen Diener richtet:

> „Warum antwortet ein Jude auf eine Frage immer mit einer Gegenfrage?"
> Der Diener verwundert: „Warum soll ein Jude nicht antworten auf eine Frage mit einer Gegenfrage?"

Mit Gegenfragen kontern

Sie üben mit einem Dialogpartner, der Sie mit beliebigen Vorhaltungen provoziert. Er oder sie soll die entsprechenden Argumente, möglichst wortreich und konfrontativ formulieren. Darauf entgegen Sie grundsätzlich mit einer naiven Verständnisfrage, zum Beispiel:

- „Wie soll ich das verstehen?"
- „Kannst du mir das besser erklären?"
- „Bist du dir da ganz sicher?"
- „Warum willst du das wissen?" usw.

Sobald dem Gesprächspartner die Argumente „ausgegangen" sind (was letztlich fast immer der Fall ist!), werden die Rollen gewechselt.

Gewinnen durch Nachgeben: Die „Judo-Methode"

Während meiner Studienzeit gab es noch keine gesetzliche Krankenversicherung für Hochschüler. Meine Universität offerierte lediglich eine sogenannte Krankenversorgung, die aber nicht besonders gut organisiert war. Vor jedem Arztbesuch musste nämlich ein Berechtigungsschein in einem ziemlich abseits gelegenen Büro entgegengenommen werden. Überdies war die Öffnungszeit auf zwei Tage in der Woche beschränkt. In besagtem Büro saß dann eine liebenswürdige Dame, die die Angewohnheit hatte, mit jedem Besucher ein längeres Schwätzchen zu halten. Dies alles führte dazu, dass sich vor der Tür dieses Büros regelmäßig eine unendlich lange Warteschlange bildete. Ich stand eines Morgens ebenfalls in dieser Schlange.

Irgendwann kam ein smarter junger Mann vorbeigerauscht, und ehe man sich recht versah, befand er sich auch schon in jenem Raum, der das Ziel von uns Wartenden war. Offenbar hielt er die Türklinke von innen fest in der Hand, denn derjenige, der eigentlich als Nächster dran gewesen wäre, konnte sich trotz allem Bemühen keinen Einlass verschaffen. Wutentbrannt vernahmen wir, wie man sich hinter dieser Tür angeregt und fröhlich (und diesmal besonders lange!) unterhielt. Endlich ging die Tür auf – und es erschien der junge Mann, mit einem frischen Berechtigungsschein in der Hand und einem strahlenden Lächeln im Gesicht. Augenblicklich ging ein laut vernehmliches Luftholen durch die Reihe der Wartenden! Doch bevor irgendjemand dazu kam, seine angestaute Wut abzulassen, richtete der junge Mann auch schon diese Worte an uns:

„Sie haben ganz Recht, meine Herrschaften, wenn Sie mich jetzt richtig ausschimpfen. Das war eine Riesensauerei, was ich mir eben geleistet habe!“

Sprach‘s und war mit dem fröhlichsten Lächeln, das man sich nur denken kann, bald unseren Blicken entschwunden. Nachdem sich die Überraschung gelegt hatte, begannen einige der Wartenden zu lachen, und auch die anderen wirkten sichtbar gelöster. Niemand war dem jungen Mann eigentlich noch böse. Seine selbstironische Pseudo-Rechtfertigung hatte das Eis gebrochen!

Kommunikationstherapeuten bringen diese Strategie mit dem **Judo**[20] in Verbindung (Watzlawick, Weakland & Fisch 1974). Und das hat seinen Grund: Während Boxer so lange aufeinander einschlagen, bis einer schließlich zu Boden

---

[20] Abgeleitet aus dem japanischen Wort ***jū-dō*** = „sanft-nachgiebiger Weg“. Judo folgt dem Prinzip „Siegen durch Nachgeben“.

geht, akzeptiert der geübte Judoka den gegnerischen Angriff nicht nur, sondern er fördert obendrein noch die Schlagrichtung des Angreifers – aber in einer flexiblen Weise, zum Beispiel durch ein leichtes Wegdrehen oder Bücken. Dadurch läuft der Angriff ins Leere, weil der Gegner die Standfestigkeit verliert und schließlich zu Fall kommt. Diese Strategie entspricht den folgenden Schritten:

- Sie bestätigen vorbehaltlos alle Anschuldigungen, die Ihnen entgegengebracht werden.
- Zusätzlich können Sie gerne „noch einen draufsatteln", indem Sie freimütig zu weiteren Verfehlungen bekennen.
- So wird die Anschuldigung des Kontrahenten nach allen Regeln der Kunst überboten.

Gerade regressiv eingestellten Menschen fällt die Judo-Methode bedeutend leichter als ein aggressiver Konterschlag. Dies veranschaulicht eine kleine Anekdote:

Der sanftmütige Finanzmagnat James de Rothschild (1792 – 1868) wurde in seinem Pariser Bankhaus von einem verarmten Aristokraten aufgesucht. Rothschild zeigte auf einen Stuhl und erklärte: „Bitte nehmen Sie Platz, ich stehe Ihnen gleich zur Verfügung.

„Aber, mein Herr", erwiderte der Besucher empört. „Ich bin der Herzog von M.!"

Rothschild entgegnete auf die liebenswürdigste Art: „Oh, das wusste ich nicht. In diesem Fall nehmen Sie doch bitte zwei Stühle!"

Falls Sie die „Judo-Methode" anwenden möchten, können Sie Anmerkungen wie diese einflechten:

- „Das ist unheimlich wichtig für mich, dass Sie mir das so sagen! Aber ich muss Sie noch auf eine weiteres Ärgernis aufmerksam machen.“
- „Danke, dass Sie mir die Augen geöffnet haben! Aber ich muss gestehen, dass Sie mich viel zu generös beurteilt haben. Denn in Wirklichkeit bin ich noch viel schlimmer!“

Unter dieser Voraussetzung lässt sich auch die Widerrede auf unsere **Standardprovokation** entsprechend formulieren:

„Sie sind ja heute so farbenfroh gekleidet. Sind Sie als Clown unterwegs oder wollen Sie damit von Ihrer Trauermiene ablenken?“

„Verbindlichen Dank, dass Sie mich auf mein geschmackloses Äußeres aufmerksam machen. Noch chaotischer sieht es aber in meinem Innenleben aus: Meine dysphorische Affektivität, die Ihrem scharfen Blick nicht entging, ist nur eine Facette dieser komplexen Unordnung!“

Im Grunde entspricht die „Judo-Methode“ einer Strategie konsequenter Kontra-Rechtfertigung (vgl. Kapitel **1**). Dabei wird – um es mit den Worten des Evangelisten Matthäus *(Kap. 25, Vers 14)* zu sagen – mit den Pfunden eigener Unvollkommenheit geradezu gewuchert. Oder, um es so auszudrücken: Der peinliche Sachverhalt wird in *jeder Hinsicht* bestätigt. Hier weitere Beispiele:

- *„Sie sehen aber verdammt fertig aus!“*
  „Stimmt genau. Heute Morgen habe ich vom Stadtpfarrer schon die letzte Ölung bekommen!“
- *„Sie sind aber ganz schön fett geworden.“*

„Das haben Sie präzise erkannt! In meinem Bett mussten bereits zwei Stahlträger eingezogen werden, damit nicht alles zusammenkracht."

- *„Sie haben ja einen fürchterlichen Mundgeruch!"*

  „Richtig. Und in Kombination mit meinen phänomenalen Schweißfüßen schlage ich damit jeden Straßenräuber in die Flucht."

- *„Sie sind aber ziemlich gealtert. Fast hätte ich Sie nicht mehr wieder erkannt!"*

  „Ja, ich altere tatsächlich rasend schnell. Selbst meine Kinder verwechseln mich inzwischen mit dem Urgroßvater!"

Summa summarum lässt sich feststellen: Sobald Sie kritische Einlassungen, die gegen Sie gerichtet sind, in übertriebener Weise gutheißen, befindet sich Ihr Kontrahent in einer paradoxen Situation: Er kann Ihnen nunmehr nicht widersprechen, weil er sich sonst selbst widersprechen müsste! Auch hier können wir wieder Matthäus *(Kap. 23, Vers 12)* zitieren: ***„Wer sich selbst erniedrigt, der wird erhöht werden."***

Wenn Sie die folgende Partnerübung machen, können Sie die paradoxe Wirkung einer solchen Widerrede unmittelbar erleben.

Judo leicht gemacht

Im Dialog inszenieren Sie eine typische Konfliktsituation (aus dem Familienleben, dem beruflichen Alltag usw.). Der Gegner soll Vorwürfe erheben, während Sie bedienen sich der Judo-Methode bedienen, indem Sie sämtliche Anschuldigungen begeistert annehmen. Dabei können Sie zunächst Redewendungen wie die folgenden verwenden:

– „Das ist unheimlich wichtig für mich, dass du mir das sagst!"
– „Jetzt wird mir endlich klar, warum ich sozial so schlecht ankomme!"
– „Dass du den Mut hast, mich damit zu konfrontieren, finde ich ganz großartig!"

Und nach jeder derartigen Bestätigung können Sie eine weitere „Schwäche" offenbaren. Je abstruser dies daherkommt, desto sicherer dürfte der komische Effekt sein!

Wie sich mit gezielter Tiefstapelei weiter punkten lässt, erfahren Sie im folgenden Kapitel. Ein komischer Polizeibeamter wird uns dabei zur Seite stehen!

Columbo als Tiefstatus-Spezialist

Der legendäre TV-Inspektor Columbo, dargestellt von Peter Falk (1927 – 2011), löst seine Kriminalfälle, indem er den bekennenden Trottel gibt. Gleichzeitig legt er seine Kontrahenten mit ausgesprochen sanften Mitteln aufs Kreuz. Dabei brilliert Columbo als meisterhafter Tiefstaus-Spezialist (Kapitel **4**):

- Er kleidet sich so schäbig, dass er mitunter mit einem Obdachlosen verwechselt wird.
- Im Kontakt mit statushohen Widersachern senkt er den Blick demütig, kratzt sich verlegen am Kopf und tut sich beim Formulieren seiner Fragen schwer.
- Als virtuoser Tiefstapler entschuldigt er sich ständig für alles Mögliche.
- Gleichzeitig gibt er den tapsigen Kulturbanausen, der in der extravaganten Welt seiner Gegenspieler scheinbar völlig fehl am Platze ist.
- Dabei legt er jede Menge seltsamer Macken an den Tag und tritt von einem Fettnäpfchen ins andere.

In seiner linkischen, beschränkten Art entspricht Columbo dem sprichwörtlichen Bock, den man zum Gärtner gemacht hat! Jedenfalls erweckt er den Anschein, als professioneller Ermittler völlig daneben zu sein scheint.

All dies führt dazu, dass der Knitterinspektor nicht ernst genommen werden kann und sich somit als ideales Objekt für einen „Abwärtsvergleich“ anbietet. Was lässt sich unter diesem Begriff verstehen?

Sozialpsychologen konnten zeigen, dass der Vergleich mit anderen Menschen eine nachhaltige Auswirkung auf das eigene Selbstwertgefühl hat (Festinger 1954). Dabei gibt es diese beiden Möglichkeiten:
Wenn wir uns in einem ***Aufwärtsvergleich*** *an erfolgreicheren Menschen messen, ruft dies gewöhnlich Minderwertigkeitsgefühle hervor. Ein Beispiel wäre der Amateurschwimmer, der seine Streckenzeiten mit denen eines Spitzensportlers vergleicht.*
Ein ***Abwärtsvergleich*** *ergibt sich demgegenüber, wenn wir uns an einer schwächeren Person messen. Ein Beispiel wäre der Student, der sich nach bestandener Prüfung mit Kommilitonen vergleicht, die durchgefallen sind. Dies ruft in der Regel ein Gefühl der Überlegenheit hervor.*

Wie wir an anderer Stelle (Kapitel **4**) bereits sahen, verhalten sich Menschen, die körpersprachlich entweder Hochstatus oder Tiefstatus anzeigen, sehr unterschiedlich. Wenn sich Schauspieler darin üben, ein bestimmtes Statusverhalten bewusst zu übernehmen, fungieren sie als „Status-Spezialisten“ (Johnstone 1998, S. 92ff). Manche überzeugen mehr als Hochstatus-Spezialisten, andere wieder als Tiefstatus-Spezialisten. Columbo gehört eindeutig zur Gattung der Tiefstatus-Spezialisten Das macht er durch selbstentwertende Sprüche wie diese deutlich:

- „Wie konnte ich bloß so dumm sein?“
- „Das ist wieder einmal typisch für mich: Ich sehe den Wald vor lauter Bäumen nicht!“

- „Entschuldigen Sie, dass ich nachfragen muss: Aber ich stehe wieder einmal auf dem Schlauch!“

Diese selbstkritischen Behauptungen unterstreicht der schräge Inspektor körpersprachlich, indem er sich zum Beispiel theatralisch mit der flachen Hand gegen die Stirn schlägt.
Unter dieser Voraussetzung bekommt die Widerrede eine unverwechselbare Note. Dies wollen wir wiederum am Beispiel der **Standardprovokation** veranschaulichen:

> *„Sie sind ja heute so farbenfroh gekleidet. Sind Sie als Clown unterwegs? Oder wollen Sie damit von Ihrer Trauermiene ablenken?“*

> „Meine Frau (mein Mann) hat mir schon tausend Mal gesagt, ich solle mich anders anziehen. Ich hab‘ aber einfach keinen Sinn für eine farbliche Abstimmung der Garderobe. Sie mit Ihrer großartigen Menschenkenntnis haben gleich erkannt, dass mich das traurig stimmt!“

Wir können die einzelnen Schritte der Columbo-Methode so zusammenfassen:

- Sie gehen mit Vorhaltungen, kritischen Maßregelungen und bissigen Provokationen arglos und unbefangen um.
- Dabei bekommt der Angreifer in jeder Hinsicht Recht – dies kann gerne in einer übertriebenen Weise geschehen!
- Gleichzeitig heben Sie, sehr respektvoll und bewundernd, seine bzw. ihre besonderen Fähigkeiten hervor.

- Das Ganze toppen Sie dadurch, indem Sie Ihr eigenes Licht nach allen Regeln der Kunst unter den Scheffel stellen. Das heißt, Sie üben sich in der Kunst der Tiefstapelei!

Beziehungsfördernde Komplimente

Columbo überhäuft seine selbstgefälligen Kontrahenten gezielt mit Komplimenten, was die hohe Statusposition dieser Personen weiter bestätigt. So bewundert er zum Beispiel die luxuriöse Ausstattung in den Häusern oder Büros der Verdächtigen. Er erkundigt sich ausgiebig nach Einzelheiten ihrer noblen Autos und er lobt ihr Fachwissen überschwänglich. Columbo bedient sich dabei einer Strategie, die diesen Direktiven folgt:

- Der Mitmensch wird ausschließlich aus einem wohlwollenden Blickwinkel heraus wahrgenommen.
- Dementsprechend werden sämtliche Äußerungen des Kontrahenten vorbehaltlos bestätigt, was sich selbstverständlich auch auf kritische Vorhaltungen bezieht!

Nehmen wir einmal an, Sie werden in einer Diskussion abschätzig beurteilt. Falls Sie in Columbos Fußstapfen treten möchten, genügt bereits diese Widerrede:

- „Großes Kompliment – hochintelligente Anmerkung!“

Und wenn Sie rhetorisch nachlegen möchten, könnten Sie diese Aussage noch so ergänzen:

- „Danke, das bringt mich weiter!“
- „Toll! Gestatten Sie, dass ich mir das aufschreibe?“
- „Warum hat man mir das nicht schon früher gesagt!“

Jeder Mensch ist für Komplimente empfänglich, denn in jedem von uns lebt die kindliche Sehnsucht weiter, von den Mitmenschen anerkannt, ernst genommen, wertgeschätzt oder ganz einfach gemocht zu werden. Dieses Bedürfnis ist eine der wichtigsten Motivationsquellen im menschlichen Leben. Wenn Sie diesen Drang bei Ihrem Kontrahenten nicht nur erkennen, sondern ganz bewusst anerkennen (und durch entsprechende Komplimente befriedigen), dürften Sie dessen Sympathie wahrscheinlich bald gewonnen haben – und damit auch die eigentliche Auseinandersetzung!

Natürlich gewinnt ein Kompliment erst dann an Kraft und Wirkung, wenn es nicht auf die rein verbale Aussage beschränkt bleibt, sondern mit weiteren körpersprachlichen Signalen verbunden ist.

So lässt sich mithilfe eines strahlenden Gesichtsausdrucks und einer freudigen Gestik (zum Beispiel mit weit geöffnete Armen) eine begeisterte Wertschätzung unverkennbar signalisieren. Eine solche körpersprachliche Botschaft gehört sozusagen zum Fundus eines typischen „Stars“.

Wem das nicht liegt, der kann seine Hochschätzung auch auf eine eher indirekte Weise mitteilen: zum Beispiel durch eine kokettierende Unsicherheit, die sich in einem verlegenen Augenaufschlag oder einem schüchternen Lächeln zeigt..

Gerade machtorientierte Gesprächspartner dürften sich gerade dadurch geschmeichelt fühlen, weil sie in ihrem Hochstatus unnmittelbar bestätigt werden!

Durch die Selbst-Präsentation im Stile Columbos wird die wechselseitige Beziehung gezielt empathisch „manipuliert". Erst unter dieser Voraussetzung lässt sich auch der rhetorische Kontrahent mit „positiven Augen" wahrnehmen, wie wir gleich sehen werden.

Die Strategie der positiven Augen

Die näheren Einzelheiten dieser rhetorischen Technik werden in einem Theaterstück beschrieben. Jean Giraudoux (1961) hatte diesen Einakter in der kaltherzigen Zeit des Zweiten Weltkriegs verfasst und ***Der Apollo von Bellac*** genannt.

Die Handlung konzentriert sich auf das Vorzimmer des „Internationalen Büros für Erfindungen" in Paris. Im Mittelpunkt steht eine nervöse junge Frau namens Agnès, die schüchtern die Szene betritt. Sie trifft auf einen Obdachlosen aus dem Städtchen Bellac[21], der ihr bald das mächtigste Geheimnis seines Lebens verrät. Es besteht darin, allen Menschen, denen man begegnet, einfach zu sagen, dass sie schön sind. Wer so verfährt, erklärt der Obdachlose, wird jeden in seinen Bann ziehen.

[21] Diese Kleinstadt im französischen Departement *Region Limousin* ist auch der Geburtsort von Giraudoux.

Agnès setzt diese Anregung sogleich in die Tat um. Sie beginnt beim mürrischen Bürovorsteher. Tatsächlich wird dieser ansonsten sehr unangenehme Mann zunehmend zuvorkommend und freundlich. Gleiches geschieht mit dem hochnäsigen Vizepräsidenten und den steifen Direktoren der Firma.
Irgendwann kommt der Präsident aus seinem Büro gestürmt und geht direkt auf Agnès zu: „Wie haben Sie das nur angestellt, Mademoiselle Agnès? Bis heute verkam dieses Haus, das unter meiner Leitung steht, in Trübsal, in Trägheit und Dreck. Sie haben es kaum betreten, und schon erkenne ich es kaum wieder. Mein Türsteher ist dermaßen höflich geworden, dass er sogar seinen eigenen Schatten grüßt!" (Giraudoux 1961, 425)
Später erklärt der Präsident seiner Frau Thérèse: „Diese junge Frau sagt mir, dass ich schön bin. Weil sie nämlich selbst schön ist. Du sagst mir fortwährend, ich sei hässlich. Warum?" (ebd, 430).

Schönheit ist eigentlich relativ. Sie entsteht im Auge des Betrachters, der sich wiederum an Idealen orientiert, die der Zeitgeist vorgibt. So kann das, was in früheren Epochen unserer Kulturgeschichte als schön oder hässlich galt, in der zeitgenössischen Bewertung ganz anders erscheinen. Zum Beispiel galt seit den Tagen der Renaissance eine üppige Figur, verbunden mit einem fülligen Antlitz, als Inbegriff weiblicher Schönheit: Dies zeigen die barocken Gemälde von Rubens (1577 – 1640) oder Rembrandt (1606 – 1669). Dieses Ideal einer opulenten Schönheit wurde erst nach dem Ersten Weltkrieg aufgegeben. Nunmehr entsprach die zierliche, knabenhafte Figur den konventionellen Vorstellungen eines schönen Körpers. Bis in die jüngere Vergangenheit hinein galten galt eine ausgeprägt schlanke Körperform, verbunden mit einem wohlproportionierten Gesicht, als Inbegriff ästhetischer Vollkommenheit: Manche Psychotherapeuten sehen

hierin eine der Ursachen für das Überhandnehmen der Magersucht. (Titze 1979, 53ff)

In solchen Schönheitsbegriffen spiegeln sich ideelle Werturteile, die einer allgemeinen Übereinkunft entsprechen. Der einzelne Mensch mit seinem eigentlichen Potenzial steht dabei nicht im Mittelpunkt des Interesses. Doch genau dies dürfte Giraudoux vor Augen gehabt haben, als er von der Schönheit eines einzelnen Menschen sprach: Das Schöne an ihm anzuerkennen heißt daher, ihn oder sie auf das eigene Potenzial hinzuweisen – und dieses wertzuschätzen! Die Vorgehensweise dieser „Bellac-Methode" ist recht einfach:

- Sie nehmen den Gegenspieler aus einem vorbehaltlos positiven Blickwinkel wahr. Sie teilen ihm das Schöne, das Sie an ihm entdecken, geradewegs mit.
- Der Kontrahent wird in seiner Argumentation in jeder Hinsicht anerkannt und deutlich erkennbar wertgeschätzt.
- Dies wird ihm durch eine ausgesprochen liebenswürdige Widerrede gespiegelt.

Der bekannte Kommunikationstherapeut Paul Watzlawick (Watzlawick, Weakland & Fisch 1974, 158) verstand dies als eine umfassende Strategie der positiven Beeinflussung von zwischenmenschlichen Beziehungen: Statt sich auf die „hässlichen" Aspekte im Verhalten des Gesprächspartners zu konzentrieren, wird das Augenmerk von vornherein auf das gerichtet, was an ihm als „schön" erscheint. Das kann der Inhalt eben jener Worte sein, die die betreffende Person an Sie richtet. Unter dieser Voraussetzung können Sie sich …

- zunächst die Achtung gebietenden Worte dieses Menschen wertschätzen und
- ihm sodann bestätigen, dass er so klug, kompetent, attraktiv, talentiert, erfolgreich, kurzum: „ansehnlich" ist, dass Sie diesen Menschen als Ihr Vorbild ansehen.

Dazu bringt Paul Watzlawick (ebd., 157) ein Beispiel:

Die Sekretärin klappert mit dem Kaffeegeschirr. Ihr Chef schreit sie an: „Können Sie denn nicht etwas leiser sein?"
Die Sekretärin entgegnet mit einem verklärten Blick: „Ich liebe es, wenn starke Männer streng zu mir sind!"

Wenn wir diese Strategie einmal mehr durch die **Standardprovokation** verdeutlichen wollen, könnte sich dieser Wortwechsel ergeben:

„Sie sind ja heute so farbenfroh gekleidet. Sind Sie als Clown unterwegs? Oder wollen Sie damit von Ihrer Trauermiene ablenken?"

„Ich bin so dankbar, dass Sie sich – bei all den vielen Pflichten, die Sie zu erledigen haben – noch Zeit für mich nehmen. Ich nehme mir die Freiheit, Ihnen zu sagen, wie ich Ihre elegante Lässigkeit und Ihren köstlichen Humor bewundere! Wäre es sehr vermessen, wenn ich gestehe, wie sehr ich mir wünsche, dass wir beide Freunde werden?"

Hier folgen weitere Beispiele der „Bellac-Methode":

- „Das sieht doch ein Blinder mit Krückstock, dass man dieses Problem so nicht lösen kann!“
  „Haben Sie herzlichen Dank, dass Sie mir die Augen durch Ihr reiches Wissen öffnen. So habe ich eine Chance, mein Fehlverhalten zu korrigieren!“
- „Sie zeigen keinerlei Initiative bei der Projektdurchführung!“
  „Ihr wohlwollender Hinweis vermittelt mir neue Kraft und Orientierung. Darf ich davon ausgehen, dass Sie mich auch weiterhin coachen werden?“
- „Sie sind erst 43? Ich hätte Sie auf mindestens 10 Jahre älter geschätzt!“
  „Dafür sehen aber Sie wunderbar jung aus! Wie schaffen Sie das nur?“

Komplimente machen und annehmen

Sie arbeiten mit einem oder mehreren Partnern zusammen. Diese haben die Aufgabe, Sie auf ausgesprochen positive Aspekte Ihres Verhaltens und/oder Ihrer Person hinzuweisen. Sie selbst bedanken sich dafür und wiederholen die wertschätzenden Worte. Dazu ein paar Beispiele:

- „Du hast ausdrucksstarke Augen.“
  „Ich danke dir, dass du mich auf meine ausdrucksstarken Augen hinweist!“
- „Du bist ein aufrichtiger und verlässlicher Mensch.“
  „Ich danke dir, dass ich für dich aufrichtig und verlässlich bin!“
- „Du sprichst wohlüberlegt und rhetorisch überzeugend.“
  „Ich danke dir, dass du meine sprachlichen Äußerungen würdigst!“

Zusätzlich können Sie noch hinzufügen: „Gibt es noch etwas anderes, das du an mir positiv findest?“

Sobald wir das Gefühl haben, dass diese „warme Dusche“ ihre Wirkung zeigt (was sich gewöhnlich in einem Gefühl der Erheiterung äußert), werden die Rollen gewechselt.

Wir haben jetzt die Bewältigungsstrategien des aktiv regressiven Persönlichkeitstyps kennengelernt. Über welche Möglichkeiten der Selbstbehauptung verfügen aber die Menschen, deren Aktionsradius ebenfalls regressiv ist, die aber nicht aktiv, sondern passiv handeln?
Näheres dazu erfahren Sie auf den nun folgenden Seiten!

Der arme „Lazarus" (passiv regressiver Typ)

Der hilfsbedürftige „Lazarus" ist ein ausgesprochener „Tiefstatus-Spezialist", der die Ausdrucksmöglichkeiten des leidenden Körpers in den Fokus seiner Lebensführung nimmt. Diese passiv und regressiv eingestellten Menschen kennen keine offene Aggressivität, weshalb sie gewöhnlich als sanftmütig und harmlos erlebt werden. Im zwischenmenschlichen Umgang ist der „Lazarus" nämlich vorwiegend fügsam, wobei er sich immer dann als hochsensibel erweist, wenn er sich abgelehnt bzw. kritisiert fühlt. Gegenüber engen Bezugspersonen entwickelt der „Lazarus" gewöhnlich eine typisch hilfeheischende („appellative") Haltung, um dadurch Zuwendung und Unterstützung zu bekommen. Sofern dieser zentrale Wunsch unerfüllt bleibt, wird ein typischer „Lazarus" gewöhnlich klagsam, weinerlich und verzweifelt reagieren. Dabei können Hinweise auf ein körperliches oder seelisches Leiden unbewusst als Druckmittel dienen: Dies sind Waffen der Schwäche und Hilflosigkeit, die der „Lazarus" gerade in Situationen von Mobbing effizient zu nutzen weiß – entsprechend dem Grundsatz: Meine Schwäche soll meine Stärke sein!

Die Bezeichnung „Lazarus" geht auf eine Schilderung im Neuen Testament zurück *(Lukas Kap. 16, Vers 19-31)*. Dort wird von einem armen Mann berichtet, dessen Leib voller Geschwüre war. Er hätte gern seinen Hunger mit dem gestillt, was vom Tisch der Reichen herunterfiel. Stattdessen kamen die Hunde und leckten an seinen Geschwüren. Als nun der Arme starb, wurde er von den Engeln in Abrahams Schoß getragen. Der Prophet sprach zu ihm: „Da du im Leben nur Schlechtes erfahren hast, wirst du jetzt dafür getröstet werden." Dieser Mann hieß Lazarus.

Menschen, die diesem Typus entsprechen, zeichnen sich durch ein eher scheues und tatenloses Wesen aus. Viele der üblichen Aktivitäten im Alltag erleben sie als eine Überforderung. So können die Alarmglocken bereits schrillen, wenn es um die Erledigung von „ganz normalen" Anforderungen geht. Dazu gehört schon der übliche Schulbesuch. Später ist es die Berufsausbildung oder die Bewältigung des Arbeitslebens. Schon die bloße Teilhabe am sozialen Leben kann zu einer argen Last werden, die Unlust und Stress hervorruft. Daraus können sich wiederum eine Vielzahl von Befindlichkeitsstörungen ergeben – zum Beispiel Kopf- und Muskelschmerzen, Schwindelanfälle, Atembeschwerden und allgemeine Schwächezustände. Da diese Beschwerden in der Regel keinen eigentlichen Befund im medizinischen Sinne ergeben, lassen sie sich willentlich auch nicht korrigieren.

Beredsame Beschwerden

Körpersprachliche Hinweise auf eigenes Leid erfüllen in der frühen Kindheit einen wichtigen kommunikativen Zweck. So signalisieren Säuglinge über eine entspannt lächelnde Mimik und damit verbundene Lautäußerungen, dass sie sich wohl fühlen. Umgekehrt zeigen sie über einen verzweifelten Gesichtsausdruck, verbunden mit Schreien und Weinen, dass es ihnen nicht gut geht. Dadurch können die Bezugspersonen – unbewusst – dazu gebracht werden, sich um das Kind (mehr) zu kümmern.

Diese ganz ursprüngliche bzw. primäre Kommunikationsform steht uns auch in späteren Lebensphasen grundsätzlich zur Verfügung. Wir setzen sie – als eine Art Hilferuf – immer dann ein, wenn wir an das Mitleid unserer Mitmenschen appellieren: Eben diese kommunikative Funktion wird von passiv regressiv eingestellten Menschen unwillkürlich genutzt, um den Mitmenschen das – tatsächliche oder auch vorgebliche – eigene Leiden konkret vor Augen zu führen und dadurch Mitgefühl und hilfreiche Unterstützung zu erlangen. Zuweilen kann dieser Appell an das Mitgefühl der anderen sogar in die Logistik eines veritablen Geschäftsmodells einfließen. Der Historiker Martin Rheinheimer (2000, 143) beschreibt entsprechende Einzelheiten aus der Zeit des Mittelalters, die sich aber auch komplett auf die aktuelle Situation in unseren Großstädten übertragen lassen:

„Um Almosen zu bekommen, mußte ein Bettler bedürftiger wirken als die übrigen. Dafür entwickelten sie Tricks und Techniken […] Es gab welche, die Epilepsie vortäuschten, die eine Krankheit simulierten oder Geisteskrankheiten vortäuschten […] Für einen Bettler, der mit seiner Behinderung Mitleid erregen wollte, konnte auch eine Krücke oder ein Verband dazugehören. Die Behinderung konnte zum ‚Arbeitsinstrument' werden, wenn sie richtig in Szene gesetzt wurde: das fehlende Auge, der lahme Arm, das Vorzeigen eines Armstumpfes…"

Das Ecce homo-Prinzip

Für passiv-regressiv ausgerichtete Menschen gilt der Grundsatz: ***Wenn es mir schlecht geht, muss ich das deutlich zeigen!*** Je augenfälliger die entsprechenden Gebrechen dabei sind, desto eher kann ein „berechtigtes" Zurückweichen vom bedrohlichen „Hauptkriegsschauplatz des Lebens"[22] gelingen. Dies vollzieht sich weitgehend unbewusst, so dass der betreffende Mensch auch kein schlechtes Gewissen haben muss – denn es geschah ja nur aus Krankheitsgründen!

Es wäre aber ein Irrtum, hinter diesem appellativen Verhalten nichts anderes als eine hinterlistige Finte von charakterschwachen Personen zu sehen. Vielmehr handelt es sich um eine – unbewusst inszenierte – Beziehungsmanipulation. Das, was man gemeinhin für Schwäche hält, kann sich somit als verborgene Stärke, als eine defensive Ressource entpuppen. Doch diese Ressource kann erst dann kreativ genutzt werden, wenn sich der betreffende Mensch des kreativen Potenzials dieser Bewältigungsstrategie tatsächlich bewusst wird und diese gezielt einsetzt: Unter dieser Voraussetzung können sich auch Menschen, die nicht erstrangig dem passiv regressiven Typus entsprechen, diese Ressource nutzbar machen.

Wir kennen dieses Prinzip bereits aus dem Religionsunterricht: Pilatus lässt Jesus so lange geißeln, bis sein ganzer Körper blutüberströmt ist. Dann führt er ihn dem wartenden Volk vor und ruft aus: ***„Ecce homo!"*** *(„Siehe da, ein Mensch!")*. Pilatus tat dies nicht, um ein sadistisches Schauspiel zu inszenieren, sondern um Jesus indirekt zu helfen. Indem Pilatus nämlich das „Leiden Christi" demonstrativ zur Schau stellte, wollte er einen moralischen Druck erzeugen, um abschließend ein gnädiges Urteil sprechen zu können. Damit sprach er dem Leiden die Bedeutung einer (defensiven) Ressource zu.

Eine Ressource entspricht einer emotionalen Kraftquelle. Sie umfasst all das, was ein Mensch gut kann. Während sich ein „Boss" im Leben gut durchboxen kann,

---

[22] Dieser Begriff geht auf Alfred Adler (1973, 29) zurück, der feststellte, dass sich ein mutloser Mensch dann auf einen sicheren „Nebenkriegsschauplatz" zurückzieht, wenn die Furcht vor einer Niederlage über ein erträgliches Maß hinausreicht.

muss ein „Lazarus" nach anderen Möglichkeiten der Selbstbehauptung suchen. Sein passiver und regressiver Lebensstil lässt einen verbalen Schlagaustausch in Konfliktsituationen kaum zu. Dazu ein Beispiel:

Herr Lasar soll bei einer Teambesprechung sein eigenes Projekt vorstellen. Er hat seinen Vortrag kaum zu Ende gebracht, als ihm der Teamleiter voll in die Parade fährt. Dabei wirkt der Chef ziemlich aggressiv. Mit wütend aufgerissenen Augen, einer angespannten Mimik und einer vor Wut bebenden Stimme kanzelt er Herrn Lasar regelrecht ab. Sein Redeschwall endet mit diesen Worten: „Und das soll alles sein, was Sie in den letzten zwei Monaten zustande gebracht haben?"

Herr Lasar, dessen Gesichtshaut mittlerweile kalkweiß geworden war, entgegnet kaum vernehmbar: „Mir ist ganz schlecht. Ich glaube, ich stehe vor einem Kreislaufkollaps. Ich brauche meine Medizin. Bitte haben Sie Verständnis dafür, wenn ich jetzt gehe …"

Schlagartig lässt die aggressive Stimmung beim Vorgesetzten nach. Dieser zeigt sich jetzt besorgt und fürsorglich und geleitet Herrn Lasar persönlich aus dem Sitzungsraum.

Herr Lasar hat eine für ihn unangenehme Situation bewältigt, indem er sich – unbewusst und ohne große Worte – in die Position des leidenden Opfers begab. Dadurch konnte er eine sehr prekäre Situation erfolgreich kontrollieren. Er konnte nämlich mit Hilfe des *Ecce homo* -Prinzips positive Aufmerksamkeit, Zuwendung und Nachsicht erwirken. Ohne es willentlich beabsichtigt zu haben, fungierten seine funktionellen Beschwerden als defensive Ressource.

Wie eine Auseinandersetzung unter dieser Voraussetzung ablaufen könnte, soll zunächst mit Hilfe der **Standardprovokation** veranschaulicht werden:

„Sie sind ja heute so farbenfroh gekleidet. Sind Sie als Clown unterwegs? Oder wollen Sie damit von Ihrer Trauermiene ablenken?“

Die Widerrede erfolgt rein körpersprachlich, über einen Gesichtsausdruck, in welchem sich das ganze Leid dieser Welt zeigt. Im wortlos bedeutungsvollen Blickkontakt wird die stille Botschaft übermittelt: „Siehst Du nicht, wie arm dran ich bin? Warum quälst Du mich dann noch zusätzlich?“

Das *Ecce homo* -Prinzip zielt also (unbewusst) darauf ab, Mitmenschen zu bewegen, Mitgefühl zu entwickeln. Dieses Ziel ist dann erreicht, wenn der ursprüngliche Gegner „weich wird“ und dem Leidenden einen „Mitleidsbonus“ einräumt, um ihm schlussendlich auch noch zu helfen. Von strategischer Bedeutung sind in diesem Zusammenhang körpersprachliche Signale, wie zum Beispiel eine Leidensmiene, zuckende Augenlider, eine weinerliche Stimmlage oder die „Wasserkraft“ der Tränen.

Der legendäre Clown-Arzt Patch Adams[23] hielt 1996 beim Basler Kongress *Der Humor in der Therapie* vor großem Publikum einen Vortrag. Er berichtete über seine Reisen in die Sowjetunion, wo er entwurzelte, psychisch kranke Kinder und Jugendliche in staatlichen Einrichtungen besucht hatte. Er beschrieb dabei die furchtbaren Zustände in diesen Waisenhäusern, die eher Konzentrationslagern glichen, in sehr anschaulicher Weise. Nachdem er geendet hatte, meldete sich ein Zuhörer mit diesen Worten: „Sie sprechen über all‘ dieses Elend. Aber wo bleibt Ihre Empathie?“

---

[23] Hunter Doherty „Patch“ Adams (* 1945) ist ein US-amerikanischer Arzt. Adams hat 1972 das „Gesundheit! Institute“ gegründet: hier wird die Methodik der „Clown-Therapie“ und der alternative Heilkunst praktiziert. Sein Leben war Vorbild für den Film *Patch Adams*, in dem Robin Williams die Titelrolle spielte.

> Patch Adams schaute den Mann kurz an. Dann begann er laut vernehmlich zu weinen – und hörte erst nach fünf Minuten wieder auf. Die Zuhörer waren ergriffen und reagierten mit einer *standing ovation.*

Zu allen Zeiten haben sich Menschen des *Ecce homo*-Prinzips bedient. Es beginnt schon damit, dass kleine Kinder in Konfliktsituationen herzzerreißend schluchzen – und zuweilen die Luft so lange anhalten, bis sie blau anlaufen. Damit verfolgen sie (unbewusst) das gleiche Ziel wie Jugendliche, die sich selbst verletzen oder sich bis an den Rand des Todes hungern: Sie zeigen einen passiven Widerstand, der das eigene Leiden als Waffe nutzt. Auch Mahatma Gandhi (1869 – 1948) hatte sich dieser Methode bedient, um seine politischen Ziele zu erreichen.

Selbst Sigmund Freud (1856 – 1939) scheint sich bei verbalen Auseinandersetzungen zuweilen solcher regressiver Mittel bedient zu haben. So berichtet sein Biograph Ernest Jones (1978, 370) über ein Treffen Freuds mit seinem „Kronprinzen" C. G. Jung im November 1912. Bei dieser Gelegenheit sollten vor allem persönliche Unstimmigkeiten zwischen diesen beiden Größen der Tiefenpsychologie geklärt werden. Freud warf seinem Schweizer Kollegen vor, seinen Namen in Publikationen über Psychoanalyse nicht erwähnt zu haben. Dieses Versäumnis interpretierte Freud als Hinweis auf eine Entzweiung, die ein Jahr später tatsächlich erfolgen sollte. Obwohl Jung ihn zu beschwichtigen versuchte, beharrte Freud auf seinem Standpunkt und nahm die Sache zunehmend persönlich. Irgendwann stürzte er ohnmächtig zu Boden. Der kräftige Jung trug ihn schnell zu einer Couch in der Halle, wo Freud bald wieder zu sich kam. Als er das Bewusstsein wieder erlangte, waren seine ersten Worte:
„Es muss süß sein zu sterben".

Hierzu gibt es eine Übung:

Die perfekte Jammergestalt improvisieren

Bei dieser Übung arbeiten Sie mit einem oder auch mehreren Partnern zusammen. Dabei wird der jeweilige Protagonist mit Vorhaltungen konfrontiert, die auf bestimmte Charakterschwächen („Macken“) seiner Person Bezug nehmen. Diese Schwächen wurden zuvor von ihm oder ihr selbst benannt. Hieraus ergeben sich Vorhaltungen, wie zum Beispiel: „Du isst/trinkst zu viel“; „du kannst das Rauchen nicht aufgeben“; „du erzählst manchmal Dinge, die peinlich sind“; „dein Auftritt war nicht überzeugend“ usw.

Auf diese und ähnliche Anschuldigungen darf der Protagonist nur körpersprachlich antworten, indem er die „perfekte Leidensmiene“ aufsetzt und seiner gespielten Verzweiflung einen möglichst jammervollen Ausdruck verleiht!

Bei dieser Übung entsteht für gewöhnlich eine Heiterkeit, die Ausdruck der paradoxen Erkenntnis ist: Auch ohne starke Worte lässt sich punkten – gelegentlich sogar mit Schweigen. Besonders beeindruckend ist dabei der Zustand einer apathischen Schreckstarre, der sich zum Beispiel in einer bewegungslosen Mimik und völligem Schweigen kundtut. Hier liefert die maskenartige Mimik einer Sphinx sozusagen die Blaupause. Probieren Sie es mal selbst aus: Wenn Sie mit leicht geöffnetem Mund, glatter Stirn und weit geöffneten Augen beharrlich schweigen, werden Sie Ihren Kontrahenten wahrscheinlich mühelos aus dem Konzept bringen. Hier folgt eine entsprechende Übung:

Mit Schweigen kontern

Der Spielpartner macht eine despektierliche Bemerkung, etwa: „Sie sind ein verdammt schlechtes Vorbild – nicht nur für Kinder!“
Sein Gegenpart hat die Aufgabe, darauf nichts Verbales zu entgegnen.
Er darf nur mit Schweigen kontern. Dieses wird mithilfe von Mimik und Gestik akzentuiert, indem

- ein erstauntes oder trauriges Gesicht gemacht wird
- dem anderen mit verkniffenen Augen zugenickt wird
- der Kopf stumm geschüttelt wird
- der Gegenspieler ohne jede Regung starr angeschaut wird
- dessen Bemerkungen kopfschüttelnd auf ein Blatt Papier notiert werden

10 Abschließende Bemerkungen

Wir haben eine zentrale Hypothese aufgestellt, sie lautet: Eine erfolgreiche Widerrede erschließt sich erst aus den rhetorischen Möglichkeiten, die uns der eigene Persönlichkeitstyp eröffnet. Daher sollte sich zum Beispiel ein regressiv eingestellter Mensch nicht um jene Schlagfertigkeit bemühen, die einer aggressiven Persönlichkeit gleichsam auf den Leib geschrieben ist. In entsprechender Weise dürfte eine selbstironisch gehaltene Widerrede wenig überzeugend klingen, wenn sie von einem aggressiv eingestellten Menschen vorgebracht wird.

Daher lässt sich schlussfolgern: Der rhetorische Stil eines Menschen sollte mit dessen typischer Wesensart übereinstimmen, um wirklich authentisch zu sein. Denn nur so lässt sich ein spezifisches Können – im Sinne eigener Ressourcen – wirksam nutzen. Dabei ergeben sich diese Besonderheiten:

- Ein typischer **„Boss“** kann forsch und schlagfertig sein. Er oder sie kann durch eine scharfzüngige Rhetorik punkten, die durchaus sarkastisch und unverfroren daherkommen kann.

- Ein typischer **„Star“** kann frech und frivol sein. Er oder sie kann durch eine neckische Rhetorik punkten, die sowohl unterhaltsam als auch skurril, schlitzohrig und bisweilen auch anzüglich wirken kann.

- Ein typischer **„Eremit“** kann sich zu einem Meister in der ironischen Kunst der Untertreibung entwickeln. Er oder sie kann sich dabei durch eine dummschlaue Rhetorik hervortun, die vordergründig selbstkritisch, naiv und nachgiebig erscheint. Gerade dadurch kann der „Eremit“ die Angriffslust des Kontrahenten im Sinne einer positiven Beziehungsmanipulation abfedern.

- Ein typischer **„Lazarus"** beherrscht die Kunst nonverbaler Kommunikation ganz intuitiv. Über eine Vielzahl von körpersprachlichen Signalen kann er oder sie einen Kontrahenten dadurch sanftmütig(er) stimmen. Dazu gehören sowohl Demutsgebärden als auch herzbewegende Hinweise auf die eigene Befindlichkeit.

Weil es den „Typus in Reinform" nicht gibt, haben wir es in der konkreten Realität des Lebens immer mit persönlichkeitsspezifischen Mischformen zu tun. So kann etwa ein typischer „Lazarus" auch aktiv-aggressive Anteile besitzen und dementsprechend in gewissen Lebenssituationen wie ein machtorientierter „Boss" agieren. Und ein distanzierter „Eremit" kann sich zuweilen wie ein attraktiver „Star" geben, während ein „Star" bisweilen die Eigenheiten eines „Lazarus" an den Tag legen kann usw.
Somit wird der typische Lebensstil eines Menschen durch unterschiedliche Facetten kommunikativer Selbstbehauptung geprägt, was sich sowohl im sprachlichen wie im körpersprachlichen Ausdruck auswirkt. Allerdings gibt es auch eine gesellschaftlich festgelegte Bevorzugung bestimmter (körper-) sprachlicher Darstellungsweisen. Während zum Beispiel im fernöstlichen Kulturkreis eine regressiv zurückhaltende Gesprächsführung favorisiert wird, orientieren sich Europäer und Amerikaner eher an einem aktiv-aggressiven Redestil. Folgerichtig gilt die Schlagfertigkeit des forsches „Bosses" in unserem gesellschaftlichen Umfeld als *der* Maßstab für einen erfolgreichen – und daher erwünschten – Wortwechsel. Bei einem regressiv eingestellten Menschen kann diese Forderung aber beträchtlichen Stress hervorrufen – einfach deshalb, weil die entsprechende Widerrede in diesem Fall nicht „aus dem Bauch kommt". Zudem könnte ein solcher Mensch auch noch ein schlechtes Gewissen bekommen, wenn er oder sie der gesellschaftlichen Erwartung, allzeit schlagfertig zu sein, nicht entspricht.

Die abschließende Empfehlung lautet daher: Gestalten Sie Ihre Widerrede entsprechend den Möglichkeiten, die Ihr eigener Persönlichkeitstypus Ihnen bietet. Wählen Sie nur die Worte, die Ihnen möglichst leicht „über die Lippen kommen". Und natürlich sollte Ihnen die bevorzugte Konter-Methode insgesamt Spaß machen. Erst unter dieser Voraussetzung können Sie nämlich einen Gesprächsstil entwickeln und konsequent erproben, der Ihnen wirklich liegt und der dadurch auch auf Ihre Gesprächspartner authentisch und überzeugend wirkt.

11 Literatur

Hier folgt eine Aufstellung der in diesem Buch verwendeten Literatur. Werke, die besonders weiterführend sind, wurden gefettet.

Adler, A. [1933] (1973): Der Sinn des Lebens. Frankfurt.
Albrecht, v. M. (2012): Geschichte der römischen Literatur von Andronicus bis Boethius und ihr Fortwirken. Band 1. 3., verbesserte und erweiterte Auflage. Berlin.
Ansbacher, H. & Ansbacher, R. (Hg.) (1982): Alfred Adlers Individualpsychologie, München.
Allen, W. (1980): Wie du dir so ich mir. Reinbek.
Ball, H. (1927): Die Flucht aus der Zeit. München und Leipzig.
Berckhan, B. (2002): Die etwas intelligentere Art, sich gegen dumme Sprüche zu wehren. München. München.
Bergson, H. ([1900] 2011) Über das Lachen. München.
Brant, S. (2004): Das Narrenschiff. Wiesbaden.
Best, O. F. (2000): Die deutsche Literatur in Text und Darstellung. Expressionismus und Dadaismus. Stuttgart.
Busch, W. (2011): Kritik Des Herzens. Berlin.
Claessens, D. (1995): Status als entwicklungssoziologischer Begriff. Hamburg.
Descartes, R. (1993): Meditationen über die Grundlagen der Philosophie. Meiner.
Diogenes Laertius [ca. 270] (1998): Leben und Lehre der Philosophen. Eingel., komm. und übersetzt von F. Jürss. Stuttgart.
Ellis, A., (1977) : Fun as psychotherapy. In Ellis, A. & Grieger, R. (Hg.) Handbook of Rational-Emotive Therapy, New York.
Erickson, M. H. (1964) The confusion technique in hypnosis. American Journal of Clinical Hypnosis, 7, 183-207.
Festinger, L. (1954): A theory of social comparison processes. Human Relations, 7 (2) 117–140.
Forster, I. (2005): Die Fülle des Nichts. Wie Dada die Kontingenz zur Weltanschauung macht. m press. München.
Freud, S. ([1927] 1982): Der Humor. In Studienausgabe, Band IV. Frankfurt, S. 277 f.
Fry, W. F. (1992): Humor and chaos. International Journal of Humor Research, 5, 219-232.
Gardner, F. (1985): GOTCHA – Paradoxien für den Homo Ludens, Frankfurt.
Giraudoux, J. (1961): Der Apollo von Bellac. In: Dramen. Frankfurt.
Haley, J. (1978): Die Psychotherapie Milton H. Ericksons. München.
Hašek, J. (1960): Die Abenteuer des braven Soldaten Schwejk. Teil 1 und 2. Reinbek.
Hoellen, B. (1993): Richard Huelsenbeck und Albert Ellis. Zeitschrift für Rational-Emotive Therapie, 4/1, 5-37.
Huelsenbeck, R. (2008): Lesebuch. Köln.
Huelsenbeck, R. (2012): Dada-Logik 1913-1972. München.
Jandl, E. (1997): Lechts und rinks. Gedichte statements peppermints. München.
Jegggle, U. (1980) Fasnacht im Dritten Reich. In: Mezger, W. a.a.O, S. 227 – 238.
Johnstone, K. (1998): Improvisation und Theater. Berlin.
Jones, E (1978): Das Leben und Werk von Sigmund Freud (3 Bände). Bern & Stuttgart.
Jung, C. G. (2014): Typologie. München.
Kästner, E. (1969): Gedanken über das Lachen. In: Gesammelte Schriften für Erwachsene. Vermischte Beiträge III. München.
Kästner, E. (2016): Wer Kind bleibt, ist ein Mensch. Von Kicherfritzen, dem vergesslichen Christoph und anderen. Zürich.

Kant, I. [1800] (1968): Anthropologie in pragmatischer Hinsicht. Kants Werke, Band VII,. Berlin.
Kierkegaard, S. (1984): Über den Begriff der Ironie. Gütersloh.
Kiphard, E. J. & Pade, H. J. (1986) Der Clown in dir. Hannover.
Koestler, A. (1990): Der Mensch – Irrläufer der Evolution. Frankfurt/Main.
Kortmann E. & Wolf, F. (1987): Die Lage war noch nie so ernst. Konrad Adenauers geflügelte Worte. Bergisch Gladbach
Kramer, W. (1958): Lukasburger Stilblüten. Aus den Aufsätzen der Kleinen für den Stammtisch der Großen. München.
Landmann, S. (2007): Jüdische Witze. München
Laing, R. D. (1993): Knoten. Reinbek.
Landau, T. (1995): Von Angesicht zu Angesicht. Reinbek.
Mezger, W. (1980): Narrenfreiheit. Tübingen.
Morgenstern, C. (1994): Gedichte – Verse – Sprüche. Genf.
Navratil, L. (1966): Schizophrenie und Sprache. München.
Paulos, J.A. (1991): Ich lache, also bin ich. Einladung zur Philosophie Frankfurt/New York.
Platon [ca. 390 v.Chr.] (1995): Apologie des Sokrates. Stuttgart.
Plutarch [ca. 100] 2014: Alexander. Übersetzt und herausgegeben von Marion Giebel. Stuttgart.
Rheinheimer, M. (2000): Arme, Bettler und Vaganten. Überleben in der Not. Frankfurt.
Ruede-Wissmann, W. (1993): Satanische Verhandlungskunst ... und wie man sich dagegen wehrt. München.
Salameh, W. A. (1995): Laughter and emotional liberation: The Zen of Humor. Humor & Health Journal, 4, 1 - 13.
Schulak, E.-M. (2007): Philosophie als Performance. Diogenes von Sinope – Künstler, Philosoph, Legende aus dem Fass. Wiener Zeitung vom 30. Juni 2007.
Schulze, G. (1997): Die Erlebnisgesellschaft. Frankfurt.
Simon, K. G. (1958): Das Absurde lacht sich tot. München.
Sonnenschmdt, R. & Titze, (2016): Paradoxie – Die Spanne zwischen Unsinn und Erleuchtung – Am Beispiel von Kunst, Homöopathie und Psychotherapie. Tuttlingen.
Stricker, F. (1995): Pantanal fragil. Edinburgh.
Theewen, G. (1992): Joseph Beuys und der Humor. Kunstforum International, Band 120, 114-132.
Titze, M. (1979): Mut zum unvollkommenen Aussehen. In: Kausen, R. (Hg.): Mut zur Unvollkommenheit. Luzern/Stuttgart, 53-67.
Titze, M. (1985): Heilkraft des Humors. Therapeutische Erfahrungen mit Lachen. Freiburg.
Titze, M. (2000): Therapie für die Spaßgesellschaft? Psychologie Heute, 27 (1), S. 60-63
Titze, M. (2004): Comical contrasts – the easiest route to humor creation. Humor & Health Journal, XIII-4, 1-7.
Titze, M. (2006): The dadaistic roots of therapeutic humor. Humor & Health Journal, XV-1, 1-6.
Titze, M. (2009): Wie komisch ist Humor? Über Erheiterung, Lachen, Schadenfreude, Inkongruenz und Ironie. Theorie und Praxis der Sozialpädagogik, 6, 20-25.
Titze, M. (Hrsg.) (2013): Kleinbasel und der Humor in der Therapie. Hommage an René Schweizer. Tuttlingen.
Titze, M. (2016): Zum Teufel mit der Vernunft. Neue Zürcher Zeitung vom 8.7.2016, 53.
Titze, M. (2018): Wer zuletzt lacht ... Die Kunst humorvoller Selbstbehauptung. Stuttgart.
Titze, M. (2019): Humor in Körpersprache und Rhetorik. Theorie und Anwendungen. Tuttlingen.
Titze, M. & Gröner, H. (1989): Was bin ich für ein Mensch? Anleitung zur Menschenkenntnis. Freiburg.

Titze, M. & Eschenröder, C. (1998): Therapeutischer Humor. Grundlagen und Anwendungen. Frankfurt.
Titze, M. & Patsch, I. (2020): Die Humor-Strategie. Auf verblüffende Art Konflikte lösen. München.
Völkel, M. (2003): Das Lexikon der TV-Moderatoren. Berlin, Schwarzkopf & Schwarzkopf.
Watzlawick, P., Beavin, J. H. & Jackson, D.D. (1971) : Menschliche Kommunikation. Bern, Stuttgart, Wien.
Watzlawick, P., Weakland, J.H. & Fisch, R. (1974): Lösungen. Zur Theorie und Praxis menschlichen Wandels. Bern, Stuttgart, Wien.

12 Fragebogen

Fragebogen zur Feststellung von Handlungsspielraum und Aktivitätsgrad					
Diese Aussage …	**Stimmt genau**	**Stimmt etwas**	**stimmt nicht**	**Kriterium**	**Punktwert**
1. Ich setze alles daran, nicht bedeutungslos zu sein.				A	
2. Ich kann mühelos Kontakt zu Fremden herstellen.				B	
3. Wenn man mich in Ruhe lässt, mache ich gute Arbeit.				C	
4. Schon in jungen Jahren habe ich mich auf den Ruhestand gefreut.				D	
5. Andere Menschen ordnen sich mir unter.				A	
6. Ich fürchte nichts so sehr wie soziale Isolation.				B	
7. Andere Menschen sind wenig verlässlich. Daher verlasse ich mich nur auf mich selbst.				C	
8. Im Arbeitsleben gibt es zu viel Stress. Daher sehne ich mich nach einem Ort der Ruhe und Sicherheit.				D	
9. Ich setze mir Ziele, die ich energisch angehe, auch wenn es Hindernisse und Gegendruck gibt.				A	
10. Ich kann mich gut in andere einfühlen und bin ein angenehmer Gesprächspartner.				B	

11. Ich kann mich besser mit mir selbst beschäftigen als mit anderen Menschen zusammen sein.				C	
12. Wichtiger als finanzieller Erfolg ist mir persönliche Sicherheit.				D	
13. Ich spüre in mir den Drang, besser zu sein als andere.				A	
14. Meine Gefühle zeige ich offen und ungeniert.				B	
15. In Gesellschaft fühle ich mich fremd und gehemmt.				C	
16. Wenn ich allein auf mich gestellt bin, bekomme ich Angst und hoffe auf Hilfe und Zuwendung.				D	
17. Für meine Art zu leben bezahle ich den Preis, dass ich sehr viel leisten muss.				A	
18. Soziale Beziehungen sind mir wichtiger als Karriere.				B	
19. Auch wenn es im Leben viele Enttäuschungen und Widerstände gibt, spüre ich viel Kraft und Energie in mir.				C	
20. Ich lasse mir gerne von anderen helfen.				D	
21. Andere kommen sich klein vor, wenn sie sehen, was ich aus meinem Leben so mache.				A	
22. Auch wenn in meinem Leben manches schiefging, gab es in meinen Beziehungen keine Probleme.				B	

23. Mein idealer Beruf: von niemandem abhängig sein.				C	
24. Wenn ich mich unter Druck gesetzt fühle, finde ich schon einen Weg, die Probleme zu umgehen.				D	
25. Weil ich nicht eine(r) unter vielen sein will, möchte ich aus der Masse herausragen.				A	
26. „Mich kennen, heißt mich mögen!“				B	
27. Insgeheim frage ich mich, ob die Leute mich mögen und ob ich willkommen bin.				C	
28. Im Grund möchte ich nur ein bequemes und ruhiges Leben führen.				D	
Auswertung: **A:**______ **B:** ______ **C:** ______ **D:** ______					

Hinweise zur Auswertung des Fragebogens

1. Schritt: Schauen Sie sich jede Aussage genau an und entscheiden Sie, ob diese Aussage für Sie genau – etwas – oder nicht zutrifft. Dies kreuzen Sie dann entsprechend an. Wichtig: Sie müssen sich für jeweils eine der drei Möglichkeiten entscheiden. Zwischenwerte (z. B. Ankreuzen auf der Trennlinie) sind nicht möglich.

2. Schritt: Nun tragen Sie je Zeile den jeweiligen Punktwert in die letzte Spalte ein. Diesen Wert ermitteln Sie so: Ein Kreuz in der Spalte stimmt genau ergibt 2 Punkte, ein Kreuz bei stimmt etwas ergibt 1 Punkt, ein Kreuz bei stimmt nicht ergibt 0 Punkte.

3. Schritt: Listen Sie in der Spalte Punktwert jeweils die Werte von A – B – C – D auf. Danach addieren Sie alle A-Werte (insgesamt 7 Mal) und übernehmen die Summe in die unterste Spalte Auswertung bei A. Wiederholen Sie diese Auszählung für die Werte von B, C und D. Auf diese Weise erhalten Sie in der Fußzeile vier endgültige Werte für die typologische Bestimmung von A (= „Boss“) – B (= „Star“) – C (= „Eremit“) – D (= „Lazarus“).

Der höchste Punktwert ist ein Indikator für die Bestimmung Ihres typischen Aktionsradius bzw. Ihres Aktivitätsgrades. So können Sie abschätzen, ob Sie eher dem

- aktiv-aggressiven Typus („Boss“)
- passiv-aggressiven Typus („Star“)
- aktiv-regressiven Typus („Eremit“)
- passiv-regressiven Typus („Lazarus“)

entsprechen. Häufig ergeben sich insofern „Mischtypen“, als der betreffende Mensch in seinem Verhalten zwar vorrangig durch einen dieser Grundtypen gekennzeichnet ist, nachrangig aber durch weitere Typen mit beeinflusst wird.

So können sich interessante Hinweise auf Ihre persönliche Denk- und Handlungsweise ergeben, die Sie auch für die Bestimmung der für Sie am besten passenden rhetorischen Strategien nutzen können.

Printed by Books on Demand GmbH, Norderstedt / Germany